KB069525

SELF-DEVELOPMENT AND CAREER DESIGN

직업기초능력 향상을 위한

2판

자기개발과 진로설계

임경희
김수리
김진희
문승태
박미진
이인혁
이종범
정민선
정윤경
조붕환
최인화
한수미
홍지영
공 저

학지사

2판 머리말

　최근 국내외 노동시장은 4차 산업혁명을 넘어 초(超)시대로 진입하고 있다. 사회는 급속한 변화 양상에 맞추어 민첩하게 대처하고 적응하는 능력을 지니고, 나아가 변화를 선도하는 인재를 요구한다. 노동시장의 변화 양상은 탈표준화, 탈제도화, 탈연대기화(Destandardization, Deinstitutionalization, Dechronologization: 3D's)로 요약된다(Genevieve Fournier, 2014, International Association for Educational and Vocational Guidance 기조강연). 개인의 삶의 경로는 발달이론으로 설명이 가능하던 표준화된 양상에서 벗어나 개인마다의 다양한 양상으로 펼쳐지며 전환된다. 직업세계는 변화가 또 다른 변화를 생성함으로써 마치 생명체처럼 예측할 수 없는 방향으로 숨가쁘고 유연하게 움직이고 있다.

　바로 이것이 미래 직업사회에서 진로 적응성을 갖춘 인재가 요구되는 이유이다. 노동시장이 인재에게 요구하는 능력은 시시각각 변화하고 있다. 직업세계로의 진입을 계획하는 이들은 노동시장의 요구에 발맞추어 일할 수 있는 직무능력을 갖추어 나감과 동시에 변화를 일상화하고 유연한 자기개발과 진로설계를 통해 이에 부응해 나가야 한다.

　현재 우리나라는 대학생활이 취업준비과정으로 인식될 만큼 대학생활에서 취업과 진로설계가 차지하는 비중이 커지고 있다. 그러나 많은 대학생은 자신의 진로를 체계적으로 수립하지 못하고, 삶의 목적과 방향을 잡지 못한 채 취업에 대한 막연한 염려로 대학 시기를 보내고 있다. 청년실업이 커다란 사회적 문제로 대두되면서 각 대학에서는 취업과 진로, 자기개발과 진로 등 취업과 진로에 관한 강좌를 교과과정으로 개설하여 학생들의 진로 설정과 이를 위한 자기개발을 돕고 있다. 더불어 국가에서는 노동시장에서 요구하는 현실적인 직무능력을 체계화하여 방대한 내용의 국가직무능력표준(National Competency Standards: NCS)을 마련하여 제시하고 있다. 이는 직업세계로의 진입을 준비하는 이들과 이를 돕는 이들에게 필요한 역량을 개발하는 지표로 사용할 수 있다. 이 책은 국가직무능력표준의 직업기초능력을 근간으로 삼아 대학에서의 진로 및 직업 교육을 위한 교육용 자료로 활용하고자 집필되었다.

개정 작업은 초판의 내용을 대부분 반영하면서 전체적으로 장의 배치와 구성에 변화를 주었다. 전체 구성은 크게 제1부 직업기초능력 이해, 제2부 직업기초능력 개발, 제3부 진로준비 실제의 3개 영역으로 나누어서 관련 내용들을 묶어 제시하였다. 더불어 초판에는 포함시키지 않았던 '자원관리와 정보활용 능력'을 제12장에 새롭게 추가함으로써 국가직무능력표준에서 제시하는 직업기초능력의 10개 영역을 모두 포함하였다. 각 장의 내용 서술에 있어 커다란 줄기에 변화는 주지 않았으나 초판 발간 이후 새롭게 바뀐 정보들을 수정하거나 추가하여 최근 흐름을 반영하기 위한 노력을 들였다. 특히 제2장 '직업세계의 변화와 전망'에서는 4차 산업혁명이 이끄는 직업세계의 최근 경향을 반영하여 많은 내용을 수정하거나 추가하였으며, 제11장 '수리능력과 기술능력'에서는 세부 내용을 새롭게 구성하고 보완하였다.

2차 개정판의 장별 구성은 다음과 같다.

먼저, 제1부에서는 직업기초능력에 대한 기본적인 이해를 다루었다. 제1장에서는 대학생의 자기개발과 진로설계의 과정을 개관하고 직업사회가 요구하는 직업기초능력의 요소를 점검할 수 있도록 하였으며, 제2장에서는 앞으로의 직업세계의 변화 양상과 4차 산업혁명 시대의 유망 직업을 살펴보고, 다양한 유형의 직업정보 탐색활동을 통해 직업정보를 수집 및 처리하고 활용하는 방법을 소개하였다.

제2부에서는 직업기초능력 개발에 관한 내용으로 구성하였으며, 제3장부터 제12장에 걸쳐 열 가지 직업기초능력을 다루었다. 이를 세부적으로 살펴보면, 제3장에서는 직업가치관을 이해하고 적합한 직업 영역을 탐색하였으며, 직업생활에서 요구되는 직업윤리를 이해하고 직업인으로서의 바람직한 태도와 자세를 다루었다. 제4장에서는 자기개발능력의 한 영역으로 자기이해의 필요성

과 방법을 살펴보고 직업성격 유형과 적성을 탐색해 볼 수 있게 하였으며, 제
5장 또한 자기개발능력의 한 영역으로 다중지능을 통해 강점지능을 확인하고
성취 경험을 분석함으로써 자신의 강점을 찾도록 하였다. 제6장에서는 대인관
계능력인 리더십과 팀워크 능력을 살펴보고, 리더십의 유형과 셀프 리더십 그리
고 팀워크능력을 다루었다. 제7장에서는 대인관계의 갈등 상황을 중심으로 갈
등의 유발요인과 기능, 유형, Win-Win 갈등관리능력을 적용할 수 있도록 하였
다. 제8장에서는 조직이해능력을 기르기 위한 경영·체제·업무 영역을 다루었
고, 국제적인 동향 파악과 국제매너, 직장에서의 매너와 에티켓에 대해 살펴보
았다. 제9장에서는 문제해결능력으로 SWOT 분석연습을 통해 최적의 진로설계
전략 수립과 문제해결을 돕고자 하였으며, 제10장에서는 업무 상황 및 대상에
따라 효과적인 의사소통을 할 수 있도록 의사소통능력을 점검하고 훈련하도록
하였다. 제11장에서는 업무수행에 요구되는 기초연산능력과 기초통계능력, 도
표 분석과 작성 능력을 포함하여 효과적인 프레젠테이션능력에 대해 다루었으
며, 제12장에서는 직업세계가 요구하는 자원관리와 정보활용 능력을 점검하고
함양할 수 있는 실천사항을 제시하였다.

　제3부에서는 실제 직업세계로의 진입 준비를 위한 내용으로 구성하였다. 제
13장에서는 효과적인 이미지 메이킹과 면접방법에 대해 살펴보고, 스스로를 점
검하고 훈련할 수 있도록 하였다. 제14장에서는 이력서와 자기소개서 작성을
효과적으로 하는 방법을 살펴봄으로써 자신을 정확히 알고 표현하는 연습을 하
도록 하였다. 끝으로 제15장에서는 장단기 진로목표를 설정하고 진로 활동과
관련하여 누적된 자료들을 바탕으로 커리어 포트폴리오를 작성해 보도록 구성
하였다.

　장별 세부 구성은 초판의 형식을 따랐다. 먼저, 각 장마다 직업기초능력의 요
소와 관련하여 이론적인 설명을 제시하고, 이론적인 내용을 실제 능력과 연결하
여 활용해 볼 수 있도록 활동지와 활동 내용을 함께 수록하였다. 각 장마다 강의
및 활동 과정에서 미처 다루지 못한 내용이나 심화된 내용은 참고자료로 활용할
수 있도록 'Tip. 좀 더 알아봅시다'를 통해 보충자료를 제시하였다. 각 장은 대체
로 두 시간 강의를 기준으로 구성하였으며, 가급적 이론에 치우치지 않고 강의
또는 상담 시간을 통해 학생들이 개인 및 집단 단위로 직접 활동하면서 작성할

수 있도록 구성하였다. 이 책이 제시하고 있는 과정에 따라 활동자료를 누적해 두면 최종적으로 자신의 커리어 포트폴리오를 산출할 수 있다.

이 책은 진로와 직업준비를 위한 자기개발과 진로설계 관련 강좌의 교재로 유용하게 활용할 수 있다. 이 책이 취업과 진학을 포함하여 미래의 진로 진입을 준비하고 있는 취업준비생들에게 자신의 진로를 설계하고 점검하며, 직업기초 능력을 개발해 나갈 수 있는 마중물로 쓰이기를 소망한다. 초판에 보내 주신 독자들의 큰 관심과 격려에 감사드리며, 2판의 개정을 독려하고 지원해 주신 학지사의 김진환 사장님과 편집부 여러분께 감사드린다.

2020년 2월
저자 대표 임경희

1판 머리말

　최근 국내외 노동시장은 급속한 변화 속도와 양상에 맞추어 민첩하게 대처하고 적응할 수 있는 인력을 필요로 하고 있으며, 많은 진로학자 또한 미래의 직업사회에서는 진로 적응성을 갖춘 인재가 요구됨을 강조하고 있다. 노동시장의 변화 양상은 탈표준화, 탈제도화, 탈연대기화(Destandardization, Deinstitution-alization, Dechronologization: 3D's)로 요약된다(Fournier, 2014, International Association for Educational and Vocational Guidance 기조강연). 개인의 삶의 경로는 표준화된 양상에서 매우 다양한 양상으로 변화되고 있으며, 노동시장의 조직은 매우 유연해지고 있다. 그뿐만 아니라 개인의 생애 역할도 일정한 발달 단계를 따르기보다는 다양한 전환을 따르고 있다. 바로 이것이 개인의 다양한 특성과 상황에 맞는 유연한 자기개발과 진로설계가 더욱 요구되는 이유이다.

　또한 우리 사회와 기업은 엄청난 변화 속도와 양상에 발맞추어 일할 수 있는 직무능력을 갖춘 인재를 원하며, 나아가 변화를 이끌어 갈 수 있는 인재를 기대한다. 이제 진로와 직업 세계로의 진입을 계획하는 이들은 자신이 기업과 노동시장에서 요구하는 이러한 직무능력을 얼마나 갖추고 있는지를 확인하고, 이를 어떻게 개발해 나갈 것인지에 초점을 두고 자기개발과 진로설계에 임해야 한다.

　현재 우리나라에서는 대학생활이 취업준비과정으로 안식될 만큼 대학생활에서 취업과 진로설계가 차지하는 비중이 커지고 있다. 그러나 많은 대학생은 자신의 진로를 체계적으로 수립하지 못하고, 삶의 목적과 방향을 잡지 못한 채 취업에 대한 막연한 염려로 대학 시기를 보내고 있다. 또한 청년실업이 커다란 사회적 문제로 대두되면서 각 대학에서는 취업과 진로, 자기개발과 진로 등 취업과 진로에 관한 강좌를 교과과정으로 개설하여 학생들의 진로 설정과 이를 위한 자기개발을 돕고 있다. 저자들은 이러한 현실적 요구를 바탕으로 현재 우리 사회가 요구하는 직업기초능력을 기준으로 하여 학생들이 자신의 역량을 확인하고, 이를 개발해 가도록 하는 데 역점을 둔 교재를 마련하고자 하였다.

이 책의 전반적인 구성을 살펴보면 다음과 같다. 먼저 각 장마다 직업기초능력의 요소와 관련하여 이론적인 설명을 제시하고, 이론적인 내용을 실제 능력과 연결하여 활용해 볼 수 있도록 활동지와 활동 내용을 함께 수록하였다. 각 장마다 강의 및 활동과정에서 미처 다루지 못한 내용이나 심화된 내용은 참고자료로 활용할 수 있도록 'Tip'을 통해 보충자료를 제시하였다. 각 장은 대체로 두 시간 강의 분량을 기준으로 구성하였으며, 가급적 이론에 치우치지 않고 학생들이 강의나 상담 시간을 통해 개인 및 집단 단위로 직접 활동하면서 활동지를 작성할 수 있도록 구성하였다. 이 책의 과정에 따라 활동한 활동자료를 누적해 두면 최종적으로 그것이 자신의 커리어 포트폴리오가 될 수 있다.

이 책은 현재 우리나라 노동부에서 제시하고 있는 국가직무능력표준(National Competency Standards: NCS)의 직업기초능력을 토대로 구성하였다. '직업기초능력'은 '기초직업능력' '공통기초능력' '기초능력' 등 여러 용어로 사용되고 있지만, 이 책에서는 문헌의 내용을 직접 인용한 경우를 제외하고는 '직업기초능력'으로 통일하여 사용하였다. '자기개발' 또한 국가직무능력표준에서 제시한 것과 같이 '자기개발'로 표기하였으며, 인용되거나 서술된 맥락에 따라 '자기계발'을 혼용하기도 하였다.

이 책의 장별 구성은 다음과 같다.

제1장에서는 대학생의 자기개발과 진로설계의 과정을 개관하고, 현대 직업사회가 요구하는 직업기초능력의 요소를 점검할 수 있도록 하였다. 제2장에서는 자기이해의 필요성과 방법을 살펴보고, 직업성격 유형을 탐색할 수 있게 하였으며, 제3장에서는 다중지능이론을 통해 강점지능을 확인하고, 성취경험을 분석함으로써 자신의 강점을 찾도록 하였다. 제4장은 문제해결능력과 SWOT 분석 연습을 통해 최적의 진로설계전략 수립과 문제해결을 돕고자 하였으며, 제5장은 대인관계능력인 리더십, 팀워크능력, 갈등관리 전략, 협상능력, 고객서비스

능력을 살펴보고, 리더십의 유형과 셀프리더십, 팀워크능력에 대해 다루었다. 제6장은 대인관계의 갈등 상황을 중심으로 갈등의 유발요인과 기능, 갈등관리 유형을 알아보고, Win-Win 갈등관리 전략을 적용할 수 있도록 하였다. 제7장에서는 직업세계와 사회 변화 양상에 따른 유망 직업을 살펴보고, 다양한 유형의 직업정보 탐색활동과 활용방법을 소개하였다. 제8장에서는 조직이해능력을 기르기 위한 체제, 경영, 업무 영역을 다루고, 국제적인 동향을 파악하며, 국제매너와 직장에서의 매너 · 에티켓에 대해 살펴보았다. 제9장은 대상 및 업무 상황에 따라 효과적인 의사소통을 할 수 있도록 의사소통능력을 점검하고 훈련하도록 하였으며, 제10장에서는 효과적인 이미지 메이킹과 면접방법에 대해 살펴보고, 스스로를 점검하고 훈련할 수 있도록 하였다. 제11장은 업무수행 시 요구되는 기초연산능력과 기초통계능력, 도표의 분석과 작성 능력을 포함한 효과적인 프레젠테이션능력에 대해 다루었으며, 제12장은 이력서와 자기소개서 작성을 효과적으로 하는 방법을 살펴봄으로써 자신을 정확하게 알고 표현하는 연습을 하도록 하였다. 제13장에서는 직업에 대한 자신의 가치관을 이해하고 그에 적합한 직업 영역을 탐색하며, 직업생활에 요구되는 직업윤리를 이해하고, 직업인으로서의 바람직한 태도와 자세를 다루었다. 끝으로 제14장은 장단기 진로목표를 설정하고, 커리어 로드맵을 작성하며, 진로활동과 관련하여 누적된 자료를 바탕으로 커리어 포트폴리오를 작성해 보도록 구성하였다.

　이 책은 진로와 직업준비를 위한 자기개발과 진로설계 관련 강좌의 교재로 유용하게 활용할 수 있다. 이 책이 취업과 진학을 포함하여 미래의 진로진입을 준비하고 있는 학생과 취업준비생에게 자신의 진로를 설계하고 점검하며, 직업기초능력을 개발해 나갈 수 있는 마중물로 쓰일 수 있기를 소망한다. 아울러 이 책의 출판을 맡아 주신 학지사 김진환 사장님과 여러 면에서 많은 도움을 주신 편집부 여러분께 감사드린다.

2015년 2월
저자 대표 임경희

차례

제1부 직업기초능력 이해

제2부 직업기초능력 개발

제3부 진로준비 실제

제1부
직업기초능력 이해

SELF-DEVELOPMENT AND CAREER DESIGN

제1장

진로개발과 직업기초능력

학 습 개 요

대학생활에서 진로개발이 갖는 의미와 진로설계과정을 살펴보고, 대학생의 진로발달 단계와 진로개발 목표를 다룬다. 현대 직업세계가 요구하는 직업기초능력의 요소는 무엇이며, 이에 비추어 볼 때 자신이 갖추고 있는 능력과 앞으로 개발해야 할 능력은 무엇인지를 점검한다. 희망 직업의 탐색과 직업세계의 요구를 중심으로 최적의 진로설계를 위해 필요한 것은 무엇인지를 검토한다. 자기개발과 진로설계를 위한 커리어 포트폴리오 작성의 개요를 소개한다.

1. 대학생의 진로개발

진로개발의 관점에서 보면, 대학생활은 자신이 원하는 진로로 진입하기 위하여 다양한 탐색과정을 통해 자신에게 맞는 진로계획을 수립하고, 이에 요구되는 자기개발과 준비과정을 거치면서 직업세계로의 진입을 준비하는 과정이라고 할 수 있다. 대학생활을 통해 충실하게 확충된 자기의 개발과 준비를 통해 보다 폭넓은 진로의사결정과 진로선택이 가능하게 되며, 구체적인 삶의 방향과 목표가 결정됨으로써 인생의 방향을 정하는 중요한 전환점이 된다.

1) 대학생의 진로발달 단계

진로발달이론들이 제시하고 있는 대학생의 진로발달 단계를 살펴보면 다음과 같다. 진로발달이란 전 생애를 거쳐 직업 선택을 포함한 다양한 생애진로선택이 이루어지는 크고 작은 일련의 의사결정과 관련된 발달과정이라고 할 수 있다.

슈퍼(Super)는 생애역할과 진로성숙의 경로를 통합하여 개인의 전 생애 기간을 통합적이고 포괄적으로 접근한 진로발달이론을 제시하였다(이재창, 2005). 슈퍼의 관점에서 볼 때, 대부분의 대학생은 탐색기 가운데 전환기와 시행기에 속한다. 전환기는 장래 직업에 필요한 훈련이나 교육을 받으면서 자신의 자아개념을 확립하는 시기에 해당하며, 시행기는 자신에게 적합해 보이는 직업을 선택해 최초로 직업을 갖는 시기이다. 즉, 훈련과 교육을 통해 자아개념을 확립하고, 자신에게 적합한 진로선택의 폭을 좁혀 가면서 최종적으로 자신에게 맞는 직업과 진로를 찾는 대학생활은 탐색기에 속한다.

| 표 1-1 | 슈퍼의 진로발달 단계 |

발달 단계	하위단계	연령	특성
성장기	환상기 (fantasy substage)	4~10세	욕구가 지배적이고 환상적인 역할 연출이 중요하게 작용한다.
	흥미기 (interest substage)	11~12세	취향(likes)이 개인의 목표와 활동의 주요 결정요인이 된다.
	능력기 (capacity substage)	13~14세	능력을 좀 더 중시하고 직업훈련의 자격요건을 고려한다.
탐색기	잠정기 (tentative substage)	15~17세	욕구, 흥미, 능력, 가치관, 기회 등이 고려된다. 잠정적인 선택을 하고 이러한 선택이 환상, 논의, 교과, 일, 다른 경험 등을 통해서 시도된다.
	전환기 (transition substage)	18~21세	취업을 하거나 취업에 필요한 훈련이나 교육을 받으며, 자아개념을 실천함에 따라서 현실적 요인을 더 중시하게 된다.
	시행기 (trial substage)	22~24세	자신에게 적합해 보이는 직업을 선택하고 이 분야의 직업을 얻어서 실천에 옮긴다.
확립기	시행기 (trial substage)	25~30세	자신이 선택한 일의 분야가 적합하지 않을 수 있다. 적합한 진로를 발견하기 전에 한두 번의 변화를 가져온다.
	안정기 (stabilization substage)	31~44세	진로 유형이 분명해짐에 따라 이를 안정시키고 직업세계에서 안정된 위치를 마련하기 위한 노력을 한다.
유지기 (maintenance stage)		45~65세	직업세계에서 확고한 위치가 확립되어 이를 유지하기 위한 노력을 한다.
은퇴기 (disengagement stage)		65세 이후	정신적 힘이 쇠약해짐에 따라 직업 활동에 변화가 오고 급기야 중단하게 된다. 새로운 역할을 개발해야 한다.

출처: 이재창(2005).

긴즈버그(Ginzberg)는 진로발달 단계를 환상기(6~10세), 잠정기(11~17세), 현실기(18세~성인 초기)로 구분하였으며, 여기서 대학생 시기는 현실기에 속한다. 현실기는 탐색 단계, 구체화 단계, 특수화 단계로 세분화되는데, 탐색 단계는 직업선택을 위해 필요하다고 판단되는 교육이나 경험을 쌓으려고 노력하는 단계에 해당된다. 구체화 단계는 직업목표를 정하고 자신의 결정에 관련된 내적 · 외적 요소를 종합하는 단계에 속하며, 특수화 단계는 자신이 내린 결정을 더욱 구체화시키고, 세밀한 계획을 세우는 단계에 해당된다.

타이드만(Tiedman)과 오하라(O'Hara)는 진로발달 단계를 탐색, 구체화, 선택, 명료화, 적응, 개혁, 통합의 연속적인 관계가 진로와 관련된 선택을 해야 할 때마다 거치게 되는 과정이라고 설명했다. 즉, 생애에 걸쳐 진로문제가 여러 번 반복될 수 있음을 의미하며, 대학생활을 통해서도 이와 같은 과정을 반복해 경험하게 된다(서일수 외, 2013).

2) 대학생의 진로개발과정

일반적으로 대학생의 진로개발과정은 ① 자신에 대한 탐색과 이해, ② 직업세계에 대한 정보 획득과 탐색, ③ 자신에게 적합한 진로의사결정 및 선택으로 이루어진다. 즉, 자신의 모든 특성을 최대한 발견하고, 이해하고, 직업세계 및 직업정보에 대한 충실한 탐색의 과정을 거쳐 각자 원하는 진로를 결정하고 선택하게 되는 것이다.

대학생 진로지도의 내용 틀을 살펴보면, 대학생 스스로 생애역할과 관련된 자기를 이해하고, 직업세계의 이해와 경험을 바탕으로 생애목표에 적합한 진로를 계획하며, 필요한 직업정보를 획득하면서 효과적인 구직 활동을 통하여 직장적응과 직무몰입이 이루어져 만족스런 직업생활을 영위할 수 있는 자기주도적인 수행 역량 개발이 대학생 진로교육의 핵심내용이다(이지연, 2001).

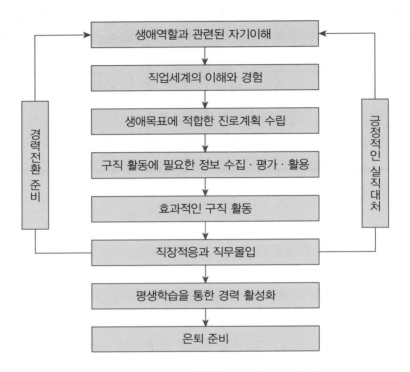

[그림 1-1] 포괄적인 대학생 진로지도의 내용 틀

출처: 이지연(2001).

대학생활에서 직업준비를 위한 진로개발과정은 일반적으로 다음과 같이 이루어진다. 직업인으로서 직업세계에 진입한 이후에도 자신의 진로에 대해 단계적 목표를 설정하고, 목표 성취에 필요한 역량을 개발해 나가는 경력개발과정(국가직무능력표준, www.ncs.go.kr) 또한 이와 유사하다.

(1) 직업정보 탐색

진로개발의 과정은 먼저 직업정보 탐색을 통하여 이루어진다. 직업정보의 탐색은 자신이 관심을 가지고 있는 직업에 대하여 어떠한 일을 하는지, 필요한 자질은 무엇인지, 보수나 업무 조건(환경)은 어떠한지, 고용이나 승진의 전망은 어떤지, 그 직업에 종사하는 사람들의 만족도는 어느 정도인지 등 관련된 모든 정보를 수집한다.

(2) 자신과 환경 이해

진로목표 설정을 위해서 자신의 능력, 흥미, 적성, 가치관 등을 파악하고, 직업과 관련된 주변 환경의 기회와 장애요인 등을 분석한다. 자기탐색을 위해서는 자기이해 관련 워크숍 참여, 전문가 면담, 표준화된 검사, 일기 등을 활용할 수 있으며, 환경탐색을 위해서는 회사의 연간 보고서, 특정 직무와 직업에 대한 설명 자료, 회사 및 기관 방문, 주변 지인과의 대화, 직업 관련 홈페이지, 각종 기관에서 운영하는 직업정보(KNOW), 자격정보(Q-net), 취업알선정보(Work-net), 직업교육훈련정보(HRD-net, Career-net) 등을 활용할 수 있다.

(3) 진로목표 설정

자신과 환경에 대한 이해를 기초로 자신이 원하는 일을 하기 위해서는 자신의 능력이나 자질을 어떻게 개발해야 하는지 단계별 목표를 설정해야 한다. 장기목표는 자신이 원하는 직무, 작업환경, 활동, 보상, 책임 등을 고려하여 향후 5~7년 정도를 예측하여 세운다. 단기목표는 장기목표를 달성하기 위해 어떤 경험을 축적해야 하는지, 어떤 능력을 개발해야 하는지, 장애요소는 무엇인지를 중심으로 2~3년 정도를 고려하여 목표를 정한다.

(4) 활동계획 수립

진로목표에 따른 활동계획을 수립한다. 자신의 역량을 개발하기 위하여 교육프로그램 참가, 워크숍 참가, 대학이나 대학원 등 상급학교 진학, 학습동아리 활동 등을 할 수 있다. 또한 자신을 알리고 다른 사람과 상호작용할 수 있는 기회를 가진다. 선후배를 비롯하여 자신의 경력목표와 관련이 되는 인적 네트워크를 구축하여 정보나 지원을 받을 수 있도록 한다.

(5) 실행 및 평가

활동계획에 따라 실행한다. 자신이 세운 계획이 진로목표를 달성하는 데 적절한지 검토하고, 목표 자체가 달성될 가능성이 있는 것인지를 검토하여 보다 구체적인 목표와 계획을 수립한다. 또한 예측하지 못했던 환경이나 가치관의 변화에 따라 목표 자체가 변화될 수 있으므로 이러한 실행과정을 통해 도출된 결과를 검토하고 수정한다.

　진로와 관련하여 개인의 자기개발 및 경력개발을 위해 커리어 로드맵과 커리어 포트폴리오가 유용하게 활용될 수 있다. 커리어 로드맵(career road map)은 자신의 생애 목적과 목표를 성취하기 위해 필요한 단계와 과업을 구체적으로 담고 있는 실행계획안을 말하며(이무근, 이찬, 2012), 커리어 포트폴리오(career portfolio)는 자신의 경력 및 능력에 관한 내용을 정리해 놓은 것이다. 여기에는 진로계획을 이루어 가는 자세한 과정과 그 과정에서 갖게 된 경력이 포함되어 있기 때문에 진로와 관련하여 어떻게 대학생활을 보냈는지를 살펴볼 수 있으며, 자신의 전문적인 능력이 무엇인지, 자신이 그동안 어떻게 인간관계를 쌓아 왔고, 어떠한 자기개발 노력을 해 왔는지를 다른 사람에게 명확하게 보여 줄 수 있는 자료로도 활용될 수 있다. 자신을 효과적으로 알리는 목적 외에도 자신의 경력계획을 세우고 체계적으로 관리하는 데에도 도움이 된다. 커리어 포트폴리오를 작성하면 목표를 향해 일관성 있게 대학생활을 꾸려 가는 데 도움이 될 뿐만 아니라 이후의 진로의사결정에도 도움이 된다.

　커리어 포트폴리오에 관한 자세한 내용은 제15장을 마무리하는 단계에서 구체적으로 제시하였다. 이 책의 전체 내용을 통해 자기개발과 진로설계를 해 나가는 과정을 커리어 포트폴리오에 담고 자료를 보태어 작성하는 것을 권장한다.

2. 직업기초능력

　자신이 원하는 진로에 성공적으로 진입하기 위해서는 현재 우리 사회와 기업에서 요구하는 역량이 무엇인지를 제대로 이해할 필요가 있다. 즉, 자신이 진입하고자 하는 기업이나 사회에서 요구하는 역량이나 기대 수준에 비추어 자신이 갖추고 있는 역량이 어느 정도인지를 스스로 분석하고 객관적으로 인식해야 한다. 현재 우리나라 기업들은 인재선발에서 창의성, 전문성, 도전성, 세계화 능력을 중시하고 있으며, 능력 중심의 개인주의 덕목이 강조되고 있다. 이는 책임감,

성실성, 원만한 대인관계를 중시하거나 협동성, 직업의식, 사명감, 책임감을 중시하고, 집단주의 덕목이 강조되던 이전의 인재상과는 사뭇 달라진 것이지만 그럼에도 불구하고 우리 사회와 기업의 많은 부분에서는 여전히 성실과 책임감, 대인관계 등을 중시하고 있음을 또한 고려할 필요가 있다.

대한상공회의소(2012)가 발표한 대기업의 인재채용 트렌트 조사에서 기업들은 화려한 스펙(specification)을 갖춘 인재가 아닌 성실성(Sincerity), 전문성(Professionalism), 실무능력(Executive ability), 창의성(Creativity)을 가리키는 스펙(SPEC)을 갖춘 인재를 원하는 것으로 보고된 것도 이를 반영한다.

세계시장에서의 무한 경쟁이 치열해지는 가운데 인적 자원의 개발을 위해 국가는 직업능력개발을 위한 교육훈련을 혁신하고, 교육훈련 결과의 평가와 인증을 위한 자격제도의 획기적인 변화를 필요로 하고 있다. 이러한 요구에 부응하기 위해 주요 선진국에서는 교육훈련 및 자격제도의 출발점으로 국가 차원의 인적 자원 개발을 통합적인 차원에서 체계화할 수 있는 국가직업능력표준(National Occupational Standard) 체계를 도입 및 적용하고 있다. 국가직업능력표준에서 직업능력은 기초직업능력(basic competency), 필수직업능력(mandatory competency), 선택직업능력(optional competency), 산업공통직업능력(common competency) 등으로 구성된다(나승일 외, 2003). 최근 각국에서는 직업현장에서 직무를 성공적으로 수행하는 데 공통적으로 요구되는 직업기초능력과 관련하여 그 구성요소를 확인하고, 측정하여 적절한 능력을 개발하는 것을 주된 과제로 생각하고 있다.

우리 사회와 기업에서 요구하는 직무역량은 일반적으로 일반직무역량과 전문직무역량으로 구분된다. 일반직무역량에는 외국어능력, 정보활용능력, 정보처리능력, 프레젠테이션능력, 리더십 등이 포함되며, 전문직무역량에는 업무 관련 기초지식과 지식활용능력이 포함된다. 직업 관련 핵심역량은 지식이나 기술만을 의미하는 것이 아니라 태도와 감정, 가치, 동기 등과 같은 사회적인 행동요소를 포함하며, 특정한 맥락에서 특정한 요구에 대처할 수 있는 구체적인 특수역량이라기보다는 다양한 상황에서 모든 개인이 공통적으로 필요로 하는 일반적인 역량의 성격을 갖는 것들이다(서일수 외, 2013).

우리나라의 경우 고용노동부에서 제시하고 있는 국가직무능력표준을 활용할 수 있다. 국가직무능력표준은 한 개인이 산업현장에서 자신의 업무를 성공적으로 수행하기 위해 요구되는 직업능력(지식, 기술, 태도)을 과학적이고 체계적으로 도출하여 표준화한 것으로, 직업능력은 직무수행능력과 직업기초능력으로 구분된다. 직무수행능력은 특정 직업에서 필요한 구체적인 기술을 일컬으며, 직업기초능력은 '대부분의 직종에서 직무를 성공적으로 수행하는 데 공통적으로 요구되는 일정 수준 이상의 지식, 기술, 태도 등의 총체'로 정의된다.

국가직무능력표준에서 직업기초능력은 열 가지 개발 영역과 34개의 하위능력으로 제시되어 있으며, 자세한 내용은 〈표 1-2〉와 같다.

표 1-2 국가직무능력표준 직업기초능력 영역별 내용(http://www.ncs.go.kr)

하위단위	직업기초능력 하위단위별 내용
1. 의사소통능력	
업무를 수행함에 있어 글과 말을 읽고 들음으로써 다른 사람이 뜻한 바를 파악하고, 자기가 뜻한 바를 글과 말을 통해 정확하게 쓰거나 말하는 능력	
문서이해능력	업무수행에서 다른 사람이 작성한 글을 읽고 그 내용을 이해하는 능력
문서작성능력	업무수행에서 자기가 뜻한 바를 글로 나타내는 능력
경청능력	업무를 수행함에 있어 다른 사람의 말을 듣고 그 내용을 이해하는 능력
언어구사력	업무를 수행함에 있어 자기가 뜻한 바를 말로 나타내는 능력
기초외국어능력	업무를 수행함에 있어 외국어로 의사소통할 수 있는 능력
2. 자원관리능력	
업무를 수행하는 데 시간, 예산, 물적 자원, 인적 자원 등의 자원 가운데 무엇이 얼마나 필요한지를 확인하고, 이용 가능한 자원을 최대한 수집하여 실제 업무에 어떻게 활용할 것인지를 계획하고, 계획대로 업무수행에 이를 할당하는 능력	
시간관리능력	업무수행에 필요한 시간자원이 얼마나 필요한지를 확인하고, 이용 가능한 시간자원을 최대한 수집하여 실제 업무에 어떻게 활용할 것인지를 계획하고, 할당하는 능력
예산관리능력	업무수행에 필요한 자본자원이 얼마나 필요한지를 확인하고, 이용 가능한 자본자원을 최대한 수집하여 실제 업무에 어떻게 활용할 것인지를 계획하고, 할당하는 능력
물적 자원 관리능력	업무수행에 필요한 재료 및 시설자원이 얼마나 필요한지를 확인하고, 이용 가능한 재료 및 시설자원을 최대한 수집하여 실제 업무에 어떻게 활용할 것인지를 계획하고, 할당하는 능력

〈계속〉

인적 자원 관리능력	업무수행에 필요한 인적 자원이 얼마나 필요한지를 확인하고, 이용 가능한 인적 자원을 최대한 수집하여 실제 업무에 어떻게 활용할 것인지를 계획하고 할당하는 능력

3. 문제해결능력

업무를 수행함에 있어 문제 상황이 발생하였을 경우, 창조적이고 논리적인 사고를 통하여 이를 올바르게 인식하고 적절히 해결하는 능력

사고력	업무 관련 문제를 인식하고 해결함에 있어 창조적·논리적·비판적으로 생각하는 능력
문제처리능력	업무와 관련된 문제의 특성을 파악하고, 대안을 제시, 적용하고 그 결과를 평가하여 피드백하는 능력

4. 정보능력

업무와 관련된 정보를 수집하고 분석하여 의미 있는 정보를 찾아내고, 찾은 정보를 업무 수행에 적절하도록 조직하고 관리하며, 이를 업무수행에 활용하는 능력

컴퓨터활용능력	업무와 관련된 정보를 수집, 분석, 조직, 관리, 활용하는 데 컴퓨터를 사용하는 능력
정보처리능력	업무와 관련된 정보를 수집하고, 이를 분석하여 의미 있는 정보를 찾아내며, 의미 있는 정보를 업무수행에 적절하도록 조직하고, 조직된 정보를 관리하며, 업무수행에 이러한 정보를 활용하는 능력

5. 조직이해능력

업무를 원활하게 수행하기 위해 국제적인 추세를 포함하여 조직의 체제와 경영에 대해 이해하는 능력

국제감각	주어진 업무에 관한 국제적인 추세를 이해하는 능력
경영이해능력	사업이나 조직의 경영에 대해 이해하는 능력
조직체제이해능력	업무수행과 관련하여 조직의 체제를 바르게 이해하는 능력
업무이해능력	조직의 업무를 이해하는 능력

6. 수리능력

업무를 수행함에 있어 사칙연산, 통계, 확률의 의미를 정확하게 이해하고 이를 업무에 적용하는 능력

기초연산능력	업무를 수행함에 있어 기초적인 사칙연산과 계산을 하는 능력
기초통계능력	업무를 수행함에 있어 필요한 기초 수준의 백분율, 평균, 확률과 같은 통계능력
도표분석능력	업무를 수행함에 있어 도표(그림, 표, 그래프 등)가 갖는 의미를 해석하는 능력
도표작성능력	업무를 수행함에 있어 필요한 도표(그림, 표, 그래프 등)를 작성하는 능력

〈계속〉

7. 대인관계능력	
업무를 수행함에 있어 접촉하게 되는 사람들과 문제를 일으키지 않고 원만하게 지내는 능력	
팀워크능력	다양한 배경을 가진 사람들과 함께 업무를 수행하는 능력
리더십능력	업무수행에서 다른 사람을 이끄는 능력
갈등관리능력	업무수행에 관련된 사람들 사이에 갈등이 발생하였을 경우, 이를 원만히 조절하는 능력
협상능력	업무를 수행함에 있어 다른 사람과 협상하는 능력
고객서비스능력	고객의 요구를 만족시키는 자세로 업무를 수행하는 능력
8. 자기개발능력	
업무를 추진하는 데 스스로를 관리하고 개발하는 능력	
자아인식능력	자신의 흥미, 적성, 특성 등을 이해하고, 이를 바탕으로 필요한 것을 이해하는 능력
자기관리능력	업무에 필요한 자질을 지닐 수 있도록 스스로를 관리하는 능력
경력개발능력	끊임없는 자기개발을 위해서 동기를 갖고 학습하는 능력
9. 기술능력	
업무 상황에서 다양한 기술을 비교하여 적합한 기술을 선택·적용하고 활용하는 능력	
기술이해능력	업무수행에 필요한 기술적 원리를 올바르게 이해하는 능력
기술선택능력	도구, 장치를 포함하여 업무수행에 필요한 기술을 선택하는 능력
기술적용능력	업무수행에 필요한 기술을 업무수행에 실제로 적용하는 능력
10. 직업윤리	
업무를 수행함에 있어 원만한 직업생활을 위해 필요한 태도와 매너, 올바른 직업관	
근로윤리	업무에 대한 존중을 바탕으로 근면하고 성실하고 정직하게 업무에 임하는 자세
공동체윤리	인간 존중을 바탕으로 봉사하며, 책임 있고, 규칙을 준수하고, 예의바른 태도로 업무에 임하는 자세

직업기초능력은 장기 진로계획의 목표를 달성하는 데 가장 기본적인 능력이라고 할 수 있다. 제시된 내용을 바탕으로 자신의 직업기초능력을 진단해 보고, 앞으로 보완해야 할 능력은 무엇이며, 보완할 수 있는 방법은 무엇인지를 탐색할 필요가 있다.

활동 1. 지금의 내 모습 보기

 관련 직업기초능력: 자기개발능력

예비 직업인으로서 자신의 능력, 적성, 특성 등을 이해하고, 목표 성취를 위해 스스로를 관리하며 개발해 나가는 능력

🗒 목표

1. 진로와 직업에 대한 자신의 생각과 감정, 직업준비를 위한 현재 행동을 확인한다.
2. 직업에 대해 가지고 있는 생각과 감정, 준비행동에 대해 의견을 함께 나눔으로써 자신의 현재 상황과 직업능력에 대해 검토한다.

🗒 지시문

"여러분의 진로에 대한 생각과 감정, 준비 상황을 생각해 보도록 하겠습니다. 자신의 진로와 직업에 대해 아직 확실하게 결정하지 못한 사람도 있고, 이미 결정하여 준비과정에 있는 사람도 있을 것입니다. 편안한 마음으로 자신의 진로 상황에 대해 생각해 보도록 합시다. 직업에 대해 가지고 있는 현재의 생각과 느낌을 적고, 직업 선택과 준비를 위해 현재 하고 있는 행동을 적어 봅시다."

🗒 진행과정

1. 활동지를 나누어 주고 각자 작성하도록 한다.
2. 작성한 내용을 바탕으로 직업에 대한 생각과 느낌을 한 사람씩 이야기한다.

3. 생각과 느낌이 어떻게 연결되어 있는지 이야기하고, 비슷한 생각과 느낌을 가진 구성원이 있는지 확인하여 서로 의견을 나누도록 한다.

4. 현재 희망하거나 잠정적으로 결정된 직업과 취업을 위한 준비 상황과 준비 과정에서 겪는 어려움에 대해 이야기하도록 한다.

5. 앞으로의 진로준비에 필요한 사항이 무엇인지에 대해 서로 이야기를 나눈다.

日 마무리

1. 현재 희망하는 진로와 관련된 나의 모습은 어떠한가?

2. 다른 구성원의 이야기를 들은 소감은 어떠한가?

2. 이 활동에서 새로이 알게 된 사실은 무엇인가? 느낀 점은 무엇인가?

日 준비물

활동지, 필기도구

지금의 내 모습 보기

1. 현재 자신의 진로에 대한 생각과 감정, 준비 상황을 생각해 봅시다. 직업에 대한 나의 생각과 느낌을 적고, 직업 선택과 준비를 위해 현재 하고 있는 행동을 적어 봅시다.

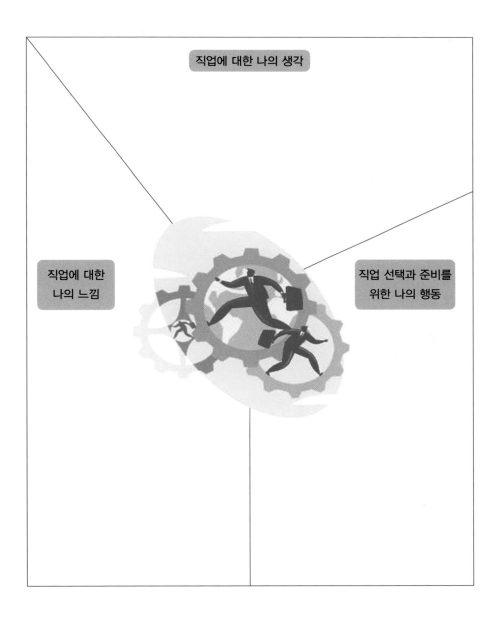

직업에 대한 나의 생각

직업에 대한 나의 느낌

직업 선택과 준비를 위한 나의 행동

2. 현재 희망하거나 잠정적으로 결정된 직업과 취업을 위한 진로준비 상황은
   어떻습니까? 취업을 준비하는 과정에서 겪는 어려움은 무엇이며, 앞으로
   진로준비에 필요한 사항은 무엇인지에 대해 생각해 봅시다.

현재 진로준비 상황	
준비과정에서 겪는 어려움	
진로준비에 필요한 사항	
느낀 점	

활동 2. 드림맵 구상하기

日 관련 직업기초능력: 자기개발능력

예비 직업인으로서 자신의 능력, 적성, 특성 등을 이해하고 목표 성취를 위해 스스로를 관리하며 개발해 나가는 능력

日 목표

1. 자신의 꿈을 그림으로 표현해 봄으로써 성취동기를 강화한다.
2. 진로선택과 취업준비에 필요한 목표 의식을 명확히 한다.

日 지시문

"자신의 꿈에 대해서 생각해 봅시다. 나는 무엇이 되고 싶은지(직업, 사회적 역할), 무엇을 하고 싶은지(취미, 여가, 봉사), 무엇을 갖고 싶은지(유형 또는 무형)를 마인드맵 방식으로 표현하여 자신의 '드림맵(dream map)'을 그려 봅시다. 이를 통해 내가 꿈꾸는 삶은 어떤 모습인지 생각해 보고, 그 꿈을 이루려면 어떻게 해야 하는지 구체적으로 구상해 봅시다."

日 진행과정

1. 활동지를 활용하여 무엇이 되고 싶은지, 무엇을 하고 싶은지, 무엇을 갖고 싶은지를 마인드맵 방식으로 작성하게 한다.
2. 자신이 꿈꾸는 삶의 모습에 대해 우선순위를 정하고, 이를 실현하기 위한 구체적인 계획을 구상하게 한다.
3. 각자의 드림맵을 벽면이나 책상 위에 전시하여 집단원 모두가 함께 살펴보

고, 긍정적 내용의 그림이나 글을 남길 수 있도록 한다.

4. 집단원 전체의 검토가 끝나면 자신의 드림맵에 대한 소감을 발표하도록 한다.

日 마무리

1. 나의 꿈은 무엇이며, 그것은 어떻게 이룰 것인가?

2. 이 활동에서 새로이 알게 된 사실은 무엇인가? 느낀 점은 무엇인가?

日 준비물

활동지, 필기도구

드림맵 만들기

1. 자신의 꿈에 대해서 생각해 봅시다. 나는 무엇이 되고 싶은지(직업, 사회적 역할), 무엇을 하고 싶은지(취미, 여가, 봉사), 무엇을 갖고 싶은지(유형 또는 무형)를 마인드맵 방식으로 '드림맵(dream map)'을 그려 봅시다.

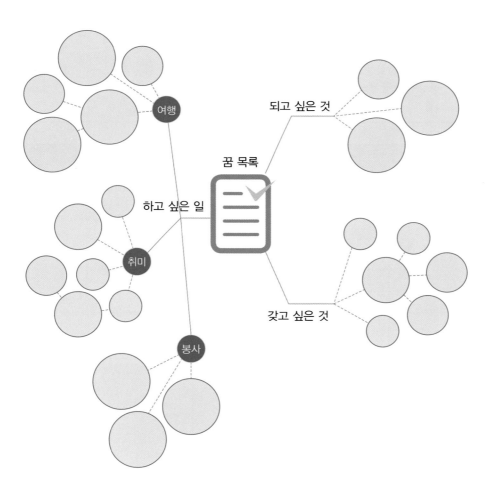

2. 내가 꿈꾸는 삶은 어떤 모습입니까? 다음 항목 중 세 가지를 선택해 봅시다.

1. 원대한 꿈을 가진 사람	11. 자주적인 사람
2. 솔직한 사람	12. 지혜로운 사람
3. 능력이 있고 쓸모가 있는 사람	13. 검소한 생활을 하는 사람
4. 쾌활하고 명랑한 사람	14. 사랑할 수 있는 사람
5. 깨끗하고 단정한 사람	15. 겸손한 사람, 예의 바른 사람
6. 자신이 믿는 바를 밀고 나가는 용기를 가진 사람	16. 정의를 지키는 사람
7. 남의 잘못을 용서할 수 있는 사람	17. 책임감이 강한 사람
8. 남을 도와주려는 사람	18. 자신을 다스릴 수 있는 사람
9. 정직하고 성실한 사람	19. 열정적인 사람
10. 상상력이 풍부하고 창의력이 뛰어난 사람	20. 부지런한 사람

되고 싶은 사람 순위	내가 꿈꾸는 나	이유	어떻게 해야 될 수 있을까?
1			
2			
3			

3. 자신의 꿈을 좀 더 구체화해서 구상해 봅시다.

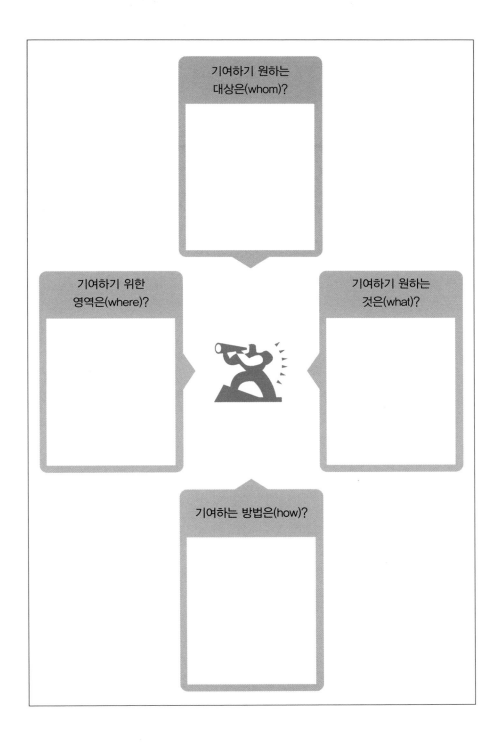

Tip. 좀 더 알아봅시다

Q1. 진로준비도 검사를 통해 나의 진로준비 정도를 확인해 봅시다.

워크넷을 통한 대학생 진로준비도 검사 실시

워크넷(http://worknet.go.kr) → 로그인 → 직업심리검사(성인대상심리검사) → 대학생 진로준비도 검사 실시하기

대학생 및 취업을 준비하는 대졸 청년층 구직자들을 대상으로 진로발달 수준과 취업준비행동 수준에 대한 객관적인 정보를 바탕으로 효과적인 진로 및 취업 선택을 지원하고자 개발된 검사이다. 검사 항목은 다음과 같이 구성되어 있다.

하위검사	하위요인	내용
진로 성숙도 검사	계획성	자신의 진로방향과 직업결정을 위한 사전준비와 계획의 정도
	독립성	자신의 진로에 대한 탐색, 준비, 선택을 스스로 하고 있는 정도
	자기지식 (자기이해)	자신의 능력, 흥미, 성격, 가치관 등의 개인 특성에 대해 이해하고 있는 정도
진로 탐색행동 검사	진로 활동 경험	자신의 특성 및 직업정보의 탐색을 위한 다양한 활동 경험의 정도
	자기이해 노력	자신의 적성, 흥미, 성격 등의 자기이해를 위한 다양한 활동 경험의 정도
	진로수업 경험	자신에게 보다 적합한 진로 분야를 알아보기 위한 관련 수업의 수강 경험 정도
	사회적 지지 자원	진로탐색 시 주변의 지지 자원의 정도

진로의사결정 검사		자신과 직업에 대한 정보를 바탕으로 한 진로의사결정의 수준
취업 준비행동 검사	적극적 직업탐색	직업 탐색 및 선택을 위한 보다 직접적이고 확실한 준비 행동(이력서 보내기, 인터뷰) 수준
	예비적 직업탐색	직업과 관련된 정보를 모으고 직업탐색의 단계를 계획하는 과정 중에서 잠정적 가능성(전공지식, 공통직무능력)을 준비하는 행동 정도
	공식적 직업탐색	공식적인 정보 자료(신문, 잡지, TV, 인터넷, 각종 설명회나 박람회 등)를 통한 취업준비 행동의 정도
	비공식적 직업탐색	비공식적인 정보 자료(친구, 가족, 선후배 등)를 통한 취업준비 행동의 정도
	취업준비 노력	취업준비와 탐색의 과정에 적용된 상대적인 노력의 정도
	취업준비 강도	취업준비를 위해 사용된 시간과 노력의 상대적인 강도

출처: 워크넷(http://worknet.go.kr).

진로성숙도 검사는 발달 단계상에서 진로와 관련하여 직면하는 문제들을 해결하고 대처해 나갈 수 있는 준비 정도를 측정하며, 진로탐색행동 검사는 진로결정이나 진로발달을 목적으로 자기 자신과 직업세계를 이해하기 위해 수행하는 인지적·행동적 활동과 경험의 정도를 나타낸다. 진로의사결정 검사는 자신의 진로선택에 대한 확신의 정도를 나타내며, 취업준비행동 검사는 자신의 진로와 관련되어 좀 더 구체적이고 현실적인 측면에서 당면한 취업과제 해결을 위해 최근 3개월 동안 수행한 준비행동의 수준을 나타낸다.

Q2. 업무수행능력으로 직업 찾기

업무수행능력과 관련된 자신의 능력을 일곱 가지 이상 선택하면 자신이 가진
업무수행능력에 적합한 직업을 추천받을 수 있다.

워크넷 〉 직업 · 진로 〉 직업정보 〉 직업정보 찾기

• 직업정보 찾기
 – 분류별 찾기
 – 지식별 찾기
 – 업무수행능력별 찾기
 – 통합 찾기(지식, 흥미, 능력)
 – 신직업 · 창직 찾기
 – 이색직업별 찾기
 – 테마별 찾기

• 업무수행능력별 찾기
 – 여러분이 가지고 있는 업무수행능력과 가장 적합한 직업정보를 찾아보세요. 가능
   한 한 자신이 가지고 있는 업무수행능력을 많이 선택하여 주세요.
 – 업무수행능력을 많이 선택할수록(최소 7개 이상) 정확한 직업정보를 검색하실 수 있
   습니다.
 – 선택하신 후 화면 맨 아래의 [검색] 버튼을 눌러 주세요.

업무수행능력 선택	업무수행능력에 대한 설명
☐ 읽고 이해하기	업무와 관련된 문서를 읽고 이해한다.
☐ 듣고 이해하기	다른 사람이 말하는 것을 집중해서 듣고, 상대방이 말하려는 요점을 이해하거나 적절한 질문을 한다.
☐ 글쓰기	글을 통해서 다른 사람과 효과적으로 의사소통한다.
☐ 말하기	자기가 알고 있는 것을 다른 사람에게 조리 있게 말한다.
☐ 수리력	어떤 문제를 해결하기 위해 수학을 사용한다.
☐ 논리적 분석	문제를 해결하기 위해(혹은 의사결정을 하기 위해) 체계적으로 이치에 맞는 생각을 해낸다.
☐ 창의력	주어진 주제나 상황에 대해 독특하고 기발한 아이디어를 산출한다.

□ 범주화	기준이나 법칙을 정하고, 그에 따라 사물이나 행위를 분류한다.
□ 기억력	단어, 수, 그림, 철자와 같은 정보를 기억한다.
□ 공간지각력	자신의 위치를 파악하거나 자신을 중심으로 다른 대상이 어디에 있는지를 안다.
□ 추리력	문제해결과 의사결정을 위해 새로운 정보의 의미를 파악한다.
□ 학습전략	새로운 것을 배우거나 가르칠 때 적절한 방법을 활용한다.
□ 선택적 집중력	주의를 산만하게 하는 자극에도 불구하고 원하는 일에 집중한다.
□ 모니터링	타인 혹은 조직의 성과를 점검하고 평가한다.
□ 사람 파악	타인의 반응을 파악하고, 왜 그렇게 행동하는지 이해한다.
□ 행동 조정	다른 사람의 행동에 맞추어 적절히 대응한다.
□ 설득	다른 사람의 마음이나 행동을 변화시키기 위해 설득한다.
□ 협상	다른 사람과의 의견 차이를 좁혀 합의점을 찾는다.
□ 가르치기	다른 사람에게 일하는 방법에 대해 가르친다.
□ 서비스 지향	다른 사람을 돕기 위해 적극적으로 노력한다.
□ 문제해결	문제의 본질을 파악해 해결방법을 찾고, 이를 실행한다.
□ 판단과 의사결정	이득과 손실을 평가해서 결정을 내린다.
□ 시간 관리	자신의 시간과 다른 사람의 시간을 관리한다.
□ 재정 관리	업무를 완료하기 위해 필요한 비용을 파악하고, 구체적인 소요 내역을 산출한다.
□ 물적 자원 관리	업무를 수행하는 데 필요한 장비, 시설, 자재 등을 구매하고 관리한다.
□ 인적 자원 관리	직원의 근로의욕을 높이고, 능력을 개발하며, 적재적소에 인재를 배치한다.
□ 기술 분석	새로운 방법을 고안하고, 기존의 방법을 개선하기 위해서 현재 사용되는 도구와 기술을 분석한다.
□ 기술 설계	사용자의 요구에 맞도록 장비와 기술을 개발해 적용한다.
□ 장비 선정	업무를 수행하는 데 필요한 도구나 장비를 결정한다.
□ 설치	작업 지시서에 따라 장비, 도구, 배선, 프로그램을 설치한다.

□ 전산	다양한 목적을 위해 소프트웨어나 인터넷을 활용하고, 프로그램을 작성한다.
□ 품질관리 분석	품질 또는 성과를 평가하기 위해 제품, 서비스, 공정을 검사하거나 조사한다.
□ 조작 및 통제	장비 혹은 시스템을 조직하고 통제한다.
□ 장비의 유지	장비에 대한 일상적인 유지보수를 하고, 장비를 유지하기 위해 언제 어떤 종류의 조치를 취해야 하는가를 안다.
□ 고장의 발견과 수리	오작동의 원인이 무엇인가를 확인하고, 이를 어떻게 처리할 것인지 결정한다.
□ 작동 점검	기계가 제대로 작동하는지 확인하기 위해 표시판이나 계기판 등을 살펴본다.
□ 조직체계의 분석 및 평가	환경이나 조건의 변화가 조직의 체계, 구성, 방식에 어떤 영향을 미칠지 분석하고, 시스템의 효율성을 평가한다.
□ 정교한 동작	손이나 손가락을 이용해 복잡한 부품을 조립하거나 정교한 작업을 한다.
□ 움직임 통제	신체를 이용해 기계나 기구를 정확한 위치로 빠르게 움직인다.
□ 반응 시간과 속도	신호에 빠르게 반응하거나 신체를 신속히 움직인다.
□ 신체적 강인성	물건을 들어올리고, 밀고, 당기고, 운반하기 위해 힘을 사용한다.
□ 유연성 및 균형	신체의 균형을 유지하거나 각 부위를 구부리고 편다.
□ 시력	먼 곳이나 가까운 것을 보기 위해 눈을 사용한다.
□ 청력	음의 고저와 크기의 차이를 구분한다.

다시선택 검색 목록

출처: 워크넷(http://www.work.go.kr).

제2장
직업세계의 변화와 전망

 학 습 개 요

직업의 의미와 분류를 통해 그 개념과 특징을 파악한다. 아울러
앞으로의 직업세계의 변화 양상과 4차 산업혁명 시대의 유망 직
업을 살펴보고, 미래의 직업세계를 폭넓게 이해하도록 한다. 또
한 직업정보의 구성요소를 살펴보고, 이러한 정보를 구체적으로
탐색할 수 있는 직업정보원에 대해 알아본다. 마지막으로 다양
한 유형의 직업정보 탐색활동을 통해 직업정보를 수집 및 처리
하고, 활용하는 방법에 대하여 다룬다.

1. 직업의 의미와 분류

1) 직업의 의미

우리가 일상적으로 많이 쓰고 있는 직업이라는 단어에 대해서 생각해 본 적이 있는가? 직업세계를 이해하기 위해서는 직업의 의미를 살펴보고, 이를 통해 직업이 지닌 속성을 파악하는 과정이 필요하다.

직업(職業)이라는 말은 직과 업의 합성어인데, 여기서 직(職)이란 직분을 맡아 행한다는 개인의 사회적 역할을 강조한 말이다. 한편, 업(業)이란 생계를 유지하기 위해 전념하는 일이라는 뜻과 자신의 능력을 발휘하기 위해 한 가지 일에 몰두한다는 뜻을 가진다. 따라서 직업이라는 용어는 사회적 책무로서 개인이 맡게 되는 역할과 생계 유지를 위해 수행하는 노동행위의 이중적 의미를 가지고 있다. 이처럼 직업은 경제적 · 사회적 · 심리적으로 다음과 같은 의미를 지니고 있으며, 어떤 것에 더 가치를 두느냐에 따라 진로설계의 방향이 달라질 수 있다.

첫째, 경제적으로 직업은 생계 유지의 수단이다. 사람은 직업생활을 통하여 일의 대가로 임금을 받는데, 이 돈을 이용하여 본인과 가족의 경제생활을 영위케 한다. 사람이 직업을 선택할 때 보수를 중요한 기준으로 생각하는 것은 직업을 통하여 돈을 벌고, 그 돈으로 생활을 할 수 있게 됨으로써 생활 수준이 달라지기 때문이다.

둘째, 심리적으로 직업은 개인에게 소속감을 부여하며 자아를 실현하는 수단이 된다. 사람은 직업을 통하여 만난 사람과 경험을 공유하면서 소속감을 느끼고 심리적인 안정을 찾게 된다. 또 직업생활을 통하여 자신의 가치를 추구하고 능력을 발휘하여 자아를 실현한다.

셋째, 직업은 자신이 맡은 일을 통하여 사회적 역할을 수행하게 하는 수단이다. 사람은 각자 자기가 종사하는 직업을 통하여 사회의 존속과 유지에 필요한 다양한 활동을 한다. 사람은 누구나 직업을 통해 타인의 삶에 도움을 주기도 하고, 사회에 공헌하며, 사회 발전에 기여한다. 따라서 직업은 사회적으로 유용한 것이어야 하며, 사회 발전에 도움이 되어야 한다. 사람은 자신이 하는 일을 모두 직업이라고 생각하는 경향이 있다. 하지만 실제 모든 일이 직업은 아니다. 일반적으로 사람이 하는 일이 경제성, 지속성, 윤리성이라는 조건을 갖추었을 때 비로소 직업이 되는데, 직업의 성립요건을 살펴보면 〈표 2-1〉과 같다.

표 2-1	직업의 성립요건
구분	직업의 성립요건
경제성	경제적인 거래 관계가 성립하는 활동을 수행해야 함을 의미한다. 따라서 무급 자원봉사와 같은 활동이나 전업 학생의 학습행위는 직업으로 보지 않는다. 아울러 자연 발생적인 이득이나 유연하게 발생하는 경제적인 과실에 전적으로 의존하는 활동은 직업으로 보지 않는다.
지속성	매일, 매주, 매월 혹은 계절적으로, 즉 주기적으로 행하는 것을 의미한다. 그러나 명확한 주기가 없어도 계속적으로 행해지면 지속성이 있다고 본다. 또한 현재 하고 있는 일을 계속할 의지와 가능성이 있는 것을 말하기도 한다.
윤리성	윤리성은 비윤리적인 영리 행위나 반사회적인 활동을 통한 경제적인 이윤 추구는 직업 활동으로 인정받지 못한다.

출처: 통계청(2017).

2) 직업의 분류

다양한 직업세계를 이해하기 위해서는 먼저 일정 기준에 따라 직업을 분류하여 일의 내용을 파악할 필요가 있다. 우리나라에서 활용되고 있는 직업분류로는 직능 수준을 중심으로 직업을 분류한 '한국표준직업분류'와 직능 형태를 중심으로 직업을 분류한 '한국고용직업분류'가 있다. 이 중 '한국고용직업분류'는 공공 부문의 취업알선 업무에 활용되며(한국고용직업분류를 취업알선에 맞게 확장하여 '취업알선직업분류'로 활용 중), 국가직무능력표준(National Competency Standards: NCS), 직업훈련, 국가기술자격, 직업정보 제공, 진로지도 등 기본 분류 틀로 활용된다(고용노동부, 2017).

| 표 2-2 | 직업의 분류 |

구분	한국고용직업분류 대분류
경영 · 사무 및 금융 · 보험직	• 관리직은 조직 전체 또는 조직 내 부서에서 의사결정을 수행하는 자로서 높은 수준의 책임과 전문성을 필요로 하며, 정규교육과 광범위한 직업 경험을 통해 직무수행능력이 갖춰진다. • 경영, 행정, 사무직과 금융, 보험직은 기업경영과 관련한 사무나 경영지원 서비스, 금융 서비스 등을 제공하는 업무와 관련된다.
연구직 및 공학 기술직	• 인문 · 사회과학 분야, 자연 · 생명과학 분야의 연구 및 시험과 관련한 직업과 정보통신, 건축, 엔지니어링 등의 공학 분야의 전문적이고 기술적인 직업이 포함된다.
교육 · 법률 · 사회복지 · 경찰 · 소방직 및 군인	• 교육, 법률, 사회복지(상담), 종교, 경찰, 소방, 교도 등 공공서비스 영역이거나 그와 관련된 프로그램을 운영하는 일과 관련된 직업이 포함된다.
보건 · 의료직	• 보건의료와 관련한 전문직과 의료기술직, 보건의료 서비스직 등의 직업이 포함된다.
예술 · 디자인 · 방송 · 스포츠직	• 작가, 도서관 및 박물관 관련 전문직, 기자 및 언론 전문가, 공연예술, 디자인, 연극, 영화, 방송 관련 전문직 및 기술적 직업, 그리고 그 외의 관련 종사자가 포함된다.
미용 · 여행 · 숙박 · 음식 · 경비 · 청소직	• 이 · 미용, 예식, 여행, 숙박, 음식 조리 및 제공, 경호 및 경비, 돌봄 서비스, 청소 등 주로 개인 고객을 대상으로 개인 생활 서비스를 제공하는 직업이 포함된다.
영업 · 판매 · 운전 · 운송직	• 영업 활동을 하거나 상품 또는 서비스를 판매 또는 임대하는 직무를 수행하는 직업과 항공기, 기차, 지하철, 자동차, 기타 운송기계 등을 운전하거나 이와 관련한 지원 업무를 담당하는 직업이 포함된다.
건설 · 채굴직	• 건설 및 광업(채굴) 분야의 현장에서 직접 건설 직무를 수행하는 기능원과 단순노무종사자 등이 포함된다.
설치 · 정비 · 생산직	• 각종 기계를 설치하거나 정비하는 직업과 제조 생산 공정에서 생산과 관련한 직무를 수행하는 직업 등이 포함된다.
농림어업직	• 농업, 임업, 어업 등의 분야에서 작물을 재배하거나 동물을 번식 · 사육하며, 산림의 보존 및 개발, 물고기 및 수생 동식물을 양식하거나 채집 · 채취하는 일을 수행하는 직업이 포함된다.

Tip: 포털사이트에서 '한국고용직업분류 2018 분류표'를 검색하면 구체적인 정보를 확인할 수 있다.

2. 앞으로의 직업세계와 유망 직업

1) 미래의 직업세계 변화 양상

일자리 환경이 변화함에 따라 직업 또한 많은 변화가 예상되고 있다. 특히 기술발전에 따른 직업세계의 변화는 향후 4차 산업혁명으로 더욱 빨라질 것이다. 이러한 직업세계의 변화는 다음의 다섯 가지 유형으로 나타날 것으로 보고 있다(미래준비위원회 외, 2017; 한국고용정보원, 2018).

첫째, 과학기술 발전 등으로 인해 역할이 고도화되고 전문화되면서 기존 직업의 고부가가치화가 이루어질 것이다. 기계화 및 자동화로 인한 직업의 특성과 내용 변화는 인간 대체가 아니라 오히려 인간에게 새로운 역할을 부여하는 형식으로 발전해 갈 수 있다. 특히 기계가 인간이 할 수 있던 업무 영역을 일부 대체함에 따라 인간이 해야 할 업무가 보다 전문화되거나 고도화될 가능성을 예상하고 있다.

둘째, 수요 세분화 및 새로운 수요 증가에 대응하여 직업의 세분화 및 전문화가 급속히 이루어질 것이다. 사회가 발전해 갈수록 구성원의 삶의 질 향상에 대한 수요는 높아지게 된다. 삶의 질이 중요해지는 사회에서는 구성원이 필요로 하는 수요는 점차 다양해지고, 질적으로도 높은 수준을 유지하게 되며, 관련 제품과 서비스를 개발하고 소비자에게 전달하는 과정이 보다 전문화되고 세분화되면서 그 과정 속에서 자연스럽게 존재하는 직업 또한 점차 분화될 것으로 보고 있다. 아울러 직업의 세분화와 전문화는 기술 진보와 더불어 고령화, 저출산 등 미래의 변화 요인에 따라서도 나타나게 될 것이다.

셋째, 서로 다른 지식, 직무 간의 융합으로 전문 분야가 창출되면서 융합형 직업이 증가할 것이다. 각기 다른 직무나 지식, 또는 기술과 기능을 합쳐 새로운 전문 분야를 창출하는 블렌딩 과정을 통해 기존에는 이질적이었던 복수 직업 간의 결합으로 새로운 융합형 직업이 출현할 것으로 보고 있다. 융합형 직업은 작게는 사람이 가진 소질과 관심의 결합에서부터 기술 또는 지식 간, 그리고 과학기술과 타 영역 간의 연결과정에서 발생할 수 있다.

넷째, 과학기술에 기반한 새로운 수요 창출로 다양한 직업이 창출될 것이다. 지금 각광받고 있으나 불과 10년 전에는 없었던 직업을 살펴보면 대부분이 기술 진보로 인해 새로운 영역을 구축한 경우에 속한다. 이렇듯 과학기술의 진보로 인하여 현재 우리의 상상 속에 머물러 있거나 상상할 수 없는 새로운 산업이 육성되고, 이에 따라 많은 직업이 등장할 것이다.

다섯째, 기술의 발달로 없어질 위기에 처할 직업이 점차 많아질 것으로 예상하고 있다. 로봇이나 컴퓨터, 인공지능 등의 기술이 사람이 하는 일을 대체할 가능성, 즉 기술 대체 가능성이 높다는 것은 하는 일의 일부가 컴퓨터나 기계로 대체되어 해당 직업의 일자리 중 일부가 감소한다는 것을 의미한다. 이러한 기술 대체 가능성은 해당 직업이 수행하는 일의 정형화 정도에 영향을 받는다. 수행하는 일이 일정한 매뉴얼에 따라 규칙적으로 진행되는 경우 정형화 정도가 높다고 할 수 있다. 전문직이라고 하더라도 정해진 절차에 따라 반복적인 업무를 한다면 정교한 알고리즘에 의해 자동화될 가능성이 높다고 예상된다.

2) 4차 산업혁명 시대의 유망 직업

4차 산업혁명 시대에는 사물인터넷, 클라우드, 드론, 모바일, 자율주행자동차, 가상현실, 로봇, 생명공학, 인공지능 등 첨단기술의 발전이 가속될 것이다. 따라서 이와 관련된 기술을 적용하고 활용하는 첨단 분야에서 일자리 기회가 많이 생길 것으로 기대하고 있다(한국고용정보원, 2018).

4차 산업혁명은 제조, 생산, 유통, 그리고 서비스 등에 정보통신기술(Information and Communication Technology: ICT)이 결합되어 지금과는 다른 방식으로 변화가 나타나는 것을 의미하는데, 이에 따라 방대한 양의 데이터를 이용하여 비즈니스의 운영 방식을 바꾸려면 정보를 수집하고 저장하기 위한 센싱 기술, 데이터베이스 구축, 그리고 무선통신 관련 인력이 더 많이 필요할 것으로 예상된다. 아울러 새로운 사업모델을 만들기 위한 플랫폼과 시스템을 구축하기 위한 소프트웨어 관련 인력, 그리고 점차 증가하는 정보의 보안을 담당하는 사람이 더 필요할 것이다.

또한 4차 산업혁명 시대에는 어려운 사람을 돌보고 삶의 질을 개선하는 데 기여하는 직업이 유망할 것으로 예상된다. 첨단과학이 발달하면서 양극화가 심해지고 상대적으로 소외되고 어려운 사람이 많아질 수 있으므로 이들을 돌보고 삶의 질을 개선하는 분야에서 일자리 기회가 더 많아질 것이다. 즉, 복지, 안전, 삶의 질 향상, 날로 다양해지는 개인의 욕구 충족과 관련된 분야에서 새로운 일자리 기회가 더 많아질 것으로 보고 있다.

표 2-3　미래의 유망 직업

직업명	유망 이유	관련 기술
사물인터넷 전문가	사물과 사물이 대화를 나누기 위하여 센싱할 수 있는 기기를 통해서 자료를 수집하고, 이 자료를 데이터베이스에 저장하고, 또한 저장된 정보를 불러내어 서로 통신할 수 있게 하는 사물인터넷 전문가의 수요가 더욱 증가할 것임	무선통신, 프로그램 개발 등
인공지능 전문가	인간의 인지·학습·감성 방식을 모방하는 컴퓨터 구현 프로그램과 알고리즘을 개발하는 사람의 수요가 많음	인공지능, 딥러닝
빅데이터 전문가	비정형 및 정형 데이터 분석을 통한 패턴 확인 및 미래 예측에 빅데이터 전문가를 금융, 의료, 공공, 제조 등에서 많이 요구함. 인공지능이 구현되기 위해서도 빅데이터 분석은 필수적임	빅데이터
가상현실 전문가	가상(증강)현실은 게임, 교육, 마케팅 등에서 널리 사용하고 있으며, 가상현실 콘텐츠 기획, 개발·운영 등에서 많은 일자리 생성이 기대됨	가상(증강) 현실
3D프린팅 전문가	3D프린터의 속도와 재료 문제가 해결되면 제조업의 혁신을 유도할 것으로 기대됨. 다양한 영역(의료, 제조, 공학, 건축, 스타트업 등)에서 3D프린팅을 위한 모델링 수요 증가가 기대됨	3D프린팅
드론전문가	드론의 적용 분야(농약 살포, 재난 구조, 산불 감시, 드라마·영화 촬영, 기상 관측, 항공 촬영, 건축물 안전진단, 생활스포츠 기록 등)가 다양해지고 있음	드론
생명공학자	생명공학이 IT와 NT가 융합되어 새로운 기술이 탄생하고 있음. 생명정보학, 유전자 가위 등을 활용하여 질병 치료 및 인간의 건강 증진을 위한 신약·의료 기술이 개발되고 있음	생명공학, IT

〈계속〉

정보보호 전문가	사물인터넷과 모바일, 그리고 클라우드 시스템의 확산으로 정보보호의 중요성과 역할이 더욱 중요해짐	보안
응용소프트웨어 개발자	온라인과 오프라인 연계, 다양한 산업과 ICT의 융합, 그리고 공유경제 등의 새로운 사업 분야에서 소프트웨어의 개발 필요성이 더욱 증가함	ICT
로봇공학자	스마트공장의 확대를 위해 산업용 로봇이 더 필요하며, 인공지능을 적용한 로봇이 교육 · 판매 · 엔터테인먼트 · 개인 서비스에 더 많이 이용될 것임	기계공학, 재료공학, 컴퓨터공학, 인공지능 등

출처: 김동규 외(2017).

미래 사회는 직업의 생성과 사라짐이 빠르게 진행될 것으로 예측되고 있다. 이에 기존 직업 중 각광받을 분야 및 직업에 대해 알아보는 것도 중요하지만 새롭게 생겨날 직업에 대한 탐색 역시 중요하다. 이와 관련하여 창직과 신직업에 대해 살펴볼 필요가 있다.

최근 개인이 기존 노동시장의 일자리에 진입하지 않고 문화, 예술, IT 등 다양한 분야에서 창조적인 아이디어를 통해 나만의 지식, 기술, 능력을 발휘하여 새로운 일자리를 만드는 일이 많이 일어나고 있다. 기존에 없던 직업을 발굴하고, 새로운 일자리를 창출해서 수입을 얻는 것을 '창직'이라고 한다. 창직은 창업에 비해 하는 일과 그 일을 하는 사람의 역량이 무엇보다 중요하다. 최근 청년들의 창직 사례로는 건축여행 기획자, 장애인여행 코디네이터, 의료관광 컨시어지, 시니어 여가생활 매니저, 자기성장기간(갭이어) 기획자, 유휴공간활동 컨설턴트 등이 있다.

한편, 정부에서는 최근 몇 년 동안 신직업을 발표하여 왔는데, 여기서 말하는 신직업이란 전에 없던 새로운 서비스를 제공하면서 직업으로 정착되거나 아직 활성화되어 있지 않지만 사회 변화, 기술 발전, 수요 증가 등으로 가까운 미래에 많은 사람의 관심을 받게 될 직업을 말한다. 혹은 이미 유사 직업이 존재하지만 제도 개선, 직무의 전문화 및 세분화가 필요한 직업을 의미하기도 한다. 최근 발표된 신직업의 사례를 제시하면 〈표 2-4〉와 같다.

표 2-4	신직업의 사례

직업명	하는 일
도시재생 전문가	도시(혹은 마을)의 정체성(역사성, 문화성, 기존 거주자들의 특성 등)을 보존하면서 거주민들의 거주환경과 공동체로서의 삶의 질을 높일 수 있는 공간을 창조하고 기획한다.
과학 커뮤니케이터	학교, 과학관, 과학 전시업체 등에서 다양한 콘텐츠와 전달기법을 활용하여 과학을 쉽고 정확히 설명한다.
감성인식기술 전문가	인간의 여러 감성을 컴퓨터가 인식할 수 있는 유무선 센서기술과 감성 신호의 피드백에 따라 상황에 맞는 적절한 처리능력을 부여하는 기술을 개발한다.
동물 매개 치유사	몸과 마음에 상처가 있는 사람이 개, 고양이, 말, 새, 돌고래 등 동물과 상호작용을 통해 정신적 · 신체적 · 사회적 기능을 회복하고 심신을 회복할 수 있도록 돕는다.
창의 트레이너	아이와 청소년의 창의력 개발을 장려하거나 혹은 적절한 여가활동을 통해서 노인과 장애인들의 창의력 개발을 돕는다.
공유경제 컨설턴트	공유경제를 실현할 수 있는 아이템을 발굴하고, 이를 토대로 공유경제 비즈니스 모델을 개발하여 실행하거나 공유경제 비즈니스 모델에 관한 컨설팅과 강의 등을 한다.
할랄 인증 컨설턴트	할랄 인증을 받고자 하는 기업, 품목 등에 대해 할랄 인증 관련 전반적 절차를 컨설팅해 주고, 할랄 인증 취득에 필요한 사항을 자문한다.
메이커스랩 코디네이터	창작 공방과 같은 곳에서 장비 유지 관리, 안전교육, 장비 사용법을 알려 주며, 디자인과 관련하여 내방자들에게 컨설팅을 제공하고 교육 프로그램을 개발한다.
놀이치료사	아동이나 치매 노인 등의 심리문제를 다양한 놀이 프로그램을 활용하여 상담 · 치유하는 역할을 수행한다.
실내 공기질 관리사	어린이집, 지하철역사 등 다중 이용 시설의 실내 공기질을 전문으로 관리하고 쾌적한 실내 공기질 관리를 위한 컨설팅을 한다.
범죄예방환경 전문가	셉테드(환경설계를 통한 범죄 예방 건축설계기법)사업 적용 대상지의 범죄 및 무질서에 대한 자료 수집을 하고, 범죄 예방을 위한 건축물 또는 시설 및 공간 등의 물리적 환경을 설계한다.

출처: 고용노동부, 한국고용정보원(2018).

3. 직업정보 탐색

1) 직업정보의 구성요소

직업정보는 직업에 관한 모든 사실 또는 자료로 간략히 정의할 수 있다. 이를 구체화하여 보면 직업정보는 문자, 숫자, 도표, 그림, 사진 등으로 표현되는 직업에 대한 사실(fact) 또는 자료(data)로, 직업을 선택하고 준비하는 데 도움을 주는 직위, 직무, 직업에 관한 정확하고 유용한 정보로 정의할 수 있다. 한편, 직업정보는 정보의 수혜자들이 진로탐색, 진로계획, 진로선택 등에 적극적으로 활용할 수 있도록 다양한 정보를 포괄하여야 한다. 따라서 직업정보는 다음과 같은 구성요소를 포함하여야 한다(정철영, 2011).

첫째, 직업의 특성과 요건에 관한 정보이다. 여기에는 직업을 통하여 수행하는 일에 관한 정보로, 하는 일, 근무환경, 육체적 활동 및 작업강도, 사용하는 도구 및 장비, 작업환경 등이 포함된다.

표 2-5　직업을 통하여 수행하는 일에 관한 정보

세부 영역	세부 내용
하는 일(활동)	수행 과업, 업무, 작업 활동(일반, 특수)
	세부 전문 영역 및 영역별 개요 및 특징
근무환경	근무시간, 이동거리, 정신적 스트레스, 역할 갈등, 대인관계 등
육체적 활동 및 작업강도	해당 직업의 직무를 수행하는 데 필요한 육체적인 활동 및 힘의 강도
도구 및 장비	작업에서 사용하는 도구, 설비, 장비 등
작업환경	해당 직업의 직무를 수행하는 자에게 신체적으로 영향을 미치는 작업장의 환경요인

둘째, 일을 수행하는 직업인이 갖추어야 할 특성과 요건에 대한 정보이다. 해당 직업인이 갖추어야 할 흥미, 성격, 능력, 가치관, 지식, 기술, 작업 스타일, 교육 수준, 전공, 훈련 프로그램, 자격/면허, 진출 분야 등이 여기에 해당된다.

표 2-6	직업인이 갖추어야 할 특성과 요건에 관한 정보
세부 영역	세부 내용
흥미	업무에서 요구하는 흥미
성격	업무에서 요구하는 성격
능력	업무에서 요구하는 능력
가치관	업무에서 요구하는 가치관
지식	업무수행에 요구되는 지식
기술	업무에서 요구하는 기술
작업 스타일	업무를 잘 수행하는 데 영향을 미치는 개인적 특성
교육 수준	업무 숙달기간, 학력 수준 및 학력 분포
전공	전공학과 소개
훈련 프로그램	훈련 프로그램과 훈련기관 소개
자격/면허	직업에 들어서거나 업무에 도움이 되는 자격이나 면허
진출 분야	진출 가능 분야(취업처)

마지막으로 직업과 관련된 노동시장 정보로 직업별 소득(수입), 직업전망과 이에 영향을 미치는 요인, 고용정보(직업별 종사자 수, 성비, 근로시간 등), 산업정보, 고용자 정보, 승진 등이 이에 해당된다.

표 2-7	직업과 관련된 노동시장 정보
세부 영역	세부 내용
소득(수입)	직업별 소득 및 수입
직업 전망 및 요인	향후 일자리 전망 및 전망에 영향을 미치는 요인
고용정보	직업별 종사자 수, 성비, 근로시간 등
산업정보	해당 직업과 관련된 산업분류, 산업 내 종사자 수, 지리적 분포 등
고용자 정보	고용자 선호 조건, 취업처 등
승진	승진 경로 및 요구 기술

한편, 직업정보를 활용할 때에는 다음과 같은 사항을 유의해야 한다. 첫째, 직업정보는 해당 직업의 일반적이고 공통적인 내용을 담은 것이므로 관련 산업, 기업체 규모, 작성 시기 등에 따라 상이할 수 있다. 둘째, 학력 분포, 임금 등의 정보 역시 일반적으로 조사에 기반하여 제공되므로 동일한 직업 종사자 모두를 반영하는 것은 아니다. 셋째, 일자리 전망은 관련성이 높은 주요 요인에 근거하여 예측하는 자료이므로 정책 및 제도의 변화, 경제 상황의 변화 등 불확실성 요인이 돌발하는 경우를 반영하지 못할 수도 있다.

2) 직업정보원

직업정보는 인쇄물, 동영상, 정보시스템 등으로 구현되며, 국내의 대표적인 직업정보서 및 시스템으로는 '한국직업사전' '한국직업전망' '한국직업정보시스템(KNOW)' '국가직무능력표준(NCS)' '커리어넷' 등이 있다.

(1) 한국직업사전

한국직업사전은 우리나라의 가장 방대한 직업정보서로, 직업의 변화와 특성을 가늠해 볼 수 있는 국내 유일의 자료라고 할 수 있다. 한국직업사전은 우리나라 전체 직업의 표준화된 직업명과 수행직무 등 기초 직업정보를 수록한 자료이므로 각 직업에 대한 상세한 정보가 제시되기보다는 각 직업별 직무개요, 수행직무, 부가직업정보(정규교육, 숙련기간, 작업강도, 자격면허 등)에 대한 정보를 제공한다. 따라서 한국직업사전을 통해 관심 있는 직업이 생겼다면 이후 소개될 한국직업정보시스템(KNOW)을 통해 보다 상세한 직업정보를 검색해 보는 것이 필요하다.

Tip	어디서 볼 수 있나요?
\- 정보서 다운로드: 워크넷(www.work.go.kr) → 직업·진로 → 자료실 → 직업진로정보서 → 한국직업사전 검색 - 온라인: 워크넷(www.work.go.kr) → 직업·진로 → 직업정보 → 한국직업사전	

(2) 한국직업전망

한국직업전망에는 국내 주요 대표 직업 약 200여 개의 직업정보와 향후 전망을 수록하고 있는데, 여기에는 각 직업별로 하는 일, 근무환경, 교육·훈련, 자격·면허, 적성 및 흥미 등의 직업정보와 함께 종사자 현황 및 향후 10년간 일자리 증감 및 변화 요인 등에 대한 정보 또한 제공하고 있다. 직업세계의 변화를 파악하여 향후 일자리 전망을 탐색하고자 할 때, 직업정보뿐만 아니라 고용동향, 인력 수급 전망 등 노동시장 정보를 함께 활용하고자 할 때 도움이 될 것이다.

Tip	어디서 볼 수 있나요?
- 정보서 다운로드: 워크넷(www.work.go.kr) → 직업·진로 → 자료실 → 직업진로정보서 → 한국직업전망 검색 - 온라인: 워크넷(www.work.go.kr) → 직업·진로 → 직업정보 → 한국직업전망	

(3) 한국직업정보시스템(KNOW)

한국직업정보시스템은 청소년과 성인의 진로 및 경력 설계, 진로상담 등에 도움을 주기 위해 우리나라의 주요 직업 830개(2019년 기준)에 대해 근로자의 특성, 직무 특성, 노동시장 정보 등을 온라인으로 제공하는 국내 유일의 종합직업정보시스템이다.

한국직업정보시스템에서 제공하고 있는 직업정보 항목은 〈표 2-8〉과 같다.

표 2-8	직업정보 항목(한국직업정보시스템)
하는 일	직무개요, 수행직무, 관련 직업에 대한 정보를 알 수 있다. 어떤 업무가 주를 이루는지 그리고 관련 직업에 대한 정보를 중심으로 기술되어 있다.
교육/훈련/자격	원하는 직업에 종사하기 위한 과정에 관한 정보를 알 수 있다. 원하는 직업을 얻기 위해 필요한 기술, 학과 정보중심으로 기술되어 있다.
임금/직업만족도/전망	해당 직업의 연평균 임금과 직업만족도 및 일자리 전망에 대한 정보를 알 수 있다. 직업당 평균 30명의 재직자를 대상으로 연평균 임금과 향후 5년간 일자리 전망을 조사한 설문조사 결과도 확인할 수 있다.

〈계속〉

능력/지식/환경	업무에 필요한 수행능력, 지식, 업무환경에 대한 중요도에 대해서 알 수 있다. 각각 요구되는 능력/지식/환경에 대해서 중요도를 100점 만점으로 수치화하고, 그에 대한 설명이 기술되어 있다.
성격/흥미/가치관	직업에 적합한 성격, 흥미, 가치관에 대한 중요도를 알 수 있다. 각각 요구되는 성격/흥미/가치관에 대해서 중요도를 100점 만점으로 수치화하고, 그에 대한 설명이 기술되어 있다.
업무 활동	업무 활동에 대한 중요도와 수준을 100점 만점으로 수치화하고, 그에 대한 설명이 기술되어 있다.

여기에 키워드, 임금, 전망, 본인의 특성(지식, 능력 등) 등 다양한 조건을 입력하면 본인의 관심 직업 및 적합 직업을 탐색하고자 할 때 유용하다. 진로심리검사를 통한 자기이해를 기반으로 한국직업정보시스템을 활용하여 직업정보를 탐색하면 본인의 희망 직업을 보다 구체화할 수 있다.

Tip	어디서 볼 수 있나요?
	– 온라인: 워크넷(www.work.go.kr) → 직업·진로 → 직업정보 → 직업정보 찾기

(4) 국가직무능력표준(NCS)

국가직무능력표준은 산업현장에서 직무를 수행하는 데 요구되는 지식, 기술, 태도 등의 내용을 국가가 체계화한 것이다. 직업에 대한 정보이기보다는 직무를 수행하는 데 있어 필요한 능력에 대해 분야별로 체계적으로 정리해 놓은 자료라고 볼 수 있다. 따라서 직업에 대한 정보를 탐색한 다음, 국가직무능력표준 사이트(www.ncs.go.kr)에서 해당 직업에 필요한 역량을 찾아볼 필요가 있다. 아울러 24개 대분류 중 관심 있는 분야를 중분류, 소분류 단위로 구체적으로 선택하여 보면 해당 직업 분야의 평생경력개발경로에 관한 정보 또한 확인할 수 있다.

(5) 커리어넷

커리어넷 진로직업정보는 학령기 학생뿐만 아니라 대학생 및 성인의 진로지도에 필요한 직업정보, 진로상담사례, 대학학과정보, 진로교육자료 등 종합적인 진로정보를 제공하고 있다. 500여 개의 직업에 대한 정보뿐만 아니라 미래 직업, 해외 신직업 및 커리어패스 관련 정보를 제공하고 있고, 열린진로정보잼을 통해 사용자가 직접 만들어 나가도록 설계된 직업정보를 제시하고 있으며, 직업 동영상 또한 확인할 수 있다.

활동 1. 일곱 고개를 넘어 직업정보를 찾아라!

目 **관련 직업기초능력: 정보(처리)능력**

예비 직업인으로서 자신이 설정하고 있는 진로경로와 관련된 직업정보를 수집하고, 분석하여 의미 있는 정보를 찾아내며, 이를 진로선택 및 준비과정에서 적절하게 활용하는 능력

目 **목표**

1. 집단 구성원 간의 상호작용을 통해 자연스럽게 직업정보를 습득한다.
2. 퀴즈를 만들고 푸는 과정에서 다양한 직업정보를 탐색한다.

目 **지시문**

"많은 학생은 미래에 자신이 가져야 할 직업의 정보에 대해 '하는 일' 정도만 알고 구체적으로는 모르는 경우가 많습니다. 이번에는 다소 딱딱하게 느껴지는 직업정보를 동영상 자료를 통하여 접하여 보고, 관심 분야에 대한 직업사전과 퀴즈를 만드는 과정에서 직업정보를 자연스럽게 습득하고 활용해 보도록 하겠습니다. 먼저 워크넷(www.work.go.kr) 또는 커리어넷(www.career.go.kr) 직업동영상에서 제시하고 있는 직업을 살펴보고, 평소 관심 있는 직업을 클릭하여 동영상을 시청해 봅시다."

目 **진행과정**

1. 활동지 1을 나누어 주고 각자 작성하도록 한다.

   ※ 동영상 시청 후 직업정보에 대해 더 알고 싶은 학생들을 위해 워크넷,

커리어넷 등 직업정보 사이트를 소개한다.

2. 활동지 2를 나누어 주고 활동지 1에서 메모한 직업정보를 바탕으로 일곱 가지 힌트를 만들도록 한다.

   ※ 1~5문항은 대략의 알쏭달쏭한 힌트, 6~7문항은 결정적인 힌트를 제시하여 7문항까지의 힌트를 다 듣고 나면 답을 맞힐 수 있도록 문제를 만든다.

   ※ 직업정보의 구성요소가 다양하게 포함될 수 있도록 문제를 만든다.

3. 집단 구성원과 함께 퀴즈 문제를 만들어 풀어 나가도록 유도한다.

4. 동영상과 퀴즈 놀이를 통해 새롭게 알게 된 직업정보에는 어떤 것들이 있는지 서로 이야기를 나누게 한다.

日 마무리

1. 동영상을 통해 직업정보를 접해 본 소감은 어떠한가?

2. 퀴즈를 통해 직업정보를 활용해 본 느낌은 어떠한가?

3. 이 활동에서 새로이 알게 된 사실은 무엇인가? 느낀 점은 무엇인가?

日 준비물

활동지, 필기도구, 컴퓨터 또는 모바일기기

활동지 1

워크넷 또는 커리어넷 직업 동영상을 활용하여 관심 직업 카드를 만들어 봅시다.

항목	내용
직업명	
선정 이유	
갖춰야 할 자질	
해당 직업의 업무 내용	
직무 수행상의 애로사항	
요구하는 역량	
요구하는 자격	
진출 가능 분야	
느낀 점 (새롭게 알게 된 점)	

활동지 2

앞의 직업 카드를 통해 파악한 직업정보를 가지고 일곱 고개의 퀴즈를 만들어 봅시다.

고개	문제(예시)	문제(예시)
1	세상의 축소판	컴퓨터
2	외국어 가산점	영화, 게임
3	세련된 국제매너	캐릭터
4	실무교육 필요	몸의 구조 디자인
5	최고의 서비스	모션 캡처
6	호텔 경영학과	움직임을 만드는 사람
7	호텔에서 근무	애니메이션학과
정답	호텔리어	애니메이터

고개	내가 만든 문제	친구와 함께 만든 문제
1		
2		
3		
4		
5		
6		
7		
정답		

활동 2. 직업정보 탐색 대회

日 **관련 직업기초능력: 정보(처리)능력**

예비 직업인으로서 자신이 설정하고 있는 진로경로와 관련된 직업정보를 수집하고, 분석하여 의미 있는 정보를 찾아내며, 이를 진로선택 및 준비과정에서 적절하게 활용하는 능력

日 **목표**

1. 관심 있는 직업에 대해 구체적인 정보를 탐색해 본다.
2. 직업정보 탐색 시 고려해야 할 항목을 이해하도록 한다.

日 **지시문**

"이제 여러분의 전공 분야와 관련하여 진출 가능한 직업에 대해 구체적인 정보를 탐색해 봅시다. 워크넷(www.work.go.kr) 또는 커리어넷(www.career.go.kr) 등을 활용하여 정보를 찾아 활동지에 기록해 봅시다. 직업정보 탐색 시 어떤 요소들이 포함되어야 하는지 이해하고, 이를 바탕으로 직업정보를 탐색해 보도록 합시다. 아울러 직업인과의 인터뷰 영상 및 자료를 활용하여 생생한 직업정보를 살펴보도록 합시다."

日 **진행과정**

1. 전공의 유사성을 고려하여 조를 편성한 다음, 조별로 전공 분야와 관련하여 진출이 가능한 직업에 대해 구체적인 정보를 탐색하도록 활동지를 나누어 준다.

2. 조별로 1개의 전공 관련 직업을 선택하도록 하되, 직업이 중복되지 않도록 한다.

3. 일정 시간을 주고 모든 항목에 대한 사항을 기재하도록 한다.

4. 조별로 직업정보 탐색 내용을 발표하고, 기존에 알고 있던 내용과 다른 내용이 있는지 살펴보도록 한 다음에 시상한다.

   ※ 모든 항목을 빠짐없이 작성한 경우에는 70점을 부여하고, 관련 일 또는 학습 경험, 자신의 생각이나 느낌 등을 다른 학생이 이해하기 쉽고 구체적으로 표현한 조에게는 별도의 가산점을 부여한다.

日 마무리

1. 직업정보 탐색 대회를 통해 직업정보를 접해 본 소감은 어떠한가?

2. 직업정보 탐색 시 추가되거나 보다 구체적으로 알아봐야 할 항목에는 어떤 것이 있는가?

3. 이 활동에서 새로이 알게 된 사실은 무엇인가? 느낀 점은 무엇인가?

日 준비물

활동지, 필기도구, 컴퓨터 또는 모바일기기

활동지

워크넷(www.work.go.kr) 등을 활용하여 우리 조에서 탐색하고자 하는 전공
분야와 관련된 직업에 대한 정보를 수집하고 정리하여 봅시다.

항목	내용
직업명	
선정 이유	
하는 일	
요구하는 학력 수준 및 학습 경험	
요구하는 자격	
요구하는 능력, 기술	
임금 수준	
업무환경	
고용(일자리) 동향	
향후 전망	

제2부
직업기초능력 개발

SELF-DEVELOPMENT AND CAREER DESIGN

제3장
직업가치와 직업윤리

학 습 개 요

직업에 대한 가치관을 이해하고, 자신의 가치관에 적합한 직업
영역을 탐색한다. 원만한 직업생활에 요구되는 직업윤리를 이해
하고, 직업윤리의 하위덕목으로서 근로자에게 요구되는 근로윤
리와 공동체 내에서 요구되는 공동체윤리에 대해 살펴본다. 또
한 직업생활에서 직업인이 가져야 할 바람직한 태도와 자세를
다룬다. 이를 토대로 직업인으로서 갖추어야 할 바람직한 소양
을 대학생활의 장에서 실천하고 함양한다.

1. 직업가치

직업가치관은 직업을 선택할 때 영향을 미치는 자신만의 믿음과 신념으로, 흥미, 적성, 성격 등과 함께 직업 선택에서 중요한 판단 기준이 된다. 직업가치관은 직업 선택뿐만 아니라 직업생활을 하는 가운데 어려운 상황에서도 포기하지 않게 하는 동기로도 작용한다. 많은 학자가 자신의 가치관에 맞는 직업환경에서 일할 경우, 직업에 대한 만족도도 높음을 보고하고 있다. 자신의 직업가치관을 명확히 이해하는 것은 직업 선택에 도움이 될 뿐만 아니라 이후의 직업적응을 예견하는 중요한 요소가 된다.

같은 일을 하더라도 어떤 사람은 큰 보람을 느끼며 의미 있는 일을 한다고 느끼는 반면, 또 다른 사람은 자신의 일에서 별다른 가치나 보람을 느끼지 못하면서 무의미하게 직업을 수행하기도 한다. 이는 사람들이 저마다 다른 가치와 가치관을 가지고 있기 때문이며, 결국 자신이 하는 일에 보람과 만족감을 느끼는 것은 자신이 어떤 가치관을 가지고 있는가와 밀접한 관계가 있다. 사람들은 직업을 통해 경제적인 안정을 이루고, 사회 활동에 참여하며, 자아실현을 한다. 즉, 직업은 경제적 의미, 사회적 의미, 자아실현적 의미를 갖는다. 직업이 갖는 이러한 의미는 직업에 대한 생각, 가치 또는 직업가치관과 밀접하게 관련된다.

직업가치는 직업과 관련된 전반적인 태도로 정의할 수 있다. 즉, 직업을 어떻게 보느냐의 기준은 직업에 대한 관점, 희망 직업에 대한 가치 부여, 직업 선택에 있어서 바람직한가의 여부를 판단하는 행동 기준 및 개념 규정, 직업 선택과 직장생활에서의 동기요인, 직장에서의 만족을 결정하는 보상 수단의 종류에 대한 중요도의 판단 등으로 정리될 수 있다(박정란, 2006).

직업가치의 유형을 구분할 때, 일반적으로 직업과 관련하여 가치의 기준을 어디에 두느냐에 따라 밖으로 드러나는 외재적 직업가치와 일을 하면서 얻게 되는 내재적 직업가치로 나누기도 한다. 외재적 직업가치는 수단적 가치로서 명예, 지위, 권력, 보수, 근무환경과 같이 직업 조건과 관련되며, 내재적 직업가치는 목적적 가치로서 보람, 만족, 정신적 즐거움 등 일 자체가 갖는 흥미 또는 사회 기여 등과 관련이 있다. 여러 학자가 직업가치를 구분한 내용(박윤희, 2010)을 토대로 내재적 직업가치와 외재적 직업가치에 해당되는 요소를 포괄적으로 묶어서 정리해 보면 〈표 3-1〉과 같다.

표 3-1 직업가치의 구분	
내재적 직업가치	외재적 직업가치
기여, 자기표현, 만족, 흥미, 독립성, 성취감, 이타성, 창의성, 심미성, 지적 자극, 경영관리, 만족감, 자기훈련, 자아 발견, 직업흥미, 자아실현, 일에 대한 흥미, 자율성, 자기능력, 사회 헌신, 인간 중심, 이상주의	보수, 지위, 권력, 협동성, 경제적 보수, 독립성, 명예심, 안전성, 감독과의 관계, 환경 조건, 다양성, 생활방식, 경제적 독립, 직무 여건, 대인관계, 사회적 지위, 인식, 임금, 후생복지, 직업 안정 등 물질적 보상 · 조건 · 권력 추구, 경제 우선, 개인주의, 사회인식 중시, 안정 추구

　진로선택과 의사결정에 있어서 자신에 대한 이해가 중요함은 주지의 사실이며, 자신의 직업가치관 또한 자신에 대해 파악해야 할 특성 가운데 중요한 요소라고 할 수 있다. 다른 특성과 마찬가지로 직업가치관 또한 심리검사를 통해 알아볼 수 있으며, 자신의 직업가치관을 확인해 보는 것은 이후 자신의 직업 선택과 직업적응을 예견하는 데에도 도움이 된다. 한국직업능력개발원과 한국고용정보원에서는 직업가치관 검사를 온라인으로 제공하고 있다. 한국직업능력개발원(www.krivet.re.kr)에서 제공하는 직업가치관 검사로는 능력 발휘, 자율성, 보수, 안정성, 사회적 인정, 사회봉사, 자기개발, 창의성의 여덟 가지 직업가치관을 포함하고 있으며, 한국고용정보원(www.keis.or.kr)에서 제공하는 직업가치관 검사로는 13개의 직업가치관(성취, 봉사, 개별 활동, 직업 안정, 변화 지향, 몸과 마음의 여유, 영향력 발휘, 지식 추구, 애국, 자율성, 금전적 보상, 인정, 실내 활동)을 다루고 있다.

표 3-2	직업가치관의 하위요소

직업가치	직업가치의 설명
성취	스스로 달성하기 어려운 목표를 세우고, 이를 달성하여 성취감을 맛보는 것을 중시하는 가치
봉사	자신의 이익보다는 사회의 이익을 고려하며, 어려운 사람을 돕고, 남을 위하여 봉사하는 것을 중시하는 가치
개별 활동	여러 사람과 어울려 일하기보다 자신만의 시간과 공간을 가지고 혼자 일하는 것을 중시하는 가치
직업 안정	해고나 조기 퇴직의 걱정 없이 오랫동안 안정적으로 일하며, 안정적인 수입을 중시하는 가치
변화 지향	일이 반복적이거나 고정되어 있지 않으며, 다양하고 새로운 경험을 할 수 있는지를 중시하는 가치
몸과 마음의 여유	건강을 유지할 수 있으며, 스트레스를 적게 받고, 몸과 마음의 여유를 가질 수 있는 업무나 직업을 중시하는 가치
영향력 발휘	타인에게 영향력을 행사하고, 일을 자신의 뜻대로 진행할 수 있는지를 중시하는 가치
지식 추구	일에서 새로운 지식과 기술을 얻을 수 있고, 발견할 수 있는지를 중시하는 가치
애국	국가의 장래나 발전을 위하여 기여하는 것을 중시하는 가치
자율성	다른 사람에게 지시나 통제를 받지 않고 자율적으로 업무를 해 나가는 것을 중시하는 가치
금전적 보상	생활하는 데 경제적인 어려움이 없고, 돈을 많이 벌 수 있는지를 중시하는 가치
인정	자신의 일이 다른 사람으로부터 인정받고 존경받을 수 있는지를 중시하는 가치
실내 활동	주로 실내에서 일하며, 신체활동이 적은 업무나 직업을 중시하는 가치

출처: www.work.go.kr

통계청의 '한국의 사회지표 조사' 자료를 분석한 결과, 우리나라 사람들이 직업을 선택할 때 가장 중시하는 기준은 직업의 '안정성'이었다. 다음으로 수입, 발전성(장래성), 보람(자아 성취), 명예(명성)의 순이었는데, 이 중에서 직업의 '안정성'과 '수입'을 중시한다는 의견이 압도적으로 높았다(한상근, 2010). 한국직업능력개발원의 2006년, 2010년, 2014년 '한국인의 직업의식 및 직업윤리'(정윤경,

박천수, 윤수린, 2014) 연구에서는 한국인이 직업생활에서 가장 중요시하는 것으로 경제적 보상, 쾌적한 근무환경, 고용 안정성 등을 꼽았다. 경제적 보상은 지속적으로 중요도가 가장 높았고, 쾌적한 근무환경은 2014년에 큰 폭으로 상승하였으며, 일의 흥미, 능력 발휘, 시간 여유, 자아실현, 자유재량권, 사회적 인정, 사회적 기여 등의 중요도 또한 2014년에 가장 높게 상승하였다. 전반적으로 외재적 가치의 중요도 상승폭이 더 커지는 것으로 보아 우리나라 국민들이 직업 선택에 있어서 내재적 직업가치보다는 외재적 직업가치를 중요시하는 경향이 강화되고 있다고 볼 수 있다.

청소년의 경우, 한국직업능력개발원에서 2001년부터 2011년까지 약 25만 명의 청소년을 대상으로 커리어넷(www.career.go.kr)에서 실시한 직업가치관 검사결과 추이를 발표한 자료(교육과학기술부 보도자료, 2012. 4. 25.)에서는 남녀 학생 모두 능력 발휘와 보수를 직업 선택의 기준과 직업생활에서 가장 중요하게 생각하는 가치로 삼고 있다고 보고하였다. 남학생은 능력 발휘와 보수 다음으로 안정성, 발전성, 사회적 인정을 중요하게 생각하고 있으며, 발전성 대신에 안정성을 더 선호하는 추세로 가고 있다. 여학생의 경우에는 발전성, 사회적 인정, 안전성 순으로, 안정성을 더 중시하는 남학생과 달리 발전성과 사회적 인정을 더 중요시하고 있으며, 7년 전까지는 보수보다 발전성을 더 선호하였으나 점차 남학생과 같이 능력 발휘와 보수를 가장 중요시하는 것으로 변화를 보였다. 자료를 분석한 임언 박사는 "최근 들어 남녀 모두 직업가치관이 점차 현실적으로 변화하고 있다."라고 하면서 "남학생들은 보다 분명하게 현실적인 접근을 하고 있고, 여학생들은 현실적인 선택을 중시하면서도 자기성취에 대한 욕구 또한 중요시하는 것이 반영된 결과"라고 평가하였다. 이는 2012년 교육과학기술부가 발표한 우리나라 고등학생이 선호하는 직업을 조사한 결과와 맥락을 같이하고 있으며, '2011년 학교 진로교육 현황조사 결과'(교육과학기술부 보도자료, 2011. 1. 10.)를 참조하면, 우리나라 고등학생이 가장 선호하는 직업으로는 교사, 공무원, 경찰관, 간호사, 회사원 등의 순으로 나타났는데, 이는 일정한 전문성을 발휘할 수 있고, 안정적인 보수와 고용을 유지할 수 있는 직업을 선호하는 청소년의 직업가치관이 반영된 것으로 해석할 수 있다.

2. 직업윤리

　직업생활은 많은 사람과 관계를 맺고 상호작용을 하는 것이므로 직업인은 직업생활을 하는 가운데 사람과 사람 사이의 삶에서 지켜야 할 윤리적 규범을 따라야 한다. 모든 직업에는 공통적으로 지켜야 할 행동 규범과 각 직업에서 지켜야 할 세분화된 행동 규범이 있는데, 이를 직업윤리라고 한다. 직업윤리는 일에 대한 습관과 가치관, 태도 등을 가리키는 것으로, 사회봉사, 생계 유지, 자아실현을 위한 지속적인 활동 중에서 사회적으로 공인되어 적용되는 행동 기준과 사회적 규범을 일컫는다.

　어떤 직업을 가지든지에 상관없이 직업인 모두가 갖추어야 할 직업윤리를 직업일반윤리 또는 보편직업윤리라고 하며, 각 직업별 특성에 따라 특정 직업에서 요구되는 직업윤리를 직업별 윤리 또는 특수직업윤리라고 한다. 보편직업윤리는 모든 직업에 공통적으로 요구되는 직업윤리이며 특수직업윤리보다 구속력이 강하다. 직업 집단 간, 직업 구성원 간에 갈등이나 충돌이 발생했을 때 조정할 수 있는 기준으로 작용하며, 정직, 근면, 성실, 준법, 책임감, 고객 요구 반영 등이 이에 해당된다. 특수직업윤리는 직업마다 다른 역할과 특성에 따라 다르게 요구되는 직업윤리로서 공직자의 청렴 요구, 교사의 사명감, 과학자나 연구자가 지켜야 할 연구윤리, 상인들의 거래에 대한 수칙 준수와 같은 예가 이에 속한다(박동열 외, 2011).

　모든 사람은 직업의 성격에 따라 각각 다른 직업윤리를 가질 수밖에 없다. 직업윤리가 기본적으로는 개인윤리를 바탕으로 성립되는 규범이기는 하지만, 상황에 따라 양자가 서로 충돌하거나 배치되는 경우도 발생한다. 개인윤리가 일반적 원리 규범이라고 한다면, 직업윤리는 좀 더 구체적인 상황에서의 실천 규범이라고 볼 수 있다. 업무수행상 양자가 충돌할 경우에 행동 기준으로는 직업윤리가 우선되지만, 기본적 윤리 기준에 충실하여 개인윤리의 준수와 공인으로서의 직분을 실천하려는 지혜와 노력이 필요하다.

　모든 직업에 공통적으로 요구되는 직업윤리의 5대 원칙을 제시하면 〈표 3-3〉과 같다.

표 3-3	직업윤리의 원칙

1. 객관성의 원칙
   - 업무를 투명하고, 공정하게 규정된 절차와 기준에 의해 진행한다.
   - 특정 이해 관계자에게 이익 또는 불이익을 줄 목적으로 업무를 추진하지 않는다.
   - 모든 업무는 정해진 절차와 규정에 따라 투명하고, 공정하게 진행하도록 한다.
   - 업무수행과 무관하게 개인적인 목적으로 회사 재산을 사용하지 않는다.
   - 회사의 공금을 개인적인 용도로 사용하거나 횡령해서는 안 된다.
   - 회사 재산을 자신의 것처럼 잘 관리하고, 업무와 관련된 비밀을 지킨다.

2. 고객 중심의 원칙
   - 고객의 요구를 우선적으로 고려하여 고객의 만족을 추구한다.
   - 최고 수준의 서비스를 제공하여 고객에게 감동을 주도록 노력한다.
   - 고객에 대한 정보가 유출되지 않도록 고객의 개인정보를 보호하기 위해 노력한다.

3. 전문성의 원칙
   - 프로 의식을 가지고 전문가로서 책임감 있게 업무를 수행한다.
   - 자신의 분야에 최선을 다해 성실하게 임한다.
   - 업무를 보다 잘 수행하기 위해 필요한 지식과 기술을 습득하고, 자기개발을 위해 지속적으로 노력한다.
   - 자신에게 맡겨진 업무나 역할에 대해 최고의 노력을 하고, 그 결과에 대해 책임을 진다.

4. 정직과 신용의 원칙
   - 모든 업무 활동을 숨김없이 정직하게 수행하고, 신뢰를 지켜 나가도록 한다.
   - 부정적인 행동에 타협하지 않는다.
   - 잘못된 관행은 그대로 따르지 않고 개선하기 위해 노력한다.
   - 자신의 입장과 처지를 보호하기 위하여 거짓말을 하지 않는다.

5. 공정경쟁의 원칙
   - 법규를 준수하여 공정하게 행동한다.
   - 모든 거래는 규정된 절차에 의해 공개적으로 처리한다.
   - 실제 거래 행위는 공개된 내용과 일치하도록 한다.

출처: 박동열, 정향진, 임경범, 김기용, 민상기, 문세연(2011).

　　직무를 수행하는 데 특별히 필요한 태도를 분석한 한국직업능력개발원의 직무분석 자료(1998~2005년)를 살펴보면, 분석적 사고, 협력적 태도, 성실한 태도, 개방적 태도 등 다양한 덕목이 직무 수행과 관련되어 있으며, 여러 산업의 직업에서 요구하는 태도에는 조금씩 차이가 있지만 책임감, 정확성, 정밀함, 적극성 등이 공통되고 필수적인 것으로 보고되었다. 이 중에서 책임감은 가장 중요한 태도 덕목 가운데 하나로 제시되었다. 책임감은 자신이 맡아서 해야 할 임무나 의무를 중히 여기는 마음으로, 어려움이 있더라도 자신에게 부과된 업무를 마무리하려는 자세이므로 모든 직업 분야에서 중요하다고 할 수 있다. 다음으로 맡은 일을 바르고 확실하게 수행하는 정도에 해당되는 정확성과, 정교하고 치밀하며 빈틈이 없고 자세한 성질을 의미하는 정밀함이 요구되는 것으로 보고되었다. 전문적인 업무일수록 정확성이 요구되는 일이 많았다. 적극성은 시켜서가 아니라 스스로 온힘을 다하는 진취적인 마음의 자세로서, 현재 상태에 만족하지 않고 개선책을 찾는 자세라고도 할 수 있다(한상근, 2010).

우리는 사회 각 분야에서 주도적인 역할을 하는 사람을 많이 볼 수 있다. 우리 주변이나 사회에서 성공한 직업인을 찾아보고, 그들을 멘토로 삼아 자신의 진로목표를 설정해 보는 것도 의미가 있다. 성공한 직업인의 모습을 통해 그들이 어떻게 그 위치에 왔는지, 그들이 자신의 진로목표에 도달하기 위하여 어떤 노력을 하였는지를 살펴보고, 자신과 비교하여 어떤 부분을 고쳐야 하는지에 대한 계획을 세워 보면 실제적인 진로설계에 도움이 된다. 성공한 직업인을 대상으로 성공 요인을 조사한 자료에서는 다음과 같은 공통된 특징이 제시되어 있다.

첫째, 자기가 하는 일을 기쁨과 열정으로 하고, 하는 일 그 자체를 좋아하며, 보람과 긍지를 느끼고 있다.

둘째, 옛것을 그대로 배우는 차원을 넘어서 아무도 하지 않은 새것을 자기 나름대로 창출해 낸다.

셋째, 자신의 적성에 알맞은 일에 종사하면서 자신의 재능과 적성을 살린다.

넷째, 장기적인 안목으로 사회 변화를 철저히 분석하여 준비하고, 시대적 흐름을 통찰하여 선구자적으로 그 분야에 뛰어든다.

다섯째, 목표를 세우고 불가능에 도전하는 용기를 가지고 있다. 불가능하여 보이는 일에서도 꿈을 현실로 실현한다.

여섯째, 현재의 자리에서 최선을 다하며, 좌절하거나 포기하지 않는다.

일곱째, 다양한 경험을 살리면서 계속 공부하고, 노력하며, 부지런하다. 그러면서 육체적이든, 정신적이든 발전을 이루고자 자기관리에 철저하다.

국가직무능력표준에서 제시한 직업기초능력에는 원만한 직업생활을 위해 직업인이 갖추어야 할 직업윤리로 근로윤리와 공동체윤리가 포함되어 있다. 근로윤리는 일에 대한 존중을 바탕으로 '근면'하고 '성실'하며, '정직'하게 업무에 임하는 자세를 포함하고, 직장이라는 공동체를 유지하고 발전시키기 위해 요구되는 공동체윤리에는 '봉사' '책임' '준법' '예절' '성 예절' 등이 요구된다. 〈표 3-4〉에는 국가직무능력표준(www.ncs.go.kr)의 직업기초능력 프로그램 교수자용 매뉴얼에 제시된 각각의 윤리 항목이 간략히 요약되어 있다.

표 3-4	직업기초능력의 직업윤리 하위항목	
윤리 덕목		필요한 자세
근로윤리	근면	• 게으르지 않고 부지런하며, 직장에서 정해진 시간을 준수하며 생활하고, 보다 능동적이며 적극적인 자세로 행동함을 의미한다. • 외부로부터 강요된 근면이 아닌 자발적인 근면이 중요하며, 일에 임할 때 적극적이고 능동적인 자세가 필요하다.
	성실	• 일관하는 마음과 정성의 덕으로, 정성스러움으로 표현된다. • 자신의 일에 최선을 다하고자 하는 마음자세라고 할 수 있다. • 단시간에 돈을 벌기 위해서 성실하지 않은 태도로 임하는 경우가 많은데, 장기적으로 볼 때는 결국 성실한 사람이 성공한다.

	정직	• 신뢰를 형성하고 유지하는 데 가장 기본적이고 필수적인 규범이다.
		〈정직과 신용을 위한 네 가지 지침〉
		  1. 정직과 신뢰의 자산을 매일 조금씩 쌓아 가자.
		  2. 잘못된 것도 정직하게 밝히자.
		  3. 잘못과 타협하거나 부정직을 눈감아 주지 말자.
		  4. 부정직한 관행은 인정하지 말자.

공동체윤리	봉사	• 사회 또는 남을 위하여 자신의 이해를 돌보지 않고 몸과 마음을 다하여 일하는 것을 의미한다. • 현대 직업인에게 봉사는 고객의 가치를 최우선으로 하는 서비스 개념이다. 〈SERVICE의 의미〉 Smile & Speed: 미소와 신속 Emotion: 감동 Respect: 고객을 존중하는 것 Value: 고객에게 가치를 제공하는 것 Image: 좋은 이미지를 심어 주는 것 Courtesy: 예의를 갖추는 것 Excellence: 고객에게 탁월한 서비스를 제공하는 것

〈계속〉

책임	• 모든 결과는 나의 선택으로 말미암아 일어난 것이라는 태도를 말한다. • 책임감이 없는 사람은 회사에서 불필요한 사람으로 인식되며, 자기 일에 대한 사명감과 책임감이 투철한 사람은 조직에서 꼭 필요한 사람으로 인식되는 경우가 많다. • 자기 직분과 역할에 최선을 다하고, 맡은 책임을 완수하는 자세가 요구된다.
준법	• 법과 규칙을 준수하는 것으로, 민주 시민으로서 기본적으로 지켜야 하는 의무이자 생활 자세이다. • 시민으로서 자신의 권리를 보장받고, 다른 사람의 권리를 보호해 주며, 사회 질서를 유지하는 역할을 한다.
예절	• 일정한 생활문화권에서 오랜 생활습관을 통해 하나의 공통된 생활 방법으로 정립되어 관습적으로 행해지는 사회계약적인 생활 규범이다. • 인사 예절, 전화 예절, 이메일 예절 등이 필요하며, 옥외와 실내 예절, 남녀 간의 예의, 복장, 소개, 결혼, 흉사, 자리 배치 순서, 편지, 경례, 경칭, 식사 예법 등 사회 전반에 걸쳐 있다.
성 예절	• 직장 내에서 성 예절을 지키기 위해서는 상스러운 언어, 모욕적이고 타인을 비하하는 언어 등 부적절한 언어와 행동을 피하고, 회사의 명예와 임직원으로서의 품위를 손상시키지 않도록 한다.

활동 1. 직업가치관 탐색

⊟ 관련 직업기초능력: 직업윤리

업무를 수행함에 있어 원만한 직업생활을 위해 필요한 태도, 올바른 직업관을 이해하고 실천하는 능력

⊟ 목표

1. 다양한 직업가치를 이해하고, 직업가치관 검사를 통해 자신의 직업가치관을 확인할 수 있다.
2. 자신의 직업가치관에 맞는 직업을 탐색할 수 있다.

⊟ 지시문

"우리는 직업을 통해 경제적인 안정을 이루거나 사회 활동에 참여하고, 자아실현을 하는 등 자신의 가치를 실현합니다. 사람마다 추구하는 삶의 가치는 다양하며, 다양한 직업에 따라 그에 부합되는 가치관도 다릅니다. 자신은 어떤 직업가치관을 가지고 있는지 직업가치관 검사를 통해 탐색해 봅시다. 또한 자신이 지향하는 직업가치관에 부합되는 전공은 무엇이며, 자기가 희망하는 직업은 어떤 직업가치관과 관련되어 있는지 살펴봅시다."

⊟ 진행과정

1. 커리어넷의 직업가치관 검사를 실시하여 자신의 직업가치관을 확인하도록 한다. 검사 결과에 나타난 자신의 직업가치관과 평소 자신이 생각했던 직업가치관을 비교·분석해 본다.

2. 자신의 직업가치관과 관련 있는 전공에는 어떤 것들이 있는지 계열별로 살펴보고, 자기가 선호하는 직업에서 요구되는 직업가치에는 어떤 것이 있는지 알아보도록 한다.

3. 자기가 선호하는 직업은 주로 어떤 가치관과 관련되어 있고, 거의 관련되어 있지 않은 가치관은 무엇인지 확인하며, 그 이유가 무엇인지 검토해 보도록 한다.

目 마무리

1. 나는 어떤 일에 가치와 의미를 부여하고 있는가? 나의 직업가치관에 맞는 직업은 어떤 것인가?

2. 이 활동에서 새로이 알게 된 사실은 무엇인가? 느낀 점은 무엇인가?

目 준비물

활동지, 필기도구

직업가치관 탐색하기

커리어넷(www.career.go.kr) → 로그인 → 대학생 · 일반 심리검사 → 직업가치관 검사 실시하기 → 직업가치관 검사 결과표 출력

1. 직업가치관 검사 결과에서 나타난 가치관별 나의 점수를 적어 봅시다.

		설명	나의 수준
능력 발휘	특징	나의 능력을 충분히 발휘할 수 있을 때 보람과 만족을 느낀다.	
	직업 선택	나는 나의 능력을 충분히 발휘할 수 있는 기회와 가능성이 주어지는 직업을 선택할 것이다.	
	직업생활	직업생활에서의 경쟁은 나를 도전적으로 만들어 주고, 어려운 일을 하나씩 해결해 나가는 과정에서 성취감을 느낄 것이다.	
자율성	특징	나는 어떤 일을 할 때 규칙, 절차, 시간 등을 스스로 결정하기를 원한다.	
	직업 선택	나는 다른 것보다 일하는 방식이 자유로운 직업을 선택할 것이다.	
	직업생활	나만의 방식에 맞춰 자율적으로 일할 때 나의 능력을 더욱 효과적으로 발휘할 수 있다.	
보수	특징	나는 충분한 경제적 보상이 매우 중요하다고 생각한다.	
	직업 선택	나의 노력과 성과에 대해 충분한 경제적 보상이 주어지는 직업을 선택할 것이다.	
	직업생활	충분한 보수를 받는다면 일의 어려움과 힘겨움에 관계없이 최선을 다해 노력할 것이다.	
안정성	특징	나는 매사가 계획한 대로 안정적으로 유지되는 것을 좋아한다.	
	직업 선택	나는 쉽게 해고되지 않는, 오랫동안 일할 수 있는 직업을 선택할 것이다.	
	직업생활	안정적인 직업생활이 보장된다면 편안한 마음으로 더욱 열심히 일을 할 것이다.	

사회적 인정	특징	나는 다른 사람으로부터 나의 능력과 성취를 충분히 인정받고 싶어 한다.
	직업 선택	나는 많은 사람에게 주목받고 인정받을 수 있는 직업을 선택할 것이다.
	직업생활	주변 사람이 나를 긍정적으로 평가하면 나의 능력 발휘에 더욱 도움이 될 것이다.
사회 봉사	특징	나는 다른 사람을 돕고, 더 나은 세상을 만들고 싶다.
	직업 선택	나는 사람, 조직, 국가, 인류에 대한 봉사와 기여가 가능한 직업을 선택할 것이다.
	직업생활	도움과 격려가 필요한 사람에게 힘을 줄 수 있는 직업생활을 할 때 가치와 보람을 느낄 것이다.
자기 개발	특징	나는 항상 새로운 것을 배우고, 스스로 발전해 나갈 때 만족을 느낀다.
	직업 선택	나는 나의 능력과 소질을 지속적으로 발전시킬 수 있는 직업을 선택할 것이다.
	직업생활	나 스스로 발전할 수 있는 기회가 충분히 주어지는 직업생활을 할 때 만족감을 느낄 것이다.
창의성	특징	나는 예전부터 해 오던 것보다는 새로운 것을 만들어 내는 것을 매우 좋아한다.
	직업 선택	나는 늘 변화하고, 혁신적인 아이디어를 내며, 창조적인 시도를 하는 직업을 선택하고 싶다.
	직업생활	새롭고 독창적인 것을 만들어 내는 과정에서 나의 능력을 충분히 발휘할 수 있을 것이다.

2. 자신의 직업가치관과 관련 있는 전공별 직업은 무엇이 있는지 정리해 봅시다.

분야	직업명	분야	직업명
계열 무관		공학	
인문		자연	
사회		의학	
교육		예체능	

3. 자신이 선호하는 직업 5개를 작성해 보고, 각 직업이 충족시킬 것이라 예상되는 가치관을 서로 연결해 봅시다. 하나의 직업에 여러 개의 가치관이 연결되어도 좋습니다.

선호 직업	직업가치관
	능력 발휘
	자율성
	보수
	안정성
	사회적 인정
	사회봉사
	자기개발
	창의성

직업가치관	내가 선호하는 직업	직업가치관	내가 선호하는 직업
능력 발휘		사회적 인정	
자율성		사회봉사	
보수		자기개발	
안정성		창의성	

4. 선호 직업과 가장 많이 연결된 직업가치관은 무엇이며, 어떤 직업과도 연결되지 않은 직업가치관은 무엇입니까? 그 이유에 대해 생각해 봅시다.

가장 많이 연결된 직업가치관	이유

연결되지 않은 직업가치관	이유

출처: 조봉환, 김봉환, 임경희, 이종범(2014).

활동 2. 직업윤리

日 **관련 직업기초능력: 직업윤리**

업무를 수행함에 있어 원만한 직업생활을 위해 필요한 태도, 올바른 직업관을 이해하고 실천하는 능력

日 **목표**

1. 성공한 직업인의 성공 요인과 중요한 태도를 살펴보고, 직업인으로서 갖추어야 할 바람직한 윤리적 태도와 자세를 이해한다.
2. 자신이 원하는 직업에서 요구되는 직업윤리를 이해하고, 이를 실천하려는 태도를 가진다.

日 **지시문**

"성공한 직업인과의 인터뷰 영상이나 그들의 삶을 다룬 영상물을 시청하면서 그들이 직업인으로서 성공하게 된 성공 요인과 조건은 무엇인지 살펴봅시다. 다양한 직업에서 성공한 직업인이 실천한 중요한 직업윤리는 무엇이며, 직업인으로서 이들의 태도와 자세는 어떤지를 살펴봅시다. 다양한 직업에서 요구되는 직업윤리는 무엇이며, 내가 원하는 직업에서는 주로 어떤 직업윤리가 강조되는지를 탐색해 봅시다."

日 **진행과정**

1. 성공한 직업인에 관한 영상물을 시청한다. 진로정보망 커리어넷, 한국직업방송이나 〈성공시대〉〈극한직업〉〈서민갑부〉 등의 TV 프로그램에서 제

공하고 있는 직업인 동영상 인터뷰와 프로그램을 활용할 수 있다.

2. 영상물 시청 후 개인별 또는 집단별로 의논하여 직업인으로서 성공하게 된 요인과 그들이 가지고 있는 직업인으로서의 중요한 태도를 찾아 개인별 또는 집단별로 활동지에 작성하고 발표하도록 한다.

3. 자신이 원하는 직업에서 요구되는 직업윤리는 무엇인지 표시해 보고, 앞으로 중점을 두거나 함양해야 할 윤리와 직업인으로서의 태도는 무엇인지 점검하도록 한다.

日 마무리

1. 내가 원하는 직업은 어떤 직업윤리와 태도를 필요로 하는가? 성공한 직업인이 되기 위해 앞으로 함양해야 할 태도는 무엇인가?

2. 이 활동에서 새로이 알게 된 사실은 무엇인가? 느낀 점은 무엇인가?

日 준비물

활동지, 필기도구

성공한 직업인에 관한 영상물 시청

1. 성공한 직업인에 관한 영상물을 보고, 직업인의 성공 요인과 중요한 태도를 찾아봅시다.

직업명(성명)	성공 요인	중요한 태도

성공적인 직업인이 되기 위한 단계와 조건

느낀 점

2. 다음에 제시된 직업이나 자신이 원하는 직업에 필요한 직업윤리에 ✓표
해봅시다.

직업윤리	의료인	법조인	교사	공무원	기업인	기술인	희망 직업( )
인간의 존엄성							
성실성							
공정성							
친절성							
청렴성							
정의성							
협력성							
공익성							
참여도							
보편성							
예측성							
책임감							
전문성							
봉사성							
근면성							
절약성							
소명의식							
자부심							
진취성							
기밀 보장							

Tip. 좀 더 알아봅시다

Q1. 한국인의 직업의식과 직업윤리 변화

1998년부터 2018년(1998, 2006, 2010, 2014, 2018)까지 우리나라의 직업의식과 직업윤리 실태 조사 결과, 변화된 내용을 살펴보면 다음과 같다.

• 직업을 갖는 이유

직업을 갖는 이유로는 경제적 이유, 노후대비, 사회적 지위가 중요하게 평가되고 있다. 보상과 사회적 지위와 같은 외재적 가치는 증가하고, 일 자체에 의미를 부여하는 내재적 가치는 감소하였다. 평생 한 직장에서 일하고 싶다거나 성실히 일하면 인정받는다는 가치는 감소하였으며, 공장보다 사무실 노동을 선호하고 승진에는 능력보다 개인적 연고가 필요하다는 관념이 증가하였다.

• 삶의 영역별 중요성 및 삶과 일의 만족도

가족생활의 중요성은 꾸준히 1위를 유지하고 있으며, 일의 중요성과 학업 또는 능력개발의 중요성은 감소하였다. 여가생활의 중요성이 부각되는 반면, 종교생활의 중요도는 줄어들었다. 생산적 노동에 대한 가치는 감소하였으나 한국인들은 여전히 생산적 노동의 가치를 지지하는 것으로 나타났다. 삶과 일의 만족도는 2006년 이후 조사에서 증가하고 있으며, 대인관계, 작업환경, 근로시간, 경제적 보상의 만족도가 증가하였다.

• 조직 부정에 대한 대응방법 및 양극화 해소

조직 부정과 관련해서는 내부에서 시정을 요구하겠다는 의견은 감소하고, 조직 내 부정을 외부에 고발하겠다는 의견은 증가하였다. 양극화 해소를 위해 일자리 나눔에 참여하겠다는 생각은 감소하였으며, 취약계층의 일자리 개선을 위해 세금을 추가로 납부하겠다는 생각 역시 부정적으로 변하였다.

• **일반적 직업윤리 수준**

직업을 가진 일반 국민의 직업윤리 수준 평가는 5점 척도에서 2006년 2.81점으로 다소 낮았으나, 2010년 3.10점, 2014년 3.18점, 2018년 3.42점으로 계속 증가하였다. 고용주나 사업주의 직업윤리 수준에 대한 평가는 일반 국민에 비해 더 낮다고 평가되었으며, 자신을 '을'이라고 응답한 경우 기업윤리를 보다 부정적으로 인식하였다.

• **직업별 직업윤리 수준**

2018년 조사에서 직업윤리 수준이 가장 높은 직업은 의사(3.71점)였으며, 대학교수는 2위를, 초등학교 교사는 3~5위권으로 나타나 교육자의 직업윤리에 대한 국민들의 인식은 긍정적이지만 2014~2018년 사이 하락폭이 컸다. 국회의원은 2006년부터 매번 직업윤리가 가장 낮은 직업으로 평가되었으며, 노조간부의 직업윤리는 2018년 부정적 인식의 하락폭이 컸다.

• **업무관계자의 선물과 이직 시 개발한 기술의 소유권**

업무관계에 있는 사람에게 선물을 받을 수 없다는 비율은 받아도 된다는 응답보다 많으나, 받을 수 있다는 응답이 증가하는 것으로 나타났다. 자신이 개발한 직무 관련 지식·기술을 회사를 떠날 때 가져가겠다는 응답이 절반 이상이며, 연령이 낮을수록 자신이 개발한 기술에 대한 권리의식이 높았다.

출처: 장주희(2018), 한상근(2018).

Q2. 직업가치관 검사 결과표 해석하기 - 커리어넷 직업가치관 검사

각 가치관별 점수는 해당 가치관이 갖는 상대적인 중요도를 의미한다. 예를 들어, 사회봉사 점수가 6점이 나왔다면 그 학생은 사회봉사를 다른 7개의 가치관보다 중요하게 생각하고 있다는 것을 의미한다. 한편, 낮은 점수를 받은 가치관은 해당 학생이 상대적으로 덜 중요하게 생각하는 가치관을 의미한다. 즉, 직업선택과정에서 어느 정도 타협과 포기가 가능한 가치관인 것이다.

• **직업가치관별 직업 해석**

　직업가치관은 직무의 특성, 근무환경, 복리후생, 사회적 지위 등과 밀접한 관계를 갖기 때문에 해당 가치관을 충족시키는 직업을 확인하는 것은 매우 중요하다. 커리어넷 직업가치관 검사에서도 자신이 중요하게 생각하는 두 가지의 가치관을 동시에 충족시키는 직업을 예시적으로 보여 준다. 그러나 검사 결과에 제시된 직업을 해석할 때에는 다음과 같은 점에 유의해야 한다. 첫째, 제시된 직업은 절대적이지 않다는 점이다. 둘째, 학력과 계열에 따라 직업을 분류한 것은 검사대상자의 이해를 돕기 위한 목적이며, 이때 학력과 계열은 해당 직업에 종사하고 있는 사람의 평균적인 수준을 의미한다는 점을 이해해야 한다. 셋째, 해당 직업에 대한 구체적인 이해를 위해서는 다양한 방법을 활용하여 직업정보를 탐색하는 것이 필요하다.

출처: 한국직업능력개발원(2012b).

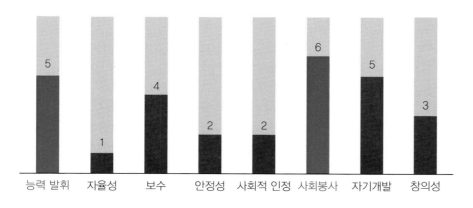

직업생활과 관련하여 ○○○ 님은 능력 발휘(와)과 사회봉사(을)를 가장 중요하게 생각합니다. 반면에 자율성, 안정성, 사회적 인정은 상대적으로 덜 중요하게 생각합니다.

Q3. 직업가치관 해당 직업 예시

자율성	농·목축업 / 초등교사 / 유치원교사 / 영어교사 / 중학교교사 / 변호사 / 미술가(소묘) / 미술가(회화) / 조각가 / 만화가 / 인테리어 디자이너 / 그래픽(컴퓨터 그래픽) 디자이너 / 세트 디자이너 / 전시 디자이너 / 상공업 광고 디자이너 / 컴퓨터 프로그래머 / 항공 및 비행 기계전문가 / 농공학자 / 화학 관련 전문가 / 컴퓨터 하드웨어 전문가 / 전기 공학자, 전기 전문가 / 전자 및 통신 공학 전문가 / 전기 및 전자 제품 수리원 / 산업 공학 전문가 / 재료공학자, 재료 공학 전문가 / 기계 공학자, 기계 공학 전문가 / 광산 및 지질 전문가 / 생산물 안전 전문가 / 건축가(건축기사) / 조경가 / 운동 감독 및 코치 / 생활 체육 지도자 / 작가 / 사진사, 촬영기사 / 만화가, 애니메이터 / 치과의사 / 물리 치료사 / 수의사 / 이미용사 / 아동사업 사회 복지사 / 의료사업 사회 복지사 / 교육 및 직업 상담원, 취업 알선원 / 사서 / 시장 조사 분석사 / 부동산 중개사 / 보석 세공인, 보석 상인 / 상담가(정신건강, 약물중독, 행동장애) / 컴퓨터 소프트웨어 전문가 / 웹마스터 / 컴퓨터 시스템 분석가 / 특수학교 교사 / 시장 조사 분석가 / 안경사 / 사회과학자 / 외과의사 / 내과 전문의 / 산부인과 의사 / 임상병리사 / 항해사 / 투자 분석가 / 공인 노무사
창의성	농·목축업 / 초등교사 / 유치원교사 / 영어교사 / 중학교교사 / 변호사 / 가수(성악가) / 연주가/미술가(소묘, 회화) / 조각가 / 만화가 / 분장사 / 인테리어 디자이너 / 그래픽(컴퓨터 그래픽) 디자이너 / 세트 디자이너 / 전시 디자이너 / 상공업 광고 디자이너 / 컴퓨터 프로그래머 / 항공 및 비행 기계 전문가 / 농공학자 / 화학 관련 전문가 / 컴퓨터 하드웨어 전문가 / 전기 공학자 / 전자 및 통신 공학 전문가 / 산업 공학 전문가 / 재료공학자 / 기계공학자 / 광산 및 지질 전문가 / 건축가(건축기사) / 조경가 / 무용가 / 작가 / 상업 광고 작가 / 사진사, 촬영기사 / 만화가, 애니메이터 / 기자 / 수의사 / 학예사 / 시장 조사 분석사 / 컴퓨터 소프트웨어 전문가 / 웹마스터 / 컴퓨터 시스템 분석가 / 사회과학자 / 임상병리사 / 투자 분석가 / 벤처사업가 / PD(TV) / 연예인
능력 발휘	영어교사 / 중학교교사 / 변호사 / 가수(성악가) / 연주가 / 미술가(소묘, 회화) / 조각가 / 만화가 / 인테리어 디자이너 / 그래픽(컴퓨터 그래픽) 디자이너 / 세트 디자이너 / 전시 디자이너 / 상공업 광고 디자이너 / 컴퓨터 프로그래머 / 항공 및 비행 기계 전문가 / 농공학자 / 항공기 조종사 / 화학관련 전문가 / 컴퓨터 하드웨어 전문가 / 전기 공학자 / 전자 및 통신 공학 전문가 / 산업 공학 전문가 / 재료공학자 / 기계공학자 / 광산 및 지질 전문가 / 생산물 안전 전문가 / 건축설계사 / 건축가(건축기사) / 조경가 / 무용가 / 작가 / 사진사, 촬영기사 / 만화가, 애니메이터 / 기자 / 치과의사 / 약사 / 물리 치료사 / 수의사 / 영양사 / 시장 조사 분석가 / 보석 세공인, 보석 상인 / 컴퓨터 소프트웨어 전문가 / 웹마스터 / 컴퓨터 시스템 분석가 / 특수학교교사 / 사회과학자 / 외과의사 / 내과 전문의 / 산부인과 의사 / 임상병리사 / 투자 분석가 / 공인 노무사 / 운동선수 / 변호사 / 소방관 / 경찰관 / 운동감독 및 코치 / 생활체육지도자 / 전문컨설턴트 / 정보산업종사자

다양성	농·목축업 / 초등교사 / 유치원교사 / 미술가(소묘, 회화) / 만화가 / 인테리어 디자이너 / 그래픽(컴퓨터 그래픽) 디자이너 / 세트 디자이너 / 전시 디자이너 / 상공업 광고 디자이너 / 항공 및 비행 기계 전문가 / 농공학자 / 화학 관련 전문가 / 전기 공학자 / 산업 공학 전문가 / 재료공학자 / 재료공학 기술자 / 기계 공학자 / 광산 및 지질 전문가 / 생산물 안전 전문가 / 건축가(건축기사) / 운동 감독 및 코치 / 생활 체육 지도자 / 상업 광고 작가 / 사진사, 촬영기사 / 만화가, 애니메이터 / 기자 / 여행 안내원 / 여행 기획 설계사, 여행사 직원 / 경찰관 / 생활 설계사 / 학예사 / 시장 조사 분석가 / 보석 세공인, 보석 상인 / 특수학교 교사 / 외과의사 / 내과 전문의, 산부인과 의사 / 임상병리사 / 중등교사 / 공인 노무사 / 투자분석가
안정성	초등교사 / 유치원교사 / 중학교교사 / 변호사 / 상공업 광고 디자이너 / 컴퓨터 프로그래머 / 항공 및 비행 기계 전문가 / 농공학자 / 항공기 조종사 / 화학 관련 전문가 / 컴퓨터 하드웨어 전문가/전기 공학자 / 철도 차량 전문가 / 재료공학자 / 재료공학 기술자 / 기계 공학자 / 광산 및 지질 전문가 / 건축가(건축기사) / 기자 / 치과의사 / 임상병리사 / 약사 / 물리 치료사 / 수의사 / 영양사 / 항공 교통 관제사 / 경찰관 / 아동사업 사회 복지사 / 의료사업 사회 복지사 / 재산 및 상해 보험 사정인 / 학예사 / 사서 / 부동산 중개사 / 소방관 / 상담가(정신건강, 약물중독, 행동장애) / 컴퓨터 소프트웨어 전문가 / 웹마스터 / 컴퓨터 시스템 분석가 / 특수학교 교사 / 외과의사 / 내과 전문의, 산부인과 의사 / 항해사 / 관세사 / 투자 분석가 / 공인 노무사 / 환경공학 기술자 / 항공기(기관) 정비원 / 감정평가사 / 세무사 / 금형원 / 시장 조사분석가 / 법무사 / 변리사 / 행정관료 / 은행원 / 군인
보수	변호사 / 인테리어 디자이너 / 상공업 광고 디자이너 / 컴퓨터 프로그래머 / 항공기 전문가, 항공기계 조작자 / 항공 및 비행 기계 전문가 / 화학 관련 전문가 / 컴퓨터 하드웨어 전문가 / 철도 차량 전문가 / 재료공학자 / 기계 공학자 / 광산 및 지질 전문가 / 선박 기관사 / 건축설계사 / 건축가(건축기사) / 조경가 / 치과의사 / 약사 / 물리 치료사 / 수의사 / 항공 교통 관제사 / 시장 조사 분석가 / 공인회계사 / 컴퓨터 소프트웨어 전문가 / 웹마스터 / 컴퓨터 시스템 분석가 / 외과의사 / 내과 전문의 / 산부인과 의사 / 항해사 / 투자 분석가 / 항공기(기관) 정비원 / 운동선수 / 감정 평가사 / 공인노무사 / 세무사 / 법무사 / 변리사
더불어 일함	초등교사 / 유치원교사 / 영어교사 / 중학교교사 / 세트 디자이너 / 상공업 광고 디자이너 / 항공 및 비행 기계 전문가 / 항공기 조종사 / 전기 공학자 / 산업 공학 전문가 / 광산 및 지질 전문가 / 선박 기관사 / 운동 감독 및 코치 / 생활체육 지도자 / 상업 광고 작가 / 기자 / 치과의사 / 간호사 / 방사선사 / 임상병리사 / 약사 / 물리 치료사 / 수석 요리사 / 영양사 / 항공 교통 관제사 / 경찰관 / 생활 설계사 / 보험 손해 사정인, 검사관 / 학예사 / 시장 조사 분석사 / 소방관 / 공인 회계사 / 컴퓨터 소프트웨어 전문가 / 웹마스터 / 컴퓨터 시스템 분석가 / 특수학교 교사 / 상품 판매원 / 안경사 / 세무사 / 외과의사 / 내과 전문의 / 산부인과 의사 / 관세사 / 증권 중개인 / 운동선수 / 항해사

사회 봉사	초등교사 / 유치원교사 / 영어교사 / 중학교교사 / 변호사 / 분장사 / 치과의사 / 간호사 / 방사선사 / 약사 / 수의사 / 이미용사 / 여행 안내원 / 바텐더 / 영양사 / 버스 운전사 / 택시 · 자가용 운전사 / 경찰관 / 아동사업 사회복지사 / 의료사업 사회복지사 / 교육 및 직업 상담원, 취업 알선원 / 사서 / 장례 지도사 / 소방관 / 상담사 / 특수학교교사 / 호텔 종사원 / 세무사 / 외과의사 / 내과 전문의 / 산부인과 의사 / 임상병리사 / 공인노무사
지도력 발휘	농 · 목축업 / 초등교사 / 유치원교사 / 영어교사 / 중학교교사 / 변호사 / 세트 디자이너 / 항공 및 비행 기계 전문가 / 농공학자 / 항공기 조종사 / 화학 관련 전문가 / 컴퓨터 하드웨어 전문가 / 산업공학전문가 / 기계공학자, 기계공학 전문가 / 광산 및 지질 전문가 / 생산물 안전 전문가 / 선박 기관사 / 운동 감독 및 코치 / 생활체육지도자 / 수석 요리사 / 영양사 / 항공교통관제사 / 경찰관 / 아동사업 사회복지사 / 교육 및 직업 상담원, 취업 알선원 / 시장조사 분석사 / 부동산 중개사 / 공인회계사 / 컴퓨터 소프트웨어 전문가 / 웹마스터 / 특수학교교사 / 안경사 / 외과의사 / 내과의사 / 산부인과 의사 / 임상병리사 / 항해사 / 공인노무사 / 소방관 / 영업사원 / 전문경영인 / 정치인
사회적 인정	영어교사 / 변호사 / 가수(성악가) / 연주가 / 미술가 / 조각가 / 만화가 / 인테리어 디자이너 / 그래픽 디자이너 / 세트 디자이너 / 전시 디자이너 / 상공업 광고 디자이너 / 항공 및 비행 기계 전문가 / 항공기 조종사 / 화학 관련 전문가 / 컴퓨터 하드웨어 전문가 / 전기공학자, 전기전문가 / 전자 및 통신공학 전문가 / 재료공학자, 재료공학 전문가 / 기계공학자 / 기계공학 전문가 / 건축사 / 조경사 / 무용가 / 운동 감독 및 코치 / 생활체육지도자 / 작가 / 상업광고 작가 / 만화가, 애니메이터 / 기자 / 치과의사 / 약사 / 수의사 / 항공교통 관제사 / 시장조사 분석가 / 컴퓨터 소프트웨어 전문가 / 웹마스터 / 컴퓨터 시스템 분석가 / 외과의사 / 내과의사 / 산부인과 의사 / 항해사 / 투자 분석가 / 펀드매니저 / 운동선수 / 관세사 / 법무사 / 변리사 / 공인회계사 / 공인노무사 / 판사 / 검사 / 손해사정인 / 대학교수 / 종교인 / 전통문화계승자
발전성	변호사 / 컴퓨터 프로그래머 / 전산 프로그래머 / 항공기 전문가 / 농공학자 / 항공기 조종사 / 화학 관련 전문가 / 컴퓨터 하드웨어 전문가 / 전기 기술자 / 전기공학자 / 전기 전문가 / 전기 제어 및 전자 장비 조작원 / 전자 및 통신 공학 전문가 / 산업공학 전문가 / 재료공학 기술자 / 기계공학자 / 기계공학 전문가 / 광산 및 지질 전문가 / 선박기관사 / 건축설계사 / 상업광고 작가 / 기자 / 물리치료사 / 아동사업 사회복지사 / 생활설계사 / 손해사정인(자동차) / 재산 및 상해 보험 사정인 / 보험손해사정인 / 인쇄 및 출판 작업원 / 전기 및 전자제품 수리원 / 시장조사 분석가 / 공인회계사 / 컴퓨터 소프트웨어 전문가 / 웹마스터 / 컴퓨터시스템 분석가 / 상품판매원 / 법무사 / 관세사 / 보험 계리인 / 투자분석가 / 펀드매니저 / 환경공학 기술자 / 전산프로그래머 / 디자이너 / 만화가 및 애니메이터 / 금형원 / 운동선수 / 과학자

출처: 어윤경, 정철영, 박동열, 변정현(2010).

제4장

자기개발능력: 자기이해

직업 선택과 성공을 위해 자기이해가 왜 필요한지를 살펴보고, 자기이해의 방법을 알아본다. 자신이 보는 나와 타인이 보는 나, 그리고 숨겨진 나의 모습을 들여다봄으로써 자아를 인식하는 기회를 가진다. 또한 중요한 자기이해 요소인 성격과 적성을 홀랜드(Holland)의 여섯 가지 직업성격 유형으로 알아보고, 자신의 직업성격 유형을 탐색한다.

1. 자기이해의 중요성

"당신의 재능과 세상의 필요가 교차하는 그곳에 당신의 천직이 있다."

— 아리스토텔레스(Aristotele)

취업시장에서 상품은 나 자신이다. 따라서 자신에 관해 아는 것이 무엇보다 중요하다. 나는 어떤 사람인가? 나의 장단점은 무엇인가? 나는 무엇을 하길 원하는가? 나는 무엇을 할 수 있는가? 이 질문에 대한 답을 하는 것이 바로 나에 대해 아는 것이 된다.

나를 안다는 것은 자신의 가치, 신념, 가정, 태도 등을 아는 것을 넘어서 이것이 자신의 행동에 어떤 영향을 미치는지도 아는 것이다. 이러한 개념을 자아인식이라고 한다. 직업인으로서의 자아인식은 자신의 적성, 흥미, 사고, 가치 등에 대해 알고, 이것이 자신의 직업에 어떻게 연관이 되며, 어떠한 영향을 미치는지를 이해하여 직업을 선택하고, 직업생활을 수행하는 데 활용하는 것이라고 할 수 있다. 다시 말해 직업인으로서의 자아인식은 직업생활에서 자신의 모습을 파악하고, 자신의 적성과 흥미, 능력 및 기술을 활용하여 자신과 회사를 위한 성과를 거둠으로써 성취감을 얻는 것이다.

직업인으로서 자신의 특성을 분석하여 이해하는 자아인식은 자기개발의 기초가 되어 경력개발에 활용된다. 자기이해를 기반으로 하여 자신의 욕구에 따른 목표를 설정하게 되고, 목표를 성취하기 위해 자신을 관리하고 통제하며, 목표 달성에 필요한 역량을 개발하게 된다.

직업심리학의 아버지라 불리는 파슨스(Parsons)는 직업 선택은 두 가지의 정보를 기반으로 이루어져야 한다고 주장하였다. 그가 주장한 두 가지 정보 중 하나는 나에 대한 정보이고, 또 하나는 직업에 대한 정보이다. 즉, 자신의 적성, 능력, 흥미, 가치관, 성격, 포부, 장단점 등 자기 자신에 대한 명확한 이해와 각 직업의 요구 및 성공 요건, 장단점, 보수, 고용 기회, 전망 등 직업에 대한 이해와 지식이 직업 선택에서 중요한 요소라는 것이다. 파슨스에 의하면, 나에 대한 이해와 지식을 확보하는 것이 자기이해가 된다고 볼 수 있다.

또한 크라이티스(Crites)는 흥미와 적성 등 사람이 자기이해 측면에서 나타나는 직업 선택 유형을 다음과 같이 일곱 가지로 제시하였다.

- **적응형**: 흥미와 적성이 일치하는 분야를 발견한 유형으로, 직업 선택에 필요한 자기정보를 획득한 사람이다. 자기이해가 충분히 이루어진 유형으로, 이러한 자기이해를 바탕으로 경력개발의 준비가 이루어진 것으로 볼 수 있다.
- **부적응형**: 흥미와 적성이 일치하는 분야를 발견하지 못한 유형으로, 자신에 대한 정보가 불명확하거나 이러한 정보를 근거로 적절한 직업 분야를 찾지 못한 사람이다. "내가 하고 싶은 일이 무엇인지 모르겠다." 또는 "내가 잘하는 일이 무엇인지 모르겠다." "사람을 만나는 것을 좋아하지만 이런 것이 어떤 일을 하는 데 도움이 되는지 모르겠다."라고 하는 사람이 이 유형에 해당된다.
- **다재다능형**: 다양한 분야에 흥미와 적성을 가지고 있는 유형으로, 흥미와 적성에 맞는 직업을 결정하지 못하는 사람이다. "아이들을 가르치는 일도 재미있지만 기계를 조립하는 것도 잘한다."라고 하는 사람이 이 유형에 해당된다.
- **우유부단형**: 흥미와 적성에 관계없이 성격적으로 선택과 결정을 잘 내리지 못하는 유형으로, 자신에 대한 이해에 적극적이지 않아 충분한 정보를 지니지 못한 사람이다. "사람을 만나는 것을 좋아하지만 그런 일을 할 수 있을지는 모르겠다."라고 하는 사람이 이 유형에 해당된다.
- **비현실형**: 흥미를 느끼는 분야는 있지만 그 분야에 대해 적성을 가지고 있지 못한 유형이다. 관심이 있고 재미를 느끼는 직업은 있지만, 정작 능력적인 측면에서는 그 직업과 부합하지 않는 사람이다. "다른 사람들과 축구를 하는 것은 즐겁지만 운동선수를 할 수준은 아니다."라고 하는 사람이 이 유형에 해당된다.
- **불충족형**: 여러 가지 이유로 자신이 할 수 있는 적성 수준의 직업보다 낮은 적성 수준의 직업을 선택한 사람이다. "대학에서 공대를 다녔지만 빨리 취업하고 싶어서 전공과 다른 일을 선택했다."라는 사람이 이 유형에 해당된다.

- **강압형**: 능력적인 측면에서의 적성은 맞으나 흥미를 못 느끼는 선택을 한 사람이다. "요리를 잘하지만 그쪽 일이 재미있어 보이지는 않는다."라고 하는 사람이 이 유형에 해당된다.

적응형과 부적응형은 자기이해를 통해 자신에게 맞는 일을 찾았거나 그렇지 못한 유형이며, 다재다능형과 우유부단형은 직업을 선택하고 결정하는 데 문제를 가진 유형이며, 비현실형, 불충족형, 강압형은 자기이해와 함께 현실적인 문제에 직면한 유형으로 볼 수 있다. 이와 같은 일곱 가지 직업 선택 유형 중에서 적응형을 제외한 나머지 유형과 같이 흥미와 적성 등 자신에 대한 이해가 부족하거나 이를 근거로 직업을 선택하지 않을 때 나타날 수 있으며, 이로 인해 지속적으로 다양한 진로문제를 야기하게 된다.

이처럼 나에 대해 아는 것은 직업 선택과 성공에서 중요한 이유이며, 여기서 시대적 요구의 측면에서 생각해 볼 수 있다. 평생직장이 보장되었던 직업 패러다임의 시대는 이미 지나갔다. 평생직장이 보장되던 시대에는 하나의 직업만을 선택해도 문제가 없었으나 오늘날에는 고려하고 있는 직업 선택의 대안이 한두 개인 경우에는 낭패를 보기 쉽다. 일생에서 다양한 직업을 경험하는 경우가 많아진 오늘날의 노동시장을 생각해 본다면 소위 프로틴 진로(protean career)를 준비할 필요가 있다. 프로틴은 그리스 신화에 등장하는 바다의 신 '프로테우스'에서 따온 말로, 자신의 모습을 마음대로 바꿀 수 있는 능력을 가진 신이다. 이처럼 자신의 모습을 변화시키듯 자신의 경력을 다양하게 개발하여 다양한 직업을 가지는 것을 프로틴 진로라고 한다. 직업세계가 **빠르게 변화하는** 현실에서 프로틴 진로를 준비하기 위해서는 자신에게 적합하고, 가능하며, 연관되는 분야에 대해 잘 알고, 그에 대한 준비를 동시에 할 수 있어야 한다. 프로틴 진로에서는 자신에 대한 정보가 많으면 많을수록 선택할 수 있는 분야가 그만큼 더 넓어진다고 본다. 일생에서 여러 번의 직업 선택을 해야 하는 현실에서 직업선택에 기본이 되는 자기에 대한 이해는 필수적인 과정이다.

또한 급격한 변화가 일어나는 상황에서 진로선택 시 중요한 것은 결국 직업에 대한 자신의 생각을 유지하는 것이다. 이것을 진로정체감(career identity)이라고 한다. 진로정체감은 자신의 직업적 특성에 대해 파악하고, 추구하고자 하는 직업목표에 대해 확신을 가지며, 긍정적이고 적극적인 태도로 직업탐색활동을 하는 것이다. 취업난 시대에서 직업 선택 시 노동시장과 직업세계의 변화에 수동적으로 대처하기보다는 진로정체감을 기반으로 적극적이고 일관된 방식의 노력이 필요하다. 진로정체감은 자신에 대한 이해를 바탕으로 형성되고, 직업인으로서의 삶에 강력한 영향을 주는 요인이다.

취업준비과정에서 자기에 대한 이해와 분석을 성실하게 한 사람은 자신에게 맞는 기업을 선택할 수 있기 때문에 기업 선택이 명료하며, 자기소개서 작성이나 면접에서도 자신에 대한 이야기를 적절하게 할 수 있다. 많은 구직상황에서 성격의 장단점과 같이 자신에 대해 답하는 경우는 흔하다.

그렇다면 나에 대한 정보는 어떻게 수집하는 것일까? 먼저 자기분석을 통해서 가능하다. 지금까지의 삶에서 성취와 역경, 실패 등을 돌이켜보면서 스스로 자신의 특성을 도출해 낸다. 볼스(Bolles)는 직업적 성공을 보장하는 것으로 보는 자신의 '전용성 소질'을 찾는 방법으로, "가장 자신 있으며 즐겨 할 수 있는 일이 무엇인가?" 또는 "스스로 생각할 때 가장 잘하는 일이 무엇인가?" "무엇을 할 때 가장 신났는가?" 등을 생각하는 것이라고 주장하였다. 과거나 현재에 가장 잘 해냈거나 하고 있는 업적을 근거로 전용성 소질을 찾을 수가 있다. 특히 과거의 성취 경험은 자신의 재능이나 강점을 찾는 가장 유용한 방법으로 추천한다.

두 번째로는 다른 사람과의 대화를 통해서 가능하다. 가족과 친구, 선후배 등의 주변 사람들과 나의 개성 및 특성에 대해 이야기하며, 그 대화 안에서 나에 대한 정보를 찾아내는 것이다. 때로는 내가 나의 단점으로 생각했던 것을 지인들은 장점으로 생각할 수도 있고, 대화를 통해 전혀 생각하지 못했던 나의 모습을 발견할 수도 있다. 다만 주변 사람들과의 대화에서 주의할 점은 그들의 피드백은 주관적이라는 점이다. 평소에 그들과 얼마나 친밀하고, 어떠한 관계를 맺고 있느냐에 따라 피드백은 달라질 수밖에 없다.

지금까지 자신이 한 경험을 돌이키며 그 의미를 찾아보는 것과 스스로 깨닫지는 못했지만 주변 사람들이 평가하는 자신의 특징에 대해 알아보는 것은 자신에 대한 자각 영역을 넓히는 일이 된다. 따라서 "그러한 정보 중 직업과 관련된 특징은 무엇인가?" "자신의 강점으로 부각시킬 점은 무엇인가?" "좀 더 개발할 부분은 무엇인가?" 등의 질문에 대한 해답을 찾아보도록 한다.

자신에 대한 정보를 수집하는 세 번째 방법은 좀 더 객관적인 자료를 얻기 위해 각종 심리검사를 이용하는 것이다. 성격, 적성, 지능 등 나의 특성에 대한 과학적인 분석자료는 심리검사를 통해 얻을 수 있다. 각종 심리검사는 학교의 관련 기관에서 받을 수 있으며, 직업과 관련하여 〈표 4-1〉의 웹사이트에서도 가능하다.

표 4-1 직업심리검사 웹사이트 및 내용

사이트	심리검사 종류 및 내용	
워크넷 (www.work.go.kr)	직업선호도 검사 S형/L형	흥미, 성격, 생활사에 관한 내용
	성인용 직업적성 검사	언어력 등 11개 적성요인
	구직준비도 검사	구직 활동과 관련된 특성
	창업적성 검사	창업적성과 적합 업종
	직업가치관 검사	성취, 봉사 등 13개 가치요인
	영업직무 기본역량 검사	영업직 분야의 직무 수행 및 적합 분야
	IT직무 기본역량 검사	IT직무 관련 적성 및 인성요인
	대학생 진로준비도 검사	진로 및 취업 선택 지원을 위한 진로발달 수준 및 취업준비행동 수준
커리어넷 (www.career.go.kr)	진로개발준비도 검사	진로목표 달성을 위해 필요한 사항에 대한 준비 정도
	이공계 전공적합도 검사	대학의 이공계 내 세부 전공별 적합도
	주요 능력 효능감 검사	신체 · 운동능력, 공간 · 지각능력 등 9개 직업과 관련된 능력에 대한 자신감
	직업가치관 검사	능력 발휘, 자율성, 보수 등 8개 주요 가치

2. 여섯 가지 직업성격 유형

자신의 직업성격 유형과 특징을 이해하면 그에 따른 직업선택에 도움이 된다. 직업성격을 알아보기 위해 전 세계적으로 가장 많이 사용되고 있는 심리검사는 홀랜드(Holland)의 직업적 성격유형 검사이다. 홀랜드는 직업적 성격 및 흥미 유형을 실재형(Realistic), 탐구형(Investigative), 예술형(Artistic), 사회형(Social), 기업형(Enterprising), 관습형(Conventional)으로 분류하고, 사람은 이 여섯 가지 직업성격 유형을 가지며, 직업 또한 이와 같이 구분할 수 있다고 보았다. 이러한 여섯 가지 직업성격 유형에 대해 좀 더 자세히 살펴보면 다음과 같다.

실재형(Realistic)	
행동하는 사람(Doers)	
실재형(R)의 사람은 명확하고, 체계적이며, 질서정연한 일을 선호하여 구조화된 작업을 잘 하는 편이며, 사물을 잘 다루고, 신체 활동을 즐긴다.	
실재형은 이런 사람입니다	현실적 / 솔직한 / 구체적인 / 보수적 / 자기통제적 / 독립적
실재형은 이런 일을 잘합니다	각종 도구나 기계 사용하기 / 전자제품 고치기 / 운동 / 야외 활동
실재형은 이런 일을 좋아합니다	기계 만지기 / 신체 활동 / 야외 활동 / 수공작업 / 동물훈련
실재형의 직업	운동선수 / 엔지니어 / 건설기사 / 자동자 관련 기술자 / 조경기사

탐구형(Investigative)	
생각하는 사람(Thinker)	
탐구형(I)의 사람은 자연 및 사회적 현상을 비판적이고 분석적으로 관찰하며, 체계적이고 창조적으로 탐구하는 것을 좋아한다.	
탐구형은 이런 사람입니다	직관적 / 분석적 / 논리적 / 신중한 / 호기심이 많은 / 복잡한
탐구형은 이런 일을 잘합니다	추상적 사고 / 복잡한 계산 / 이론에 대한 이해 / 문제해결
탐구형은 이런 일을 좋아합니다	아이디어 탐구 / 관찰과 실험 / 연구활동 / 새로운 일에 도전하기
탐구형의 직업	과학자 / 사회과학자 / 컴퓨터 분석가 / 경제 관련 분석가 / 의사

예술형(Artistic)	
창조하는 사람(Creator)	
예술형(A)의 사람은 창의적이고, 심미적인 활동을 선호하며, 사물을 인지하는 방식이 획일적이지 않고, 상상력이 풍부하며, 독창적이다.	

예술형은 이런 사람입니다	창의적 / 상상력이 풍부한 / 감수성이 있는 / 표현을 즐기는 / 혁신적
예술형은 이런 일을 잘합니다	그림 그리기 / 악기 연주 / 글이나 음악 창작 / 디자인
예술형은 이런 일을 좋아합니다	콘서트나 전시회 가기 / 독서 / 사진 찍기 / 개성 표현
예술형의 직업	배우 / 예술가 / 광고 관련직 / 작가 / 디자이너

사회형(Social)

도움을 주는 사람(Helper)

사회형(S)의 사람은 사람들과 어울리기를 좋아하고, 타인의 문제를 듣고 공감하며, 도와주고, 치료해 주는 것을 선호한다.

사회형은 이런 사람입니다	친절한 / 도움을 주고자 하는 / 관대한 / 협조적인 / 마음을 잘 알아주는
사회형은 이런 일을 잘합니다	가르치기 / 의사표현 / 중재 / 집단활동 기획 / 협력작업
사회형은 이런 일을 좋아합니다	집단조직활동 / 다른 사람 돕기 / 봉사활동 / 사람 돌보기
사회형의 직업	사회복지사 / 교사 / 상담사 / 의료 관련직 / 종교인

기업형(Enterprising)

열정적인 설득자(Persuader)

기업형(E)의 사람은 성취 지향적이고, 조직의 목표를 이루거나 경제적인 이익을 얻는 활동을 선호한다. 지배적이고, 통솔력 및 지도력이 있으며, 말을 잘하고, 외향적·낙관적·열성적 성격을 가지고 있다.

기업형은 이런 사람입니다	자신감 있는 / 호소력이 강한 / 낙관적 / 사교적 / 야망이 많은
기업형은 이런 일을 잘합니다	프로젝트 기획 / 지휘·관리·감독 / 영업 / 자기주장·연설
기업형은 이런 일을 좋아합니다	의사결정 / 창업 / 정치·로비 활동 / 리더 역할
기업형의 직업	경영관련직 / 판매·영업직 / 법률가 / 금융직 / 사업가

관습형(Conventional)	
조직화하는 사람(Organizer)	

관습형(C)의 사람은 정확하고, 조심성이 있으며, 책임감이 강하다. 이들은 체계적이고 관습적이기 때문에 기존에 수립된 체계에 적응·순응하여 규칙을 따르며, 분명하고 구조화된 일을 하는 것을 좋아하므로 서류를 작성하고 기록하는 등의 사무적인 일에 능한 편이다.

관습형은 이런 사람입니다	정확한 / 효율적인 / 실용 추구 / 일관성 있는 / 체계적인
관습형은 이런 일을 잘합니다	틀 안에서 작업하기 / 단시간의 서류작업 / 정확한 기록 / 컴퓨터 활용
관습형은 이런 일을 좋아합니다	정확한 절차 이행 / 자료처리 / 구체적인 작업 / 수집 또는 정리
관습형의 직업	회계 / 행정·사무 / 컴퓨터 조작 / 안전관리자 / 세무 관련직

물론 직업성격 유형과 직업이 여섯 가지로만 구분되지는 않는다. 각 유형에는 또 다른 하위유형이 존재한다. 예를 들어, 교사는 사회형(S)인데, 음악교사는 사회형―예술형―탐구형(SAI)으로, 과학교사는 사회형―탐구형―실재형(SIR)으로 볼 수 있다. 따라서 여섯 가지 직업성격 유형은 자신의 직업적 성향과 희망하는 직업의 특성을 파악하는 데 도움이 되는 자료라고 할 수 있다. 이러한 여섯 가지 직업성격 유형에 대한 객관적 평가는 직업선호도 검사나 홀랜드의 직업적 성격유형 검사 등을 통해 이루어진다.

활동 1. 조하리(Johari)의 창

日 관련 직업기초능력: 자기개발능력

　직업 선택과 결정에 관한 자신의 흥미, 적성, 특성 등을 이해하고, 가치를 분명히 하며, 자기정체감을 명확히 하는 능력

日 목표

1. 자신의 자아를 인식하는 방법을 설명할 수 있다.
2. 자신을 인식하는 것에 대한 가치와 중요성을 파악할 수 있다.
3. 자신에 대한 다른 사람의 시각을 유추할 수 있다.

日 지시문

　"내가 보는 나와 남이 보는 나, 그리고 숨겨진 나의 모습에 대해 생각해 보는 시간을 가지겠습니다. 조하리의 창은 4개의 창으로 되어 있습니다. 내가 알고 있는 나의 모습과 그렇지 않은 나의 모습, 다른 사람이 알고 있는 나의 모습과 그렇지 않은 나의 모습이 조합되어 개방의 창, 맹목의 창, 비밀의 창, 미지의 창을 이룹니다. 이러한 구성에 따라 나의 조하리의 창을 그려 봅시다. 1에서 10까지 중에서 자신을 얼마나 알고 있는지의 정도에 따라 선을 아래로 그리고, 다른 사람은 나에 대해 얼마나 알고 있는지의 정도에 따라 선을 옆으로 그려 조하리의 창을 완성합니다. 4개의 창 안에 들어갈 나의 모습과 특징을 적어 봅시다."

日 진행과정

1. 4개의 창을 살펴보면서 각각의 의미를 이해한다.

2. 자신에 대해 얼마나 알고 있는지를 생각해 보고, 1에서 10까지 중에서 그 정도에 따라 선을 아래로 그리도록 한다.

3. 다른 사람은 자신에 대해 얼마나 알고 있는지를 생각해 보고, 1에서 10까지 중에서 그 정도에 따라 선을 옆으로 그려 조하리의 창을 완성하게 한다.

4. 4개의 창에 해당되는 모습과 특성을 하단의 빈칸에 적게 한다.

5. 가능하면 4개의 창과 진로 및 직업의 연관성에 대해 이야기를 나누어 볼 수 있게 한다.

目 마무리

1. 4개의 창을 통해 알게 된 나의 모습은 무엇인가?

2. 각각의 조하리의 창에 나타난 특성을 직업과 관련하여 어떻게 적용할 수 있는가?

3. 이 활동에서 새로이 알게 된 사실은 무엇인가? 느낀 점은 무엇인가?

目 준비물

조하리의 창 그림 활동지, 필기도구

조하리의 창

〈나의 조하리의 창 그리기〉

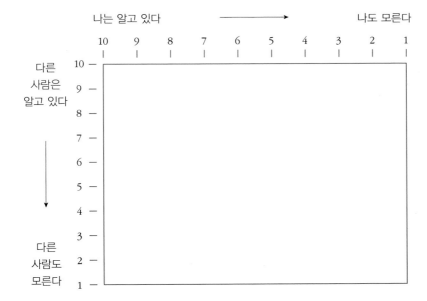

✔ 개방의 창에서 내 모습:

_____

_____

_____

_____

_____

✔ 맹목의 창에서 내 모습:

_____

_____

_____

_____

_____

✔ 비밀의 창에서 내 모습:

_____

_____

_____

_____

_____

✔ 미지의 창에서 찾고 싶은 나의 모습:

_____

_____

_____

_____

_____

활동 2. 여섯 가지 직업성격 유형

目 관련 직업기초능력: 자기개발능력

직업 선택과 결정에 관한 자신의 흥미, 적성, 특성 등을 이해하고, 가치를 분명히 하며, 자기정체감을 명확히 하는 능력

目 목표

1. 자신에게 해당되는 홀랜드 직업성격 유형을 찾는다.
2. 홀랜드 직업성격 유형에서 자신에게 해당되는 직업이 무엇인지 알아본다.

目 지시문

"자신에게 해당되는 홀랜드 직업성격 유형을 알아봅시다. 성격을 나타내는 형용사, 관심 활동 분야, 어울린다고 생각되는 직업을 선택하면서 자신의 직업성격 유형을 알아봅시다. 또한 자신의 꿈에 대해서도 생각해 보도록 합시다. 세 번의 직업성격 유형 확인 작업을 통해 나타나는 유형이 무엇인지를 확인하고, 유형의 특성에 대해 살펴봅시다."

※ 본인의 정확한 홀랜드 직업성격 유형은 심리검사를 통해 확인하도록 한다.

目 진행과정

1. 세 가지 형용사 중 자신에게 해당되는 것을 따라 홀랜드의 여섯 가지 직업성격 유형 중 자신의 유형을 찾아보게 한다.
2. 세 가지 일 중 자신이 관심이 있거나 능력이 있다고 생각하는 것을 따라, 홀랜드의 여섯 가지 직업성격 유형 중 자신의 유형을 찾아보게 한다.

3. 세 가지 직업 중 자신에게 어울린다고 생각되는 직업을 따라, 홀랜드의 여섯 가지 직업성격 유형 중 자신의 유형을 찾아보게 한다.

4. 세 번의 직업성격 유형 탐색과정에서 나타난 유형에 대해 전술된 내용을 읽어 보게 한다.

日 마무리

1. 자신의 직업성격 유형은 무엇이며, 그것의 특징과 해당되는 직업은 무엇인가?

2. 고려하고 있는 직업과 직업성격 유형 탐색과정에서 나타난 유형은 얼마나 일치하는가?

3. 이 활동에서 새로이 알게 된 사실은 무엇인가? 느낀 점은 무엇인가?

日 준비물

활동지, 필기도구

여섯 가지 직업성격 유형

1. 다음의 세 가지 형용사 중 자신에게 해당되는 것을 따라 홀랜드의 여섯 가지 직업성격 유형 중 자신의 유형을 찾아봅시다.

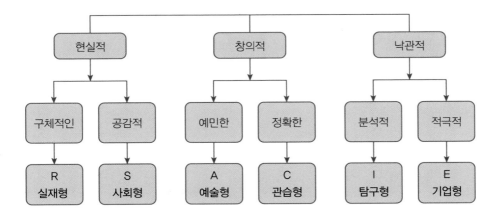

2. 다음의 세 가지 일 중 자신이 관심이 있거나 능력이 있다고 생각하는 것을 따라 홀랜드의 여섯 가지 직업성격 유형 중 자신의 유형을 찾아봅시다.

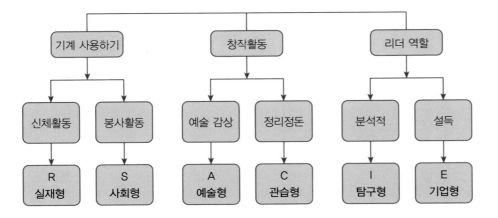

3. 다음의 세 가지 직업 중 자신에게 어울린다고 생각되는 직업을 따라 홀랜
드의 여섯 가지 직업성격 유형 중 자신의 유형을 찾아봅시다.

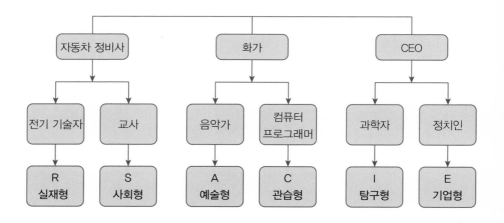

Tip. 좀 더 알아봅시다

Q1. 조하리의 창과 창의 각 영역을 개발하거나 보완하는 방법에 대해 알아봅시다.

미국의 심리학자인 조셉 루프트(Joseph Luft)와 해링턴 잉햄(Harrington Ingham)의 이름을 합쳐 Johari라고 이름 붙인 조하리의 창은 자신과 타인의 시각으로 자신의 내면을 돌아볼 수 있는 틀을 제공하고 있다. 마음의 창인 조하리의 창 속에는 자신의 생각, 감정, 경험, 소망, 기대, 가족사항, 취미, 종교, 교우관계, 장단점 등 '자신에 관한 모든 것'이 포함되어 있다. 각 영역의 내용과 개발하거나 보완해야 할 점은 다음과 같다.

① 개방의 창

나도 알고 있고, 다른 사람도 알고 있는 나에 관한 정보를 의미한다. 이 창이 넓을수록 대체로 인간관계가 원만하여 자기표현을 적절하게 잘하고, 사람들과의 의사소통도 활발함을 의미한다. 그러나 이것이 지나치면 너무 많은 개인사를 여러 사람에게 보여 줄 수도 있다.

개방의 창이 넓은 사람은 직업 선택과 결정, 준비에 대해 다양한 사람과 의견을 주고받음으로써 도움을 얻을 수 있다.

② 맹목의 창

나는 모르고 있지만 다른 사람은 알고 있는 나의 모습에 관한 것이다. 말투나 습관, 독특한 버릇 같은 것이 여기에 해당된다. 이 창이 넓은 사람은 자신감이 있어 솔직하고, 자기주장을 잘하지만, 지나친 경우에는 다른 사람의 입장이나 반응에 둔감하여 독선적이거나 눈치 없는 사람으로 비쳐질 수 있다.

맹목의 창이 넓은 사람은 직업과 관련된 주변 사람의 피드백을 좀 더 신중하게 듣고, 그들의 조언이나 생각을 진지하게 받아들이는 자세가 중요하다.

③ 비밀의 창

나는 알고 있지만 다른 사람은 모르는 은폐된 영역이다. 이 창은 나의 약점이나 비밀처럼 다른 사람에게 숨기는 부분으로, 이 창이 넓은 사람은 속 깊고 신중해 보이기는 하지만 자기표현과 타인과의 교류가 적어 고독해 보인다. 그러나 때로는 내가 약점이나 문제로 생각하는 것을 다른 사람은 그렇게 보지 않을 때도 있으며, 그러한 약점이나 문제점을 표현함으로써 위로와 공감을 받아 좀 더 친밀한 인간관계를 맺을 수도 있다.

비밀의 창이 넓은 사람은 직업과 관련된 자신의 고민과 문제점을 좀 더 개방함으로써 주변 사람의 도움과 지원을 받는 것이 필요하다.

④ 미지의 창

나도 모르고, 다른 사람도 모르는 영역이다. 심층적이고 잠재된 우리 자신의 영역으로, 이 영역이 넓은 사람은 삶에서 고립되어 자신의 모습에 대해 알지 못하고 다른 사람과의 접촉도 불편해한다. 따라서 미지의 창이 넓은 사람은 적극적이며 긍정적인 태도를 가지고 인간관계의 개선과 이를 통한 자기 표현 및 통찰을 추구해야 한다.

미지의 창이 넓은 사람은 직업과 관련하여 빠른 시간에 고민이 해결되지 않으면 이를 회피하고자 포기하거나 다른 일에 빠져 버리는 경우가 있는데, 이런 경우에는 시간을 두고 자신의 삶과 관심, 가치 등에 대해 생각한 후 주변 사람과 이에 대한 이야기를 나눌 필요가 있다.

4개의 조하리의 창은 결국 나의 모습이 된다. 나의 모습에 대해 깨닫고 필요한 개선과 개발의 노력을 할 때 우리는 효과적인 인간관계뿐 아니라 긍정적인 자기성장을 가지게 된다.

Q2. 홀랜드 직업성격 유형에 대해 좀 더 알아봅시다.

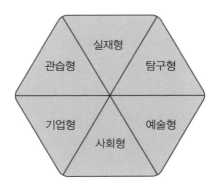

홀랜드의 직업성격 유형은 실재형, 탐구형, 예술형, 사회형, 기업형, 관습형으로 분류된다. 이러한 여섯 가지 유형에 대한 평가와 특성은 〈표 4-2〉와 같다.

표 4-2 홀랜드 직업성격 유형에 대한 평가와 특성

유형	평가		특성
	내부 집단의 평가	외부 집단의 평가	
실재형 (Realistic)	사교적 재능보다는 손재주 및 기계적 소질이 있음	겸손하고, 솔직하지만 독단적이고, 고집이 셈	실행 / 사물 지향
탐구형 (Investigative)	대인관계 능력보다는 학술적 재능이 있음	지적이고, 현학적이며, 독립적이지만 내성적임	사고 / 아이디어 지향
예술형 (Artistic)	지적이고, 현학적이며, 독립적이지만 내성적임	유별나고, 혼란스러우며, 예민하지만 창조적임	창조 / 아이디어 지향
사회형 (Social)	기계적 능력보다는 대인관계적 소질이 있음	이해심이 많고, 사교적이며 동정적이고, 이타적임	자선 / 사람 지향
기업형 (Enterprising)	과학적 능력보다는 설득력 및 영업능력이 있음	열정적이고, 외향적이며, 모험적이지만 야심이 있음	관리 / 과제 지향
관습형 (Conventional)	예술적 재능보다는 비즈니스 실무능력이 있음	안정을 추구하고, 규율적이지만 유능하다고 평가	동조 / 자료 지향

출처: 한국고용정보원(2008b)에서 발췌.

사람은 자신이 관심을 가지고 있고, 기술과 능력을 발휘할 수 있으며, 적성과 가치를 표현할 수 있는 일과 역할이 존재하는 직업환경을 추구한다. 홀랜드의 여섯 가지 직업성격 유형은 사람의 성향과 직업환경을 특성에 따라 분류한 것이다. 홀랜드의 여섯 가지 직업성격 유형에 대한 좀 더 상세한 설명은 〈표 4-3〉과 같다.

표 4-3   홀랜드의 직업성격 유형에 대한 설명

유형	유형에 대한 설명
실재형 (Realistic)	사물, 도구, 기계 및 동물에 대해 명확하고, 질서정연하며, 체계적인 조작을 필요로 하는 활동을 선호하지만 교육적이거나 치료적 활동은 싫어하는 경향이 있다. 이러한 경향성은 조작, 기계, 농경, 전기 및 기술적인 능력을 획득하게 하는 반면에 사회적 및 교육적 능력에서는 결함을 보인다.
탐구형 (Investigative)	물리적·생물학적 혹은 문화적 현상에 대해 호기심을 가지고 관찰하는 것을 즐기며, 상징적이고 체계적이며 창조적인 활동을 요하는 조사나 연구 활동을 선호하지만, 설득적이고 사회적이며 반복적인 활동은 싫어하는 경향이 있다. 이러한 경향성은 과학적이고 수학적인 능력을 획득하게 하는 반면에 설득적 능력에서는 결함을 보인다.
예술형 (Artistic)	예술적 형태를 창조해 내는 신체적·언어적 활동이나 자유스러우면서 체계화되지 않은 활동을 선호하지만, 분명하고 체계적이며 질서정연한 활동은 싫어하는 경향이 있다. 이러한 경향성은 예술적인 능력을 획득하게 하는 반면에 사무적인 능력에서는 결함을 보인다.
사회형 (Social)	다른 사람을 훈련시키고 발달시키며 치료해 주는 활동을 선호하지만, 자료나 도구 혹은 기계를 포함하는 명확하고 체계적인 활동은 싫어하는 경향이 있다. 이러한 경향성은 사회적 및 교육적 능력을 획득하게 하는 반면에 조작, 기계, 농경, 전기 및 기술적인 능력에서는 결함을 보인다.
기업형 (Enterprising)	조직적인 목표나 경제적인 이익을 얻기 위한 다른 사람과의 상호작용 활동은 선호하지만, 관찰적이고 상징적이며 체계적인 활동은 싫어하는 경향이 있다. 이러한 경향성은 리더십, 대인관계능력 및 설득적인 능력을 획득하게 하는 반면에 과학적인 능력에서는 결함을 보인다.
관습형 (Conventional)	자료에 대한 명확하고 질서정연하며 체계적인 조작을 필요로 하는 활동은 선호하지만, 모호하며 자유스럽고 탐색적이며 체계적이지 않은 활동은 싫어하는 경향이 있다. 이러한 경향성은 사무적이고 계산적인 능력을 획득하게 하는 반면에 예술적인 능력에서는 결함을 보인다.

출처: 한국직업정보시스템(www.work.go.kr/jobMain.do).

제 5 장

자기개발능력: 강점을 찾아서

학 습 개 요

   직업을 선택하기 위해서는 나의 재능에 대해 알아야 한다. 재능에는 다양한 측면이 있음을 다중지능이론을 통해 이해하고, 나의 강점지능을 살펴본다. 또한 단점이나 취약점보다는 강점과 긍정적인 측면이 직업 선택에 더 중요한 의미를 가진다는 것을 이해한다. 강점의 내용과 의미를 살펴보고, 성취 경험을 분석함으로써 자신의 강점을 찾아본다. 이러한 재능과 강점은 자기개발의 기초 자원이 될 수 있다.

1. 나의 재능: 다중지능이론

"내가 가지고 있는 재능은 무엇인가?" "나의 재능을 어떻게 발휘할 것인가?" 이 두 가지 질문은 우리의 삶과 직업에서 가장 중요하다. 재능에 관한 설명으로 가장 잘 알려진 것 중 하나가 다중지능이론이다.

미국 하버드 대학교 교수인 하워드 가드너(Gardner)는 하버드 프로젝트 제로 (Harvard Project Zero)라는 연구 프로젝트를 통해 그동안 주로 언어적 지능과 논리수학적 지능을 내용으로 한 지능(IQ)과 달리 인간에게는 여덟 가지의 지능(MQ)이 있으며, 이를 통상적으로 다중지능이라고 불렀다. 또한 다중지능은 개발 가능한 지능으로 서로 독립적이라고 주장하였다. 여덟 가지의 다중지능은 [그림 5-1]과 같다.

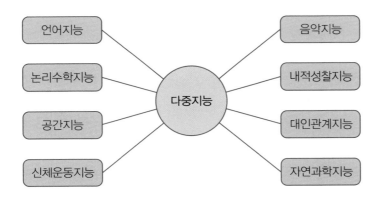

[그림 5-1] 가드너의 다중지능

각 지능의 내용과 적성 및 직업과의 관련성에 대해 살펴보면 다음과 같다.

• **언어지능**(linguistic intelligence): 언어지능은 음운, 어문, 의미 등의 복합적인 요소로 구성되어 있는 언어를 적절하게 사용하는 능력이다. 또한 자신의 생각을 잘 표현하거나 다른 사람의 표현을 잘 이해하고, 그와 관련된 문제를 해결할 수 있으며, 그러한 상징체계를 창조할 수 있는 능력으로, 말하

기, 듣기, 읽기, 쓰기 등의 영역에서 나타난다. 다시 말해, 말과 글이라는 상징체계에 대한 소질과 적성이 뛰어난 사람이 가지고 있는 능력이다. 따라서 이 지능이 높으면 글이나 말을 통해 자신의 생각과 느낌을 잘 표현하며, 탁월한 언어적 기억력을 보인다. 시인, 소설가, 연설가, 정치가, 변호사, 기자, 방송인 등에게 높은 지능으로, 셰익스피어(Shakespeare), 톨스토이(Tolstoy), 마르틴 루터(Martin Luther) 등이 대표적인 인물이다.

• **논리수학지능(logical-mathematical intelligence)**: 논리수학지능은 숫자나 규칙, 명제 등의 상징체계를 잘 알고, 그와 관련된 문제를 해결해 내는 능력을 말한다. 수학이나 과학, 사회현상 등 여러 대상에 대해 관심을 가지고 탐구하면서 논리적으로 추론하여 규칙이나 법칙을 발견하고 체계를 마련할 수 있는 능력이다. 회계사, 통계학자, 법률가, 컴퓨터 프로그래머 등이 가지고 있는 소질로 아인슈타인(Einstein), 갈릴레이(Galilei) 등이 대표적인 인물이다.

• **공간지능(spatial intelligence)**: 선, 도형, 그림, 지도, 입체설계 등의 시각적ㆍ공간적 체계를 잘 파악하고 활용하는 데 소질과 적성을 보이는 능력이다. 물건을 보기 좋게 배치하거나 사물을 여러 각도에서 시각화하고 낯선 곳에서 길을 찾는 것과 같은 공간적 문제해결이 필요한 능력으로 조종사, 항해사, 디자이너, 예술가, 건축가 등에게서 이러한 능력을 찾아볼 수 있다. 대표적인 인물로는 피카소(Picasso), 레오나르도 다빈치(Leonardo da Vinci) 등을 들 수 있다.

• **신체운동지능(bodily-kinesthetic intelligence)**: 자신의 신체 움직임을 통제하고 기술적으로 다루는 능력을 의미하며, 동작, 춤, 운동, 연기 등의 상징체계를 쉽게 익히고 창조하는 능력이 관련된다. 이 지능이 발달한 사람은 신체적 활동에 쉽게 몰입하여 즐길 수 있으며, 무용이나 연극 등에서 신체로 자신의 아이디어나 느낌을 표현하는 데 뛰어난 재능을 보인다. 무용가, 기술자, 운동선수 등이 가지고 있는 소질로 마사 그레이엄(Martha Graham), 타이거 우즈(Tiger Woods) 등이 대표적인 인물이다.

• **음악지능(musical intelligence)**: 음악적 형태를 지각하고, 변별하며, 변형하고, 표현할 수 있는 능력을 가리킨다. 이 지능에는 악곡의 리듬, 음의 고저, 즉

멜로디, 음색에 대한 민감성이 포함된다. 이 지능이 발달한 사람은 음악과 악기에 대한 관심이 많고 아름다운 소리를 창조해 내는 재능을 보인다. 작곡가, 연주가, 성악가, 지휘자, 음악평론가 등에게서 이러한 능력을 찾아볼 수 있다. 대표적인 인물로는 베토벤(Beethoven), 카라얀(Karajan), 파바로티(Pavarotti) 등이 있다.

- **내적성찰지능(intrapersonal intelligence):** 자기 자신을 알고 느끼며 자기감정의 범위와 종류를 구별해 내고 그러한 감정에 이름을 붙이며 자신과 관련된 문제를 잘 풀어내는 데 필요한 능력이다. 자신의 내적 기분, 의도, 동기, 기질, 욕구에 대한 의식, 자기교시, 자기이해, 자기존중의 능력이 포함된다. 철학자, 작가, 종교인, 예술가, 심리학자 등이 소유하고 있는 능력으로 버지니아 울프(Virginia Woolf), 프로이트(Freud) 등이 대표적인 인물이다.

- **대인관계지능(interpersonal intelligence):** 다른 사람의 기분이나 느낌, 동기, 바람을 잘 이해하고 그에 적절하게 반응할 수 있는 능력, 즉 인간관계를 잘 이끌어 가는 능력을 가리킨다. 이 지능이 발달한 사람은 상대방을 잘 파악하고 효과적인 상호작용을 할 수 있는 재능을 가지고 있다. 교사, 정치가, 상담전문가, 치료사, 사업가 등에게서 흔히 발견할 수 있는 능력으로 설리번(Sullivan), 간디(Gandhi), 링컨(Lincoln), 김구 등이 대표적인 인물이다.

- **자연과학지능(naturalist intelligence):** 식물이나 동물 또는 자신이 살아가고 있는 환경에 관심을 가지고 그 인식과 분류에 탁월한 전문 지식과 기술을 발휘하는 능력을 말한다. 이 지능이 발달한 사람은 과학적 현상에 민감하고 패턴인식이 뛰어나며 이를 활용할 수 있는 능력을 가지고 있다. 식물학자, 동물학자, 과학자, 조경사, 탐험가 등이 가지고 있는 능력으로 파브르(Fabre), 아문센(Amundsen) 등이 대표적인 인물이다.

다중지능의 입장에서 볼 때 성공한 사람이란 자신의 강점지능이 가장 빛을 발할 수 있는 분야나 직업에서 활동하는 사람이다. 가드너의 다중지능이론은 다음과 같은 가정을 기반으로 한다. 첫째, 다중지능의 프로파일은 사람마다 다양하다. 즉, 모든 사람은 여덟 가지의 지능을 가지고 태어나는데, 여러 지능이 우수하여 다재다능한 사람도 있고, 한두 가지만 우수하여 특정 영역에서 두각을 나타내는 사람도 있다. 사람마다 지능이 다르다는 것이다. 둘째, 지능은 서로 상호작용할 수 있다. 우리가 어떤 일을 할 때에는 여덟 가지 지능이 따로따로 작용하는 것이 아니라 몇 개의 지능이 함께 이용된다. 예를 들어, 물건을 판매하는 사람은 고객에게 친절하게 대하면서(대인관계지능) 물건에 대한 설명을 하고(언어지능), 가격을 계산하며(논리수학지능), 고객이 물건을 사지 않는 경우에는 그 이유에 대해 생각하게(내적성찰지능) 된다. 셋째, 모든 인간은 다중지능을 개발할 수 있는 잠재력을 소유하고 있다. 상대적으로 개발이 어려운 IQ와 달리 다중지능은 교육과 훈련 등을 통해 누구나 이 여덟 가지 지능을 일정한 수준까지 개발할 수 있다. 넷째, 여덟 가지 지능은 어떤 틀에 박힌 성격을 가지지 않고 지능 내에서 하위능력별 수준이 다르다. 따라서 말하기는 잘하지만 글을 잘 못 쓰는 사람은 언어지능이 높지만 모든 언어 영역의 능력이 우수한 것은 아닐 수 있다. 다섯째, 각 지능 영역 내에서도 그 지능을 향상시킬 수 있는 많은 방법이 있다. 성공의 가능성을 극대화하는 방법은 개인의 잠재적 지능을 찾아 이를 발휘할 수 있도록 하는 것이다.

급변하는 직업의 세계에서 다중지능이론의 적용은 유용하다. 가드너(Gardner, 2007)는 레고에 비유하여 소수의 큰 조각을 사용하기보다는 다수의 작은 조각을 사용함으로써 훨씬 더 복잡한 구조물을 만들어 낼 수 있다고 설명하였다. 이는 작은 조각을 배열할 때에는 훨씬 많은 선택의 가능성이 있기 때문이다. 따라서 하나의 지능이 아닌 레고처럼 다수의 작은 지능의 조각을 지닌 다중지능도 사고나 행동 방법에 관해 보다 더 많은 선택의 가능성을 제시한다. 다중지능은 직업 선택을 잘 설명하고, 고려할 만한 가치가 있는 요소인 것이다.

우리가 속한 환경이 변화함에 따라 요구되는 지능의 프로파일도 변화한다. 이것을 직업세계에 적용해 보면 전자 관련 직업의 경우, 처음에는 언어지능, 논리수학지능, 공간지능 등의 요구가 컸지만 이제는 대인관계지능도 필요하게 되었다. 따라서 자신의 다중지능을 잘 파악하는 것이 직업 선택 후의 적응과 성공에 영향을 준다고 볼 수 있다.

다중지능이론에서는 직업에 필요한 재능으로 한 가지의 재능만을 이야기하지 않는다. 다중지능이론은 자신의 강점지능을 파악하여 직업을 선택할 때 성공할 가능성이 더 높고, 이러한 강점지능은 누구에게나 있으며, 또 교육이나 훈련을 통해 개발될 수 있음을 강조하고 있다.

2. 강점 기반의 진로개발

모든 사람은 강점과 취약점을 가지고 있다. 최근에는 진로 및 직업 선택을 위해서는 단점보다는 자신의 강점에 좀 더 관심을 두어야 한다는 주장이 제기되고 있다. 버킹엄과 클리프턴(Buckingham & Clifton, 2005)에 의하면, 갤럽에서 지난 30년 동안 각 분야에서 가장 뛰어난 200만 명을 인터뷰하여 연구한 결과, 워런 버핏(Warren Buffett), 빌 게이츠(Bill Gates), 타이거 우즈(Tiger Woods)와 같은 유명 인사를 포함하여 교사, 배우, 회계사 등 어떤 직업이든 스스로 선택한 직업에서 성공을 거둔 사람들 사이에 공통점을 발견하였다. 그것은 바로 그들이 자신의 강점을 찾아내어 자신의 일과 삶에 최대한 활용하는 능력을 지녔다는 점이다. 이들은 자신의 단점과 취약점보다는 강점을 개발하는 데 시간과 에너지를 투자하여 직업적 성공을 거두었다.

클리프턴과 넬슨(Clifton & Nelson, 2007)도 약점을 고치면 성공하고, 강점은 노력하지 않아도 저절로 강해지며, 성공은 약점을 고치고자 하는 노력에 달려 있다는 생각은 오해라고 주장하였다. 성공은 실패를 떠올려 이를 해결하는 데 있지 않고, 내가 가지고 있는 강점을 찾아내어 강화하는 데 있다는 것이다. 다시 말해 성공을 위한 노력은 자신의 강점 분야에서 이루어져야 원하는 성취에 도달할 수 있다. 누구나 어떤 분야에서든 성공할 수 있는 것이 아니라 자신의 강점이 있는 분야에서 연습을 거듭하면서 완벽해지고, 그로 인해 최고가 되어 성공할 수 있다는 것이다.

'돼지에게 노래 부르는 방법을 가르치지 마라. 그것은 돼지를 귀찮게 할 뿐 시간 낭비에 불과하니까.'라는 말처럼 탁월한 수준에 이르는 최고의 비결은 자신의 강점에 집중하는 것이다.

강점이란 한 가지 일을 완벽에 가까울 만큼 일관되게 처리하는 능력이다. 성공적인 삶을 가져오는 강점에는 다음의 세 가지 특징이 있다. 첫째, 강점이 되는 행동은 계속해서 그 행동을 할 수 있는 것이어야 한다. 어떤 능력을 강점이라고 할 수 있으려면 애써서 어쩌다 한 번씩 성취되는 것이 아니라 반복해서 만족스러운 성공적 수행을 할 수 있는 것이어야 한다. 둘째, 모든 분야에서 강점을 가질 수는 없다. 어떤 사람도 '완벽한 재능'을 부여받지는 못하였다. 그들은 단순히 자신의 능력을 최대한 활용했을 뿐이다. 뛰어난 사람은 팔방미인이어야 한다는 생각이 일반적이지만 누구나 약점을 가지고 있다. 셋째, 약점을 고치는 것이 아닌 강점을 극대화하는 것만으로도 뛰어난 사람이 될 수 있다. 이는 약점을 무시하라는 뜻이 아니라 약점을 고치려는 것보다 약점을 관리하는 편이 더 효과적이라는 것이다. 강점이 발휘되는 것에 장애가 되지 않을 정도로만 약점을 보완하려고 노력하는 것이 더 유용하다.

그렇다면 무엇이 강점일까? 클리프턴과 넬슨(2007)은 강점의 다섯 가지 단서로 동경, 만족감, 빠른 학습 속도, 순간적인 탁월함, 완벽한 탁월함을 들었다. '나도 해 보고 싶다.'라는 마음이 강점으로 빠져들게 한다. 그리고 재능이 있는 일은 만족감을 얻고, 만족감은 다시 재능을 강점으로 발전하게 한다. 어떤 일을 배울 때 빨리 습득하는 일이 있는가 하면 아무리 애를 써도 익숙해지지 않는 일이 있다. 빨리 배우는 일이 강점이 되는 것이다. 자신의 탁월함, 즉 강점을 알아채는 것도 중요하다. 강점은 그 탁월함이 언제, 어디서든 자연스럽게 발휘되는 것이다. 버킹엄과 클리프턴(2005)은 강점의 세 가지 원천으로 동경, 학습 속도, 만족감을 들면서 영화배우 맷 데이먼(Matt Damon)과 벤 애플렉(Ben Affleck)을 예로 제시하였다. 그들은 열 살 때 학교 식당에서 앞으로의 연기계획에 관하여 이야기할 정도로 연기에 대한 동경을 일찍 시작하였고, 연기생활에서 새로운 기술을 배우는 속도가 빨랐으며, 만족감을 얻음으로써 성공할 수 있었다. 결국 강점이란 간절히 원하고 순식간에 익숙해져 만족스러운 성과를 얻는 것이다.

버킹엄과 클리프턴(2005)은 자기 분야에서 성공한 사람이 가지고 있는 강점으로 서른네 가지를 이야기했다. 서른네 가지 강점에는 개발자, 개인화, 경쟁, 공감, 공평, 관계자, 긍정성, 매력, 맥락, 명령, 미래 지향, 복구자, 분석가, 사고, 성취자, 신념, 신중함, 연결성, 의사소통, 자기확신, 적응력, 전략, 조정자, 조화, 중요성, 질서, 착상, 책임, 초점, 최상주의자, 탐구심, 포괄성, 학습자, 행동주의자가 포함된다.

한편, 인간의 성격 측면에서 강점과 미덕을 연구한 피터슨과 셀리그먼(Peterson

& Seligman, 2004)은 전 세계에 존재하는 다양한 문헌을 조사하여 시대와 문화를 불문하고 공통적으로 발견되는 성격강점과 미덕을 VIA 분류체계(VIA Classification of Character Strengths and Virtues)라는 것으로 정리하였다. 그들은 VIA 분류체계에 포함된 6개의 미덕과 그 미덕에 이르기 위한 심리적 통로인 24개의 성격강점을 제안하였다. VIA 분류체계에 포함된 6개의 핵심 미덕은 지혜(wisdom), 인간애(humanity), 용기(courage), 절제(temperance), 정의(justice), 초월(transcendence)이다. 6개의 미덕에 대한 강점을 살펴보면, 첫째, 지혜와 관련된 강점에는 창의성, 호기심, 개방성, 학구열, 예견력이 포함되고, 둘째, 인간애와 관련된 강점에는 사랑, 친절, 대인관계지능이 포함되고, 셋째, 용기와 관련된 강점에는 용감성, 끈기, 진실성이 포함되고, 넷째, 절제와 관련된 강점에는 겸손, 신중성, 자기조절이 포함되며, 다섯째, 정의와 관련된 강점에는 시민의식, 공정성, 리더십이 포함되고, 여섯째, 초월과 관련된 강점에는 심미안, 감사, 낙관성, 유머감각, 영성, 용서, 열정이 포함된다.

어떤 일이 강점을 가지고 있는지를 확인할 때 다음과 같은 질문을 활용할 수 있다. "그 일을 할 때 스스로 발전하는 것이 느껴지는가?" "그 일을 좀 더 잘할 수 있다는 생각이 드는가?" "그 일을 하는 방법을 원래부터 알고 있었다는 느낌이 드는가?" "그 일을 할 때 다른 사람이 감탄하는가?" "그 일로 자부심과 기쁨을 느끼는가?" "그 일로 돈을 받을 만하다고 생각하는가?" 이러한 질문에 대한 대답으로 '그렇다.'라고 할 수 있는 일은 자신의 강점 직업이 될 가능성이 높다.

그동안 성공했고 만족했던 경험을 돌이켜 생각해 보고, 그것을 성취할 수 있었던 이유를 찾아보면 자신의 강점을 발견할 수 있다. 사람은 긍정적인 자극보다 부정적인 자극에 훨씬 더 민감하다. 그렇기 때문에 실패한 경험을 더 잘 기억하는 경향이 있지만 성공 경험은 우리를 기분 좋게 해 줄 뿐 아니라 그 안의 보물인 강점을 찾도록 해 준다.

자신의 부족한 부분만 보면서 좌절하거나 비효율적인 에너지를 사용하지 않고 자신의 강점을 찾아내어 그것을 발휘하는 것이 삶과 직업에서 만족과 성공을 가져다준다고 해도 과언이 아니다. 자신의 강점은 무엇인가? 그것을 찾는 것이 성공의 열쇠이다.

3. 자기개발과 경력개발

자신의 능력, 적성, 특성을 이해하고, 목표 성취를 위해 자신을 관리하며 개발해 나가는 것을 자기개발이라고 한다. 이러한 자기개발은 직업에 관한 목표를 설정하고, 목표 성취를 위해 필요한 역량을 개발하는 경력개발로 이어지게 된다. 자신의 능력을 발휘하는 직업을 찾아 이를 위해 노력하는 과정인 경력개발에는 크게 보면 자기개발에 포함된다.

자기개발의 특징을 살펴보면 다음과 같다. 첫째, 자기개발의 주체는 자기 자신이다. 스스로 탐구하고, 계획하며, 실행하는 과정이다. 그렇기 때문에 자신을 이해하는 것이 자기개발의 첫걸음이 된다. 둘째, 자기개발의 방향이나 방법은 사람마다 다르다. 따라서 자신에게 적절한 자기개발 계획이나 전략을 설정할 수 있어야 한다. 셋째, 자기개발은 평생 이루어지는 과정이다. 학교를 다니거나 직장을 다닐 때에만 자기개발을 하는 것이 아니라 일생 동안 지속적으로 이루어져야 한다. 넷째, 자기개발은 일과 관련된 활동이다. 그러나 직업을 가지고 있지 않더라도 직업에 대해 탐색하고 준비하며 계획하는 과정도 일과 관련된 활동이라고 볼 수 있다. 다섯째, 실생활과 관련되어야 한다. 교육이나 훈련을 받는 것으로 그치지 않고 이를 실제 직업생활과 사회에 적용할 수 있어야 한다. 여섯째, 자기개발은 모든 사람에게 필요한 것이다. 자기개발은 개인뿐 아니라 조직, 사회에 필요한 활동이자 요구되는 활동이다.

경력(career)은 일생 동안 지속적으로 경험하는 일과 관련된 모든 것을 의미한다. 자아실현이 꼭 직업을 통해서만 이루어지는 것은 아니지만 직업을 통해 성취되는 경우가 많다. 따라서 자기개발과 경력개발은 중첩되는 측면이 많아 자아를 실현하기 위해 특정 직업을 선택하고, 또 특정 직업을 수행하면서 자아를 실현하기도 한다.

경력개발은 자기이해를 바탕으로 직업과 관련된 목표를 설정하고, 목표 성취를 위한 과정인 경력계획과 수립된 계획에 따라 이를 실행하며, 상황에 따라 수정하는 과정인 경력관리로 이루어진다. 경력개발은 취업이 되는 과정과 함께 취업 후 직업생활까지 포함된 개념으로, 결국 일생 동안 이루어지는 일과 관련된 성취과정이라고 볼 수 있다.

경력개발은 개인의 입장에서 자기개발과정 중에 이루어지는 자기인식과 변화, 직업과 관련된 전문성 향상, 고용시장에서의 가치 증대라는 의미를 가지며, 기업과 같은 조직의 입장에서는 요구되는 지식과 기술의 변화, 경영전략이나 기업환경의 변화 등에 고용인을 적응시키는 의미를 가지고 있다. 이러한 측면에서 경력개발은 빠른 속도로 변화하는 현대 사회에서 개인의 입장과 조직의 입장이 서로 맞닿는 영역에서의 변화로 볼 수 있다.

일생 동안 지속적으로 경험하는 일과 관련된 모든 것을 경력으로 보는 만큼 경력개발은 꾸준히 이루어지는 삶의 과제로 볼 수 있다. 자기개발의 방향과 계획, 목표, 과정은 경력개발로 이어지게 되므로 자기개발과 경력개발의 중요성을 인식하는 것이 매우 중요하다.

활동 1. 나의 재능

🗎 **관련 직업기초능력: 자기개발능력**

자신의 능력과 재능, 강점 등을 발견하고, 이를 직업 선택과 적응을 위해 개발하고 활용하는 능력

🗎 **목표**

1. 여덟 가지 다중지능 중 자신의 강점지능을 찾아낼 수 있다.
2. 자신의 강점지능에 적합한 직업이 무엇인지 이야기할 수 있다.
3. 강점지능의 개발방법을 설명할 수 있다.

🗎 **지시문**

"여덟 가지의 다중지능에 대해 이해했다면 자신의 강점이 되는 지능이 무엇인지를 생각해 보도록 하겠습니다. 각 지능에 대한 설명을 보고 내가 가지고 있다고 생각되는 강점지능부터 세 가지를 골라 순위를 정합니다. 강점이 되는 다중지능 세 가지를 조합하거나 이 중 두 가지를 조합했을 때 적합하다고 생각되는 직업이 무엇인지 찾아보고 적습니다. 현재 희망하고 있거나 관심 있는 직업을 하나 골라 그 직업에 해당되는 다중지능이 무엇인지를 찾아보고, 해당되는 다중지능을 좀 더 개발할 수 있는 방법을 생각해 봅시다."

🗎 **진행과정**

1. 여덟 가지 다중지능에 대한 설명글을 읽고, 다중지능에 대해 충분히 숙지하도록 한다.

2. 여덟 가지 다중지능 중 자신에게 가장 해당되는 강점지능이 무엇일지 생각
   하여 1순위, 2순위, 3순위까지 적게 한다.
3. 3순위까지의 다중지능을 세 가지 또는 두 가지로 조합했을 때 적합할 것으
   로 보이는 직업이 무엇인지 생각하여 적게 한다.
4. 현재 희망하거나 관심 있는 직업 또는 3순위까지의 다중지능이 조합되었
   을 때 적합할 것으로 생각되는 직업 중 하나를 골라 그것에 해당되는 다중
   지능이 무엇일지를 생각해 보게 하고, 그 다중지능을 개발할 수 있는 방법
   을 찾아보도록 한다.

目 마무리
1. 자신에게 해당되는 다중지능이 자신이 희망하거나 관심 있는 직업과 연관
   이 되는가?
2. 지금 다중지능의 개발을 위해 할 수 있는 일은 무엇인가?
3. 이 활동을 통해 배우거나 생각한 점은 무엇인가?

目 준비물
활동지, 필기도구

나의 재능

1. 여덟 가지의 다중지능 중 나에게 가장 해당되는 지능부터 순서를 생각하여 적어 봅시다.

다중지능 영역	설명	순위
언어지능	말과 글로써 자신의 생각과 감정을 표현하며, 다른 사람의 말과 글을 잘 이해할 수 있는 능력	
논리수학지능	수리적으로 사고하여 문제를 해결하는 능력	
공간지능	머릿속으로 그림을 그리며 생각할 수 있는 능력	
신체운동지능	기초체력을 바탕으로 하며 효율적으로 몸을 움직이고 동작을 학습할 수 있는 능력	
음악지능	노래를 부르고, 악기를 연주하며, 감상할 수 있는 능력	
내적성찰지능	자신의 생각과 감정을 알고, 자신을 돌아보며 감정을 조절할 수 있는 능력	
대인관계지능	다른 사람들과 더불어 살아가는 능력	
자연과학지능	인간과 자연이 서로 연관되어 있음을 이해하며, 자연에 대하여 관심을 가지고 탐구 및 보호할 수 있는 능력	

2. 다중지능 중 나의 재능이라고 생각되는 세 가지 지능을 적고, 세 가지(또는 두 가지) 지능이 조합되는 직업을 찾아 적어 봅시다.

순위	다중지능 영역	조합 직업
제1다중지능		
제2다중지능		
제3다중지능		

3. 현재 희망하거나 관심 있는 직업을 하나 골라 그것에 해당되는 다중지능을
　 찾고, 그 다중지능을 개발할 수 있는 방법을 생각해 봅시다.

✅ 직업:

✅ 해당되는 다중지능:

✅ 다중지능 개발방법:

활동 2. 성공 스토리에 숨은 보물

⊟ **관련 직업기초능력: 자기개발능력**

자신의 능력과 재능, 강점 등을 발견하고, 이를 직업 선택과 적응을 위해 개발하고 활용하는 능력

⊟ **목표**

1. 성공 경험을 검토함으로써 자신의 강점을 인식한다.
2. 긍정적 특징을 기반으로 하여 자신의 진로 성향을 검토한다.

⊟ **지시문**

"지금 나의 모습은 그동안의 여러 가지 경험의 영향을 받았습니다. 이러한 경험 중에서 성공했고, 좋았던 경험이 무엇인지를 생각해 봅시다. 성공이라고 해서 꼭 거창할 필요는 없습니다. 나 자신에게 성취감을 주었던 일이라면 모두 성공 경험이 될 수 있습니다. 그 성공 경험 속에 있는 여러분의 능력, 직업생활에 도움이 되는 강점을 찾아보도록 합시다."

⊟ **진행과정**

1. 지금까지의 경험 중 성공한 일이 무엇인지를 생각해 보게 한다.
2. 과거의 성공 스토리 두 가지를 찾아 적게 한다(내용: 목표, 성공 단계, 성과, 성과물 등).
3. 성공 스토리 속에서 내가 성공을 할 수 있도록 했던 나의 강점이 무엇인지를 찾아 적게 한다. 이때 본문에 나와 있는 버킹엄과 클리프턴의 서른네

　　가지의 강점, 피터슨과 셀리그먼의 VIA 분류체계 내의 6개의 미덕과 24개
　　의 성격강점을 참고하도록 한다.
4. 찾아낸 강점이 성공 요인으로 작용할 수 있는 직업에는 어떤 것이 있는지
　　생각하여 적게 한다.

🗓 마무리

1. 자신의 다중지능과 강점에는 어떠한 특징이 있는가?
2. 현재 희망하거나 관심 있는 직업과 자신의 강점이 관련되어 있는가?
3. 성공 스토리를 생각하면서 느낀 점은 무엇인가?

🗓 준비물

활동지, 필기도구

성공 스토리에 숨은 보물

1. 지금까지의 경험 중에서 다음의 내용이 담긴 성공 경험을 찾아 적어 봅시다.

- 자신이 이루고자 하는 목표가 있었다.
- 과정에서 어려움과 문제가 있었다.
- 내가 경험한 바를 자세하게 단계적으로 설명할 수 있다.
- 최종적으로 눈에 보이는 성과와 결과가 있었다.

성공 경험 스토리	찾은 나의 강점

2. 성공 스토리를 통해 찾은 강점이 발휘될 수 있는 직업에는 어떤 것이 있는지 생각해 보고 적어 봅시다.

✔ 직업: ....

....

Tip. 좀 더 알아봅시다

Q1. 다중지능을 어떻게 개발할 수 있는지 알아봅시다.

가드너가 제시한 다중지능을 개발할 수 있는 방법은 다음과 같다.

• 언어지능
  - 단어의 뜻과 어원, 이름의 유래에 관심을 가진다.
  - 수업이나 모임에서 발표할 기회를 가진다.
  - 아이디어, 생각, 정서 등을 글이나 말로 표현하기 위해 노력한다.
  - 책을 자주 읽고 읽은 후에는 글로 정리한다.

• 논리수학지능
  - 버스를 타면서 숫자를 읽거나 물건 짝짓기, 노선버스 숫자 더해 보기, 차량번호 숫자 더해 보기, 전화번호 숫자 더해 보기 등을 해 본다.
  - 생활 속에서 셈하기를 귀찮게 여기지 않고 자주 해 본다.
  - 다양한 사물이나 정보, 자료 등을 일정한 기준에 따라 분류하는 작업을 해 본다.
  - 주변에 있는 기계, 장치 등의 원리를 유심히 관찰한다.

• 공간지능
  - 색연필, 그림물감, 사인펜 등을 사용해서 아이디어, 의견, 감정을 표현하도록 노력해 본다.
  - 박물관, 미술관, 놀이공원 등에 자주 간다.
  - 장소와 건물 등의 사물과 인물을 연상시켜 기억하는 습관을 들인다.
  - 정보를 그림이나 도표로 풀어내어 다른 사람에게 자주 설명한다.

- **신체운동지능**
  - 주변 사람의 몸짓, 행동, 동작 등의 신체적 언어를 관찰하여 따라 해 본다.
  - 아이디어, 사고, 정서를 표현할 때 신체를 이용한다.
  - 자신의 스트레칭 방법을 만들어 본다.
  - 몸을 움직일 때 자신의 신체를 주의깊게 관찰하고, 신체가 어떻게 기능하는지를 살펴본다.

- **음악지능**
  - 다양한 음악을 감상한다.
  - 쉬운 악기를 한 가지 골라 배워 본다.
  - 손뼉치기나 발 구르기, 책상 두드리기, 물건 두드리기 등을 통해 소리를 만들어 본다.
  - 목소리로 자신의 느낌(공포, 만족, 분노, 괴로움, 유쾌함 등)을 표현해 본다.

- **내적성찰지능**
  - 하루 동안 일어난 일을 기록하는 일지를 쓴다.
  - 자신이 관찰자가 되어 자신의 사고, 느낌, 기분을 살펴본다.
  - 자신의 내면세계에 집중하여 기도나 묵상, 명상을 한다.
  - 자신에게 긍정적인 말을 많이 들려준다.

- **대인관계지능**
  - 다른 사람의 이야기를 경청하려고 노력한다.
  - 다른 사람을 격려하고 지원하는 여러 가지 방법(예: 표정, 몸짓, 언어적 표현)을 생각해 본다.
  - 상대방의 입장을 배려한다.
  - 먼저 다가가서 새로운 친구를 사귀어 본다.

- **자연과학지능**
  - 야외로 나가 동식물을 관찰한다.

- 관심 있는 현상에 대한 실험을 직접 해 본다.
- 꽃이나 애완동물을 기르면서 관찰해 본다.
- 자연 다큐멘터리 등의 영상물을 본다.

Q2. 나의 성격강점을 찾아봅시다.

1. VIA 분류체계에 따른 강점을 알아보기 위해 다음의 문항을 읽고 해당하는
   칸에 ✓표시를 해 봅시다.

문항	나와 매우 다르다	나와 다르다	보통 이다	나와 비슷 하다	나와 매우 비슷 하다
	1	2	3	4	5
1. 세상에 대해 호기심이 많다.					
2. 새로운 것을 경험하는 것이 좋다.					
3. 판단을 해야 하는 일에는 신중하게 생각한다.					
4. 문제를 해결할 때 새로운 방법을 생각해 본다.					
5. 좀 더 멀리, 넓게 생각한다.					
6. 힘든 일에도 쉽게 포기하지 않는다.					
7. 일단 시작한 일은 끝까지 한다.					
8. 사람들에게 솔직하게 말한다.					
9. 사람들의 마음을 잘 알아차린다.					
10. 사람들을 돕는 것을 즐긴다.					
11. 주변 사람들의 행복은 나에게 중요하다.					
12. 때로는 집단을 위해 내가 희생한다.					
13. 모든 사람을 공평하게 대한다.					
14. 사람들을 리드하는 능력이 있다.					
15. 나쁜 기분도 잘 다스린다.					
16. 후회할 말이나 행동을 하지 않는다.					
17. 스스로 자만하지 않으려고 한다.					

18. 아름다운 것을 즐긴다.					
19. 매사 감사하는 마음을 가지는 편이다.					
20. 앞날에 대해 긍정적인 태도를 가지고 있다.					
21. 삶의 방향이 뚜렷하다.					
22. 다른 사람의 잘못을 쉽게 용서하는 편이다.					
23. 잘 웃는 편이다.					
24. 하는 일에 정열적인 태도를 취한다.					

2. 다음은 VIA 분류체계에 포함된 6개의 핵심 미덕과 강점입니다. 각 강점별로 자신의 점수를 기록해 봅시다.

구분		점수(1~5점)
미덕	강점	
지혜	1. 호기심	
	2. 학구열	
	3. 개방성	
	4. 창의성	
	5. 예견력	
용기	6. 용감성	
	7. 끈기	
	8. 진실성	
인간애	9. 대인관계지능	
	10. 친절	
	11. 사랑	
정의	12. 시민의식	
	13. 공정성	
	14. 리더십	
절제	15. 자기조절	
	16. 신중성	
	17. 겸손	

	18. 심미안	
	19. 감사	
	20. 낙관성	
초월	21. 영성	
	22. 용서	
	23. 유머감각	
	24. 열정	

VIA 분류체계에 포함된 6개의 핵심 미덕과 그 하위요소인 24개의 성격강점에 대해 살펴보면 다음과 같다(권석만, 2008; Peterson & Seligman, 2004).

1) 지혜와 관련된 강점

- **호기심(curiosity)**: 일어나고 있는 모든 경험과 현상에 대해서 흥미를 느끼는 능력으로, 다양한 주제와 화제에 매혹되어 조사하고 발견하는 것을 포함한다.
- **학구열(love of learning)**: 새로운 기술, 주제, 지식을 배우고 숙달하려는 동기와 능력을 의미한다.
- **개방성(open-mindedness)**: 사물이나 현상을 다양한 측면에서 철저하게 생각하고 검토하는 능력으로, 모든 증거를 동등하게 취급하고 새로운 증거에 따라 신념을 수정하는 태도를 포함한다.
- **창의성(creativity)**: 어떤 일을 할 때 새롭고 생산적인 방식으로 생각하는 능력으로, 참신한 사고와 생산적인 행동방식을 포함한다.
- **지혜(wisdom)**: 사물이나 현상을 전체적인 관점에서 생각하고 다른 사람에게 현명한 조언을 제공해 주는 능력을 뜻한다.

2) 용기와 관련된 강점

- **용감성(bravery)**: 위협, 도전, 난관, 고통에 위축되지 않고 이를 극복하려는 능력을 의미하며, 저항이 있더라도 무엇이 옳은지 이야기하고 인기가 없을지라도 신념에 따라 행동하는 것을 포함한다.

- **끈기**(persistence): 시작한 일을 마무리하여 완성하는 능력을 말하며, 장애가 있어도 일련의 계획된 행동을 지속하거나 과업을 성취하는 과정에서 기쁨을 느끼는 것을 포함한다.
- **진실성**(authenticity): 진실을 말하고 자신을 진실한 방식으로 제시하는 능력으로, 자신을 거짓 없이 드러내고 행동이나 감정을 수용하며 책임지는 것을 포함한다.
- **활력**(vitality): 활기와 에너지를 가지고 삶과 일에 접근하는 태도를 의미하며, 생기와 생동감을 느끼고 삶을 도전적으로 사는 것을 포함한다.

3) 자애와 관련된 강점

- **사회지능**(social intelligence): 자신과 다른 사람의 동기나 감정을 잘 파악할 뿐만 아니라 다양한 사회적 상황에서 어떻게 행동하는 것이 적절한지를 잘 아는 능력을 의미한다.
- **친절성**(kindness): 다른 사람을 위해서 호의를 보이고 선한 행동을 하려는 동기와 실천력으로, 다른 사람을 돕고 보살피는 행동을 포함한다.
- **사랑**(love): 다른 사람과의 친밀한 관계를 소중하게 여기고 그러한 마음을 실천하는 능력을 뜻한다. 즉, 다른 사람을 사랑할 수 있고 다른 사람의 사랑을 받아들일 수 있는 능력을 의미한다.

4) 정의와 관련된 강점

- **시민정신**(citizenship): 자신이 속한 집단의 이익을 추구하고자 하는 책임의식으로, 사회나 조직 속에서 자신에게 주어진 임무와 역할을 인식하고, 그것에 부응하려는 태도를 뜻한다.
- **공정성**(fairness): 편향된 개인적 감정의 개입 없이 모든 사람을 동등하게 대하고, 모두에게 공평한 기회를 주는 태도를 의미한다.
- **리더십**(leadership): 집단활동을 조직화하고, 그러한 활동이 진행되는 것을 파악하여 관리하는 능력으로, 구성원을 고무시켜 좋은 관계를 창출해 내고, 사기를 진작시켜 각자의 일을 해내도록 지휘하는 것을 포함한다.

5) 절제와 관련된 강점

- **자기조절**(self-regulation): 자신의 다양한 감정, 욕구, 행동을 적절하게 잘 조절하는 능력을 말한다.
- **신중성**(prudence): 선택을 조심스럽게 함으로써 불필요한 위험을 다루지 않으며 나중에 후회할 일을 말하거나 행하지 않는 능력을 말한다.
- **겸손**(modesty): 자신이 이루어 낸 성취에 대해서 불필요하게 과장된 허세를 부리지 않는 태도를 말한다. 세인의 주목을 구하지 않는다.
- **용서**(forgiveness): 나쁜 일을 한 사람을 용서하는 능력을 말한다. 사람들에게 다시 기회를 주며 앙심을 품지 않는 것을 포함한다.

6) 초월과 관련된 강점

- **감상력**(appreciation of beauty and excellence): 삶의 다양한 영역에서 나타나는 아름다움, 수월성, 뛰어난 수행을 인식하고 평가하는 능력을 의미한다.
- **감사**(gratitude): 좋은 일을 잘 알아차리고 그에 대해 감사하는 태도를 뜻한다.
- **낙관성**(optimism): 최선의 상황을 예상하고 그것을 성취하기 위해 노력하는 태도를 의미한다.
- **영성**(spirituality): 인생의 궁극적인 목적과 의미에 대한 일관성 있는 신념을 가지고 살아가는 태도를 말한다.
- **유머감각**(humor): 웃고 장난치는 일을 좋아하며 다른 사람에게 웃음을 선사하는 능력을 말한다.

제6장

대인관계능력:
리더십과 팀워크 능력

학 습 개 요

직업인에게 공통적으로 요구되는 직업기초능력 가운데 하나
인 대인관계능력에 대해 다룬다. 직업기초능력으로서의 대인관
계능력이란 직장생활에서 협조적인 관계를 유지하고, 조직 구성
원에게 도움을 줄 수 있으며, 조직 내부 및 외부의 갈등을 원만
히 해결하고, 고객의 요구를 충족시킬 수 있는 능력을 의미한다.
이에 따라 직업기초능력으로서의 대인관계능력은 리더십, 팀워
크능력, 갈등관리능력, 협상능력, 고객서비스능력으로 구분할
수 있다. 이 중에서 리더십의 다섯 가지 유형(전제군주형, 인기
형, 무기력형, 대세부응형, 팀매니지먼트형)과 셀프 리더십, 그
리고 팀워크능력에 대해서 알아보도록 한다.

1. 대인관계능력

직장은 공동의 목표와 업무수행을 위해 구성된 사람들의 조직이다. 직장의 인적 구조는 직장의 규모나 특성에 따라 매우 다양하다. 사회에 진출하여 취업을 하게 되면 이러한 직장의 인적 구조 속에 편입되어 직장 내 인간관계에 적응해야 한다. 또한 직장은 대부분 위계적 조직이므로 상사와 부하 직원으로 구성된다. 이를 개인의 입장에서 보면 위로는 상사가 있고, 좌우로는 동료가 있으며, 아래로는 부하가 있다. 따라서 상하좌우의 모든 방위에 위치하는 사람들과 인간관계를 맺는 상황이라고 할 수 있다(권석만, 2004).

직업기초능력으로서의 대인관계능력이란 직장생활에서 협조적인 관계를 유지하고, 조직 구성원에게 도움을 줄 수 있으며, 조직 내부 및 외부의 갈등을 원만히 해결하고, 고객의 요구를 충족시킬 수 있는 능력을 의미한다(한국산업인력공단, 2012). 직업인이 조직 구성원으로서 조직 내에서 원만한 관계를 유지하면서 자신의 역할을 충실히 수행하기 위해서는 대인관계능력의 함양이 필수적이다. 이에 따라 직업기초능력으로서의 대인관계능력은 리더십, 팀워크능력, 갈등관리능력, 협상능력, 고객서비스능력으로 구분할 수 있다. 여기서는 리더십(leadership)과 팀워크능력에 대해 설명하고자 한다.

1) 리더십

사람마다 성격이 다양하듯이 조직에서도 다양한 유형의 직원 혹은 리더가 존재한다. 일 중심으로 사는 사람이 있는가 하면 인간관계를 더 중요하게 여기는 사람도 있다. 직장생활에서는 일과 인간관계가 균형을 이루는 것이 바람직하겠지만 이것은 말처럼 쉽지 않다.

블레이크(Blake)와 머튼(Mouton)은 관리자를 일과 사람에 대한 관심에 따라 다섯 가지 유형으로 분류하는 관리격자모형을 주장하였는데, 전제군주형, 인기형, 무기력형, 대세부응형, 팀매니지먼트형이 바로 그것이다(류지성, 2014). 이를 좀 더 자세하게 살펴보면 다음과 같다.

(1) 전제군주형 지도자: 과업 중심적

업적 달성과 직무에 모든 관심이 집중된 업무 지향적인 지도자 유형으로, 중요한 것은 오직 결과라는 생각으로 무장되어 있다. 전제군주형은 특히 의지력을 강조한다. 즉, 직장은 약육강식의 법칙이 적용되는 사회라는 신념에 따라 움직이기 때문에 지도자는 어떤 상황이나 상대에게도 굴복하지 않고 매사에 승리할 수 있음을 과시하고자 전력을 기울인다. 이러한 유형의 지도자는 부하 직원의 개인적인 생활이나 정서적 교류에는 별 관심이 없다. 부하 직원의 업무수행 능력과 성과에 주된 관심을 가지며 조직의 능률과 업적을 중시한다.

그러나 자신이 기대한 만큼의 성과를 거두지 못할 때도 있는데, 이때 그들이 가장 두려워하는 것은 부하 직원에 대한 통제력을 상실하고 패배자로 전락하지 않을까 하는 것이다. 따라서 전제군주형은 이러한 상황을 미연에 방지하기 위해 업적 달성에 실패할 경우에는 그 책임을 부하 직원에게 전가한다. 또한 다른 사람의 충고를 받아들이는 것을 자신의 능력 부족을 인정하는 증거라고 생각하기 때문에 타인의 충고와 조언을 받아들이지 못한다.

전제군주형이 갈등에 대처하는 태도를 보면 부하 직원과의 의견 충돌이 생길 수 없도록 사전에 손을 써 둔다. 즉, 부하 직원이 자기 수족처럼 움직이도록 사전에 후한 보상을 해 준다거나 자신의 의견에 반박하지 못하도록 공격적으로 질문하고 방어적으로 경청한다. 자기 의견에만 집착하는 전제군주형은 흑백논리로 무장해 상대방의 말문을 막아 버림으로써 상대방이 문제 제기를 하지 못하게 차단하여 갈등 상황을 끝내 버린다.

전제군주형 지도자와 일하는 부하 직원은 늘 극심한 긴장감에 시달리고 마지못해 명령에 따른다. 따라서 전제군주형 밑에서는 이른바 '예스맨'만 남거나 많은 부하 직원이 무기력형, 즉 아무 생각 없이 그저 시키는 일만 하는 사람이 된다. 이러한 조직은 리더와 부하 직원 모두 극심한 긴장감에 시달리고 신경과민증에 걸릴 가능성을 증가시킨다.

(2) 인기형(country club) 지도자: 인간 중심적

인기형은 원만한 인간관계와 동질감 느끼기를 가장 중요하게 생각하며, 수행해야 할 직무나 달성 목표보다는 사회성을 더 중시한다. 이러한 유형의 지도자는 부하 직원 개개인의 성격과 사생활에 관심이 많아 그들과 개인적인 정서교류를 나눈다. 또한 부하 직원 개개인의 성격과 업무 스타일을 존중하며 그에 따라 업무를 배정하기도 한다. 한편으로는 그 때문에 민감한 사안을 다루거나 갈등을 불러일으키는 상황, 일 때문에 압박을 당하는 상황에서는 매우 부담을 느낀다.

이들은 구성원 간의 상호협력을 통해 업무가 진행되는 방식을 가장 선호한다. 따라서 항상 회의를 하고 머리를 맞대지만, 실제로 핵심적인 주제에서는 자주 벗어나고 회사의 생산성을 향상시키는 데에도 그다지 큰 기여는 하지 못한다. 일보다는 부하 직원과 동료, 주위 사람에게서 호감을 얻고자 하는 심리가 더 크게 작용하여 핵심을 비껴갈 때가 많기 때문이다.

인기형은 부하 직원, 동료, 상사가 무엇을 생각하는지에 대해 지나칠 정도로 세심한 주의를 기울이며, 나아가 이들에게 자신이 온화하고 배려할 줄 알며, 사려 깊은 사람이라는 인상을 주고 싶어 한다.

인기형이 가장 두려워하는 것은 갈등 발생 그 자체이므로 항상 사전에 명랑한 분위기를 만들어 갈등이 생기지 않게 하려고 애를 쓰며, 반대 의견이 있어도 정면 대응을 피한다.

인기형의 부하 직원은 대부분 분위기가 좋기 때문에 이러한 관리자 밑에서 일하기를 좋아한다. 그러나 성취목표가 큰 사람은 더 이상의 발전이 없음을 깨닫고 떠나 버린다. 창조적이거나 독창적인 아이디어는 갈등을 싫어하는 분위기에서는 창출되기 어렵기 때문에 급기야는 인기형 부하 직원만 남게 된다.

(3) 무기력형 지도자: 방임적

무기력형 지도자는 매사에 의욕이 없고 무관심하며 조직에 안주하려는 성향을 가지고 있다. 이러한 지도자는 부하 직원의 업무활동에 대해 비교적 무관심하거나 그들을 지도할 자신감이 없다. 또한 부하 직원에게 자율적 권한을 지나치게 많이 부여하는 대신에 자신의 역할과 책임을 축소하는 경향이 있다. 그들은 자신의 무능이 드러내지 않기 위해 업무 처리나 인간관계에서 감정적 대립을 만들지 않으려고 노력한다. 따라서 어렵다고 느끼는 과제는 직원에게 맡기고, 자기 의견은 더 보태지도 않은 채 그대로 결재를 올린다. 상부에서 문제를 지적

하면 그 부분에 대한 개선을 다시 고스란히 직원에게 요구하고, 자신은 조용히 퇴근하면 그만이라고 생각한다. 또한 회의에는 빠지지 않지만 적극적으로 참여하기보다는 잠자코 듣는 편이다.

이처럼 무기력형은 모든 일을 부하 직원에게 맡기는 유형으로서 겉으로 보면 권한 위임인 것 같지만 실제로는 방임에 가깝다. 최소한의 의무만 지키면서 조직의 일원으로서 신분을 유지하는 것이 그의 직장생활의 목표이다.

일과 사람에 대해 전혀 관심이 없는 무기력형은 갈등이나 문제가 발생해도 그것이 자기에게만 정면으로 부딪혀 오지 않으면 결국은 자연스럽게 지나가거나 해결될 일이라는 태도를 보인다. 이들은 책임 전가에 능하며, '내일 처리하자.'라는 말로 자주 지연 작전을 쓴다.

무기력형 지도자와 함께 일하는 부하 직원은 여기 남을 것인가 아니면 떠날 것인가를 자주 고민하게 된다. 참지 못하는 부하 직원은 자신이 오히려 전제군주형이 되어 무기력형 상사를 반격하고 몰아붙이기도 하는 반면, 계속 남는 사람은 무기력형 부하 직원이 되고 만다.

(4) 대세부응형 지도자: 타협적

대세부응형은 항상 타인과 보조를 맞출 뿐 결코 나서서 일하지 않는 유형이다. 이들이 판단을 내리는 최종 기준은 다른 사람이 취한 행동에 따르는 것이다. 업무계획도 부하 직원이 수락 가능한 정도를 따져 보고 세운다. 목표를 설정한 뒤 업무 분담을 할 때에도 부하 직원이 이견 없이 받아들일 수 있는지를 거듭 점검한다.

대세부응형은 달성해야 할 목표와 인간관계를 모두 고려하지만, 최선의 대안을 찾기보다는 적당한 선에서 마무리짓는 것을 선호한다. 이 유형의 지도자는 부하 직원의 의견을 청취해 목표를 달성 가능한 선까지 낮춤으로써 목표를 달성하지 못하는 사태를 미연에 방지하고, 동시에 자신은 직원의 의견을 경청하는 사람이라는 과시효과까지 거둔다.

대세부응형은 일과 사람 모두에 대해 적당한 태도를 보이며, 갈등을 해결할 때에는 다수결의 원칙에 따른다. 또는 과거의 사례를 참조하거나 다른 부서에서는 그와 같은 문제를 어떻게 처리했는지를 살펴본다. 그리고 나서 가장 적절해 보이는 절충안을 채택한다. 따라서 그 이상의 큰 갈등은 일어나지 않는다. 일반적으로 대세부응형의 지도자는 자기와 비슷한 유형의 부하 직원을 만들어 낸다.

(5) 팀매니지먼트형 지도자: 민주형

팀매니지먼트형은 일을 통해 부하 직원을 키우는 유형이다. 상사와 부하 직원의 관계를 인격적 평등관계로 인식하며, 사람을 존중하면서도 업무의 목적에 늘 충실하다. 조직 구성원의 자발적 참여, 상호의존, 신뢰와 존중을 바탕으로 성과를 달성하려고 한다. 또한 업무목표를 달성하기 위해 전체의 관점에서 상황을 파악하고, 이를 기반으로 하여 부하 직원에게 영향력을 행사한다. 부하 직원과 함께 문제점을 이해하고, 바람직한 결과가 도출되도록 환경을 조성한다.

팀매니지먼트형은 목표를 달성하는 과정에서 팀워크를 적극 활용한다. 목표와 달성과정, 제약요인 등을 팀원과 공유하는 것이다. 의사결정과정에서 팀원의 의견을 반영하되 핵심 사안에는 반드시 직접 참여해 코치하고, 필요하다면 과감한 결단을 내린다. 팀매니지먼트형의 기본 심리는 뚜렷한 성취동기인데, 개인의 성취감은 물론 구성원 모두에게 성취감을 주는 것이 리더의 역할이라고 생각한다.

팀매니지먼트형은 갈등을 개선의 기회로 바꿀 줄 안다. 상황을 공유하고 솔직하게 의사소통할 기회로 삼는 것이다. 이들은 적절한 갈등은 오히려 창조적 아이디어를 만들어 낸다고 생각한다. 이러한 유형의 리더에 대한 부하 직원의 반응은 매우 긍정적이다. 따라서 이들 주변에는 적극적으로 참여하고 도전하는 자세로 건전한 비판을 하며 동료와의 협력에 최선을 다하는 부하 직원이 넘쳐나게 된다.

지금까지 열거한 다섯 가지 유형의 리더십의 핵심은 지도자가 어느 부분에 영향력을 행사하는지에 달려 있다. 훌륭한 리더는 무엇보다도 성취 욕구, 권력 욕구, 친화 욕구를 잘 조화시킬 줄 알아야 한다.

2) 셀프 리더십

(1) 개념

셀프 리더십(self leadership)은 스스로에게 영향을 미치는 지속적인 과정으로, 외부의 영향이 아니라 스스로 영향력을 행사하는 것을 말한다. 스스로 주인이 되는 것, 즉 자신의 정체성을 찾고 스스로 생각하며 행동하도록 하는 것이다. 다시 말해 조직 내에서 리더만이 조직원을 관리하고 통제하는 것이 아니라 구성원 모두가 스스로 자율적으로 관리하고, 조직을 이끌어 나가는 리더십을 의미한다. 그렇게 할 때 행동의 결과에 상관없이 다른 사람에게 호감을 얻고, 능력을 인정받게 되며, 더불어 스스로 행하는 즐거움도 누리게 된다.

(2) 기본 전제

세상에 대한 대응방식은 나의 바깥에 있는 세상, 나의 안에 있는 세상, 나의 선택의 상호작용 속에서 결정되는데, 어떤 상황이든 가장 영향력을 발휘하는 것은 나 자신이어야 한다. 행복한 인생을 이루기 위해 무슨 일을 어디에서, 어떻게 하는가는 자신에게 달려 있기 때문이다. 셀프 리더십의 기본 전제는 진정으로 원하는 행복을 얻기 위해서는 자신을 스스로 리드할 수 있어야 한다는 것이다. 또한 자신을 진실로 리드할 수 있는 것은 자기 자신뿐이라는 믿음을 가져야 한다.

(3) 행동전략

셀프 리더십의 행동전략으로는 자기관찰, 자기목표 설정, 단서 관리, 자기보상, 자기처벌, 예행연습 등이 있는데, 이는 다음과 같다.

- **자기관찰**: 자기 자신을 효과적으로 관리하기 위하여 자신의 행동과 그 원인, 즉 왜 그렇게 행동하는가를 관찰하여 필요한 정보를 획득하는 방법으로서 부적절한 행동, 발생 시기, 발생 이유 등을 탐색한다.
- **자기목표 설정**: 개인적 목표를 체계적이고 사려 깊게 또 의도적으로 설정함으로써 자신의 행동에 직접적이고 긍정적인 영향을 주는 방법이다. 자기목

표에는 장기적 목표와 단기적 목표가 있다.

- **단서 관리**: 자신이 할 일에 대한 기억을 촉진하고, 관심을 집중하기 위해 주변을 변화시키는 방법이다. 예를 들어, 텔레비전 시청 시간을 줄이기 위해 텔레비전을 구석진 방으로 치우거나 아예 없애 버리는 것이다.
- **자기보상**: 자신의 바람직한 행동에 의한 바람직한 결과에 대해 스스로 긍정적인 물질적 및 정신적 보상을 함으로써 차후에 있을 자신의 행동에 영향을 주는 방법이다. 자기보상에는 물질적 보상(좋아하는 물건 사 주기)과 정신적 보상(칭찬, 미소)이 있다.
- **자기처벌**: 바람직한 행동을 증가시키기보다는 바람직하지 못한 행동에 대해 벌칙을 부과하여 스스로 비윤리적이고 심리적으로 마비되지 않도록 행동을 수정하는 방법이다.
- **예행연습**: 실전에 임하기 전에 행동을 반복해 봄으로써 무엇이 문제인지를 알아내고 그것을 수정하기 위한 방법이다.

(4) 내재적 보상전략

내재적 보상이란 특정한 일의 결과에 대해서뿐 아니라 일의 과정 속에서 자연적으로 주어지거나 인식되는 무형적인 대가를 말한다. 즐거움, 성취감, 동기유발 등이 이에 해당한다. 한편, 외재적 보상이란 특정한 일의 결과에 대해 동기부여 차원에서 주어지는 유형적인 대가를 말한다. 칭찬, 상, 급여 인상, 휴가, 승진, 보너스 등이 이에 해당한다.

셀프 리더십의 내재적 보상을 내면화하기 위해서는 다음과 같은 방법이 필요하다. 첫째, 현재 하고 있는 활동을 좋아하는 것과 좋아하지 않는 것으로 구분해 본다. 둘째, 그중에서 좋아하지 않는 활동을 유쾌하고 내재적 보상을 줄 수 있는 장소 또는 환경을 찾거나 조성하여 그 속에서 수행하려고 노력한다. 셋째, 스스로 즐길 수 있는 활동도 유쾌하고 내재적 보상을 줄 수 있는 장소 또는 환경에서 수행하려고 노력한다.

(5) 사고전략

셀프 리더십을 함양하기 위해서는 자신의 사고 속에 건설적이고 효과적인 습관이나 패턴을 확립하는 것이 필요하다. 즉, 부정적인 사고가 아닌 긍정적인 사고를 추구하는 것이다.

건설적인 사고유형은 다음과 같은 요소를 관리함으로써 얻을 수 있다. 첫째, 해야 할 일을 더 잘 수행할 수 있다고 스스로에게 확신을 주어 긍정적인 결과가 나오도록 하는 자신과의 대화를 수행해야 한다. 둘째, 극단적인 사고나 지나친 일반화 등 왜곡된 사고를 수정할 수 있는 신념을 지니고 있어야 한다. 셋째, 어떤 행동을 하기 전에 항상 긍정적인 결과를 의도적으로 상상하는 상상적 경험이 필요하다.

2. 팀워크능력

현대 사회와 같이 경쟁이 치열한 환경에서 팀과 팀워크를 강조하고 지속하는 일은 매우 중요하다. 실제로 조직이 생존에 급급할지 또는 여유롭게 번영을 구가할 것인지는 팀을 효과적으로 운영하는 데 달려 있다. 이때 모든 구성원이 조직의 주인으로서 사고하고 결정을 내리는 것은 매우 중요하다. 따라서 팀원 각자는 자신을 유용한 자원이라고 인식하고, 고품질의 팀을 창조하기 위해 팀워크능력(teamwork ability)을 향상시키는 것이 필수적이다.

1) 집단과 팀의 중요 개념

작업 집단(work group)은 상호작용을 통해 상호연관된 과업목표를 공유하는 둘 또는 그 이상의 개인의 집합이다. 여기서 상호작용과 상호연관성은 집단과 단순한 사람들의 집합을 구분해 준다. 반면에 작업 팀(work team)은 작업 집단의 한 유형이지만 개개인의 행동이 상호의존적이면서 서로 조화를 이루어야 하고, 각 구성원은 특별하고 정해진 역할을 맡아야 하며, 공통의 과업목표와 목적이 있어야 한다.

이러한 집단과 팀의 구분은 중요한데, 모든 팀은 집단이지만 모든 집단이 팀은 아니기 때문이다. 집단은 함께 일하는 사람들로 구성되지만 다른 사람이 없어도 직무를 수행할 수 있다. 하지만 팀은 팀 구성원의 직무를 다른 구성원이 수행할 수 없거나, 수행하더라도 효과적이지 않다.

여기서는 집단과 팀의 중요 개념으로서 집단과 팀이 어떻게 작용하는지를 이해하는 데 도움이 되는 집단의 중요한 측면(역할, 규범, 집단 응집력), 작업 집단과 팀 구성원이 직무 수행에 매진하지 못하도록 하는 과정 손실, 그리고 팀의 중요한 특성이지만 집단에서는 중요하지 않은 팀 몰입에 대해서 설명하고자 한다 (Spector, 2010).

(1) 역할

역할(role)은 집단이나 팀의 구성원 모두가 각각의 기능이나 목적을 가지고 있음을 시사한다. 팀은 각 구성원의 역할이 명확하게 정의되어 있고, 모든 팀 구성원이 자신의 역할을 정확하게 알고 있을수록 잘 운영된다.

- **공식적 역할**(formal role): 조직이 구체적으로 정하는 것이며, 공식적으로 직무 기술서에 진술되어 있다. 역할을 정의하는 조직 문서로는 직무 기술서와 직무 분석집 등이 있다.
- **비공식적 역할**(informal role): 조직의 공식적 내규와 규정보다는 집단의 상호 작용에 의해 발생하는 것으로, 집단은 공식적으로 존재하지 않는 역할을 만들어 낼 수 있다. 이러한 집단의 비공식적 역할은 공식적 역할을 대체할 수 있다.

(2) 규범

규범(norm)은 작업 집단 구성원이 받아들이는 불문율이기 때문에 개인의 행동에 강력한 영향력을 발휘할 수 있다. 일반적으로 조직 구성원은 좋은 평가를 받기 위해 규범을 따라야 하며, 규범을 위반한 사람에게는 압력이 가해진다.

작업 집단은 흔히 각 구성원이 생산해야 할 양을 지정하는 생산 규범을 채택한다. 이로 인해 너무 열심히 일하는 종업원이나 열심히 일하지 않는 종업원은 집단 규범을 따르라는 압력을 받을 것이다. 또한 작업 집단 규범은 감독자나 조직의 관례보다 구성원의 행동에 더 큰 영향을 미칠 수 있기 때문에 규범의 방향을 적절하게 설정하면 생산성을 향상시킬 수 있는 유용한 수단이 될 것이다.

(3) 집단 응집력

집단 응집력(group cohesiveness)은 집단 구성원 간의 친밀도를 나타내는 개념으로서 집단의 공동목표를 추구함에 있어 하나의 단일체로서 '우리'라고 생각하고 행동할 수 있는 집단의 힘이며, 집단 구성원으로서의 자긍심과 집단에 대한 애착심의 정도를 나타내는 개념이다. 집단의 응집력이 높으려면 대부분의 구성원이 집단에 남고자 하는 강한 동기를 가져야 한다. 높은 수준의 집단 응집력은 집단행동에 중요한 함의를 가진다. 대부분의 사람은 경제적 생존을 위해서 직업에 의존하고 있기 때문에 작업 집단은 가족만큼 중요한 가치가 있다. 따라서 집단의 안녕을 위협하는 사항은 심각하게 받아들인다.

응집력 있는 집단은 집단 규범이 강력히 시행된다. 작업 집단은 높은 생산성 규범이나 낮은 생산성 규범을 채택할 수 있는데, 높은 응집력은 높은 수행과 관련이 있다.

(4) 과정 손실

과정 손실(process loss)은 생산이나 과업 성과와 직접적으로 관련이 없는 활동에 소비되는 모든 시간과 노력을 의미한다. 집단 구성원이 들이는 대부분의 시간과 노력은 개인의 수행을 통해 조직의 목적 달성에 기여한다. 그러나 많은 노력이 직무 수행과 거의 관련이 없는 집단 기능에 소모되기도 한다. 예를 들어, 집단 구성원끼리 식사를 하거나 대화를 하는 등의 사교활동은 직무 수행과 관련이 없을 수 있으나, 집단 응집력을 높이고 효율적인 집단 운영에 도움이 될 수 있다.

유지활동에 들이는 시간은 집단에 따라 매우 다양한데, 어떤 집단은 규범 위반자와 대인관계 문제로 엄청나게 많은 시간과 에너지를 낭비하는 한편, 어떤 집단은 마찰과 내부 불화가 거의 없어 매끄럽게 운영된다. 과정 손실은 집단에서 종종 발생하는 비효율성과 많은 관련이 있으나 일부분은 필요하고, 집단이 미래에 더 나은 수행을 하는 데 도움이 될 수 있다.

(5) 팀 몰입

팀 몰입(team commitment)은 개인이 팀에 관여하는 정도의 크기이며, 팀 목표의 수용, 팀을 위하여 열심히 일하려는 의지, 팀에 남아 있기를 바라는 마음 등으로 구성된다. 그러므로 팀 몰입이 높으면 팀 수행 역시 높고, 이직률이 낮으며, 팀 만족은 높을 것이라고 기대할 수 있다.

팀 몰입은 집단 응집력과 매우 유사해 보이지만 그보다 더 포괄적인 개념이다. 집단 응집력은 개인이 집단에 끌리는 정도를 의미하지만, 팀 몰입은 팀 목표의 수용과 팀원으로서 열심히 일하려는 의지까지 포함한다.

2) 집단수행

많은 과업에서 집단수행(group performance)이 개인수행(individual performance)보다 더 우수하다는 믿음이 널리 퍼져 있다. 이러한 믿음은 사람들이 상호작용하면서 집단이 집단 구성원의 합 이상으로 효과를 낼 수 있다는 생각에 바탕을 둔 것이다. 여기서는 집단수행을 타인 존재하의 수행, 가법적 과업에서 집단수행과 개인수행의 비교, 브레인스토밍, 집단 문제해결 및 집단 의사결정으로 나누어 설명하고자 한다.

(1) 타인 존재하의 수행

과업 수행은 타인의 존재에 영향을 받는다. 자이언스(Zajonc, 1965)의 연구결과에 의하면 과업이 단순하거나 잘 숙련되어 있을 때에는 타인이 유발한 각성으로 인해 수행이 향상되지만(사회 촉진 효과) 과업이 복잡하거나 수행자에게 생소한 것일 때에는 타인이 유발한 각성으로 인해 수행이 감소된다(사회 억제 효과).

(2) 가법적 과업에서 집단수행과 개인수행의 비교

가법적 과업(additive task) 수행에 미치는 집단의 영향을 살펴보면 다음과 같다. 집단 구성원이 서로의 과업 수행을 방해하거나 당장의 과업 수행보다는 집단 유지활동에 시간과 노력을 더 소비할 수도 있다. 이를 과정 손실의 가능성이라고 한다. 그리고 사람은 혼자 있을 때 하는 것만큼 집단에서는 많은 노력을 들이지 않는다. 집단이 커질수록 개인의 노력은 점차 감소하게 되는데, 이를 사회적 태만(social loafing)이라고 한다.

(3) 브레인스토밍

브레인스토밍(brainstorming)은 아이디어 제안과 같은 과업에서 수행을 향상시키기 위한 집단 활용 기술이다. 집단은 어떤 식의 비판이나 판단을 배제하고, 아이디어를 내라는 지시를 받으며, 브레인스토밍 후에 아이디어가 평가되고 수정된다. 특히 컴퓨터를 활용한 전자 브레인스토밍은 아이디어를 창출할 때 수행을 향상시키는 것으로 나타났다.

(4) 집단 문제해결

문제해결(problem solving) 과업에는 수수께끼를 푸는 것처럼 주어진 상황에 대한 해결책을 찾아내는 것이 포함된다. 정답이 하나인 문제가 있을 수도 있고, 타당한 해결책이 여러 가지인 문제가 있을 수도 있다. 전자의 경우에는 정답을 찾아내는 시간으로 수행을 평가하고, 후자의 경우에는 적절한 답을 찾아내는 시간으로 수행을 평가한다.

(5) 집단 의사결정

조직 내의 집단은 비교적 덜 중요한 사항에서 수천 명의 생활과 안녕이 걸린 중요한 사항에 이르기까지 다양한 의사결정을 한다. 조직은 중요한 결정을 개인 관리자가 하는가, 집단이 하는가에 따라 매우 다양하게 분류된다. 그러나 가장 독단적인 조직에서도 집단 혹은 위원회의 자문을 구한 다음 개인이 결정을 내리는 경우가 일반적이다.

집단 의사결정에는 집단 극화와 집단 사고가 있다. 집단 극화(group polarization)는 집단 평균에서 벗어나 편향되는 행위로, 집단이 개인의 평균보다 더 극단적이 되는 것을 의미한다. 반면에 집단 사고(group think)는 개별 구성원의 의견으로는 좋지 않다고 생각하는 결정을 집단이 선택할 때 나타나는 현상이다.

3) 집단 내 다양성

팀워크에 대한 의존이 증가하면서 집단 내 다양성은 조직의 중요한 문제가 되었다. 다양성, 즉 사람 간의 차이는 인지적 유형과 인구학적 유형으로 나눌 수 있다. 여기서 인지적 다양성은 지식, 기술 및 가치의 다양성을 말하고, 인구학적 다양성은 연령, 성별, 인종 등 좀 더 가시적인 특성에서의 다양성을 말한다. 다양성에서 중요한 문제는 작업 집단 내의 다양성이 구성원의 수행과 반응에 미치는 영향이다.

조직의 맥락 또한 다양성에서 중요하다. 다양성이 큰 집단은 동료와의 협력이 필요한 직무에서는 최고의 수행을 보였고, 독립적으로 할 수 있는 직무에서는 최악의 수행을 보였다. 또한 팀원의 직무가 독립적이거나 그들의 목표가 상호연결되어 있지 않으면 서로 잘 지낼 이유가 없기에 다양성이 부정적 효과를 나타내었다. 다른 사람과 함께 일을 해내야만 할 때 다양성의 부정적인 영향은 사라지고 직무 수행과 직무 만족 모두에서 긍정적인 효과가 나타날 것이다.

4) 조직 내 작업 집단에 대한 개입

대부분의 조직은 상호연관된 작업 집단의 연결망으로 구성된다. 조직이 효과적으로 기능하기 위해서는 개인이 자신이 속한 집단에서 자신의 노력을 잘 통합하여야 하며, 집단은 집단 간의 노력을 잘 통합해야만 한다. 여기서는 집단의 기능을 향상시키는 세 가지 기법, 즉 자율적 작업 팀, 품질관리 분임조, 그리고 팀 구축(Spector, 2010)에 대해 설명하고자 한다.

(1) 자율적 작업 팀

자율적 작업 팀(autonomous work team)은 소규모의 팀이 생산품 전체를 조립하는 대안적 편제이다. 이 대안적 체제에서의 생산품 조립에는 팀 구성원만의 통합이 필요하므로 감독에 비교적 적은 자원이 소요된다. 팀은 스스로를 자체적으로 관리하므로 감독자가 거의 필요 없게 된다.

자율적 작업 팀이 운영되는 세부적인 방법은 조직마다 다양하지만 이것이 모든 상황에 적합한 방식은 아니다. 즉, 자율적 작업 팀에 소속된다는 것은 곧 다수의 개인적 자율을 포기한다는 의미이기 때문에 자율적 작업 팀은 과업을 완수하는 데 구성원의 상호의존적인 노력이 많이 필요한 과업에 적합할 것이다.

(2) 품질관리 분임조

품질관리 분임조(quality circles)는 직무와 관련된 문제를 논의하고 해결책을 제안하기 위해 정기적으로 모이는 종업원 집단을 말한다. 대개 분임조 집단은 제조회사에서 유사한 직무를 가진 사람으로 구성된다. 분임조 집단은 생산품의 품질과 생산 효율성 중심으로 논의를 한다.

(3) 팀 구축

팀 구축(team building)은 작업 집단이나 작업 팀 운영에서의 다양한 국면을 개선하기 위해 고안된 많은 활동을 의미한다. 과업 지향적인 팀 구축에서는 팀 구성원이 팀 과업을 완수하는 능력이 향상되도록 하는 활동을 한다. 대인관계 지향적인 팀 구축에서는 팀 구성원이 의사소통과 상호작용을 잘하도록 돕는 것에 관심을 둔다.

팀 구축을 하는 데 있어 중요한 사항은 다음과 같다. 첫째, 팀 구축은 계획된 활동으로서, 특정 목적을 달성하기 위해 고안된 하나 이상의 훈련과 경험을 하도록 구성된다. 둘째, 팀 구축은 보통 현재 조직에서 시행하고 있는 특정 유형의 팀 구축 전문가인 컨설턴트나 트레이너가 운영하거나 촉진자 역할을 한다. 트레이너는 팀이 스스로 팀 구축을 운영하기 어렵기 때문에 팀 구축의 필수적인 부분이다. 셋째, 팀 구축은 대개 현존하는 작업 팀에서 시행한다. 사람들은 작업 팀 내에서 자신의 개인적 팀 기술을 향상시키기 위해 팀 구축으로 훈련을 받는다.

활동 1. 셀프 리더십의 적용

日 관련 직업기초능력: 대인관계능력

업무를 수행함에 있어 다른 사람을 이끌고, 다양한 배경을 가진 사람들과 함께 업무를 수행하는 능력

日 목표

성취 경험과 내재적 보상을 주었던 순간을 떠올려 봄으로써 자신만의 고유성과 독특성을 확인할 수 있다.

日 지시문

"다음을 읽어 보시기 바랍니다."

세 사람의 장인이 나란히 앉아 같은 도구를 사용하여 똑같은 물건을 만들고 있었다. 첫 번째 사람은 햇볕이 너무 뜨겁고 도구도 낡아서 팔이 몹시 아프다고 생각하였다. 그는 눈살을 찌푸리고는 툴툴거리면서 일을 하고 있었다.

두 번째 사람은 월급날 받을 급여와 그의 솜씨를 칭찬받을 일, 그리고 언젠가 승진할 것을 생각하며 일을 하고 있었다. 그는 자신의 일에 대해 생각하기보다는 오로지 더 나은 미래에 대해서만 생각하고 있었다.

세 번째 사람은 그가 들이마시는 신선하고 깨끗한 공기와 도구를 사용할 때마다 느껴지는 팔의 힘, 그리고 자신의 손으로 만들고 있는 정교한 모양새에 감탄하며 일을 하고 있었다. 그는 전혀 일을 하고 있는 것이 아니었기

때문에 얼굴에 웃음이 가득하였다.

目 **진행과정**

1. 활동지를 나누어 주고 각자 작성하도록 한다.
2. 작성한 내용을 바탕으로 자신의 생각과 느낌을 한 사람씩 이야기하도록 한다.
3. 생각과 느낌이 어떻게 연결되어 있는지 이야기하고, 다른 구성원과 의견을 나누게 한다.

目 **마무리**

1. 자신의 당당한 순간과 자기와의 대화는 어떤 모습인가?
2. 다른 구성원의 이야기를 들은 소감은 어떠한가?
3. 이 활동에서 새로이 알게 된 사실은 무엇인가? 느낀 점은 무엇인가?

目 **준비물**

활동지, 필기도구

셀프 리더십의 적용

1. 제1단계: 첫걸음

자신이 지금까지 살아온 과정을 생각하면서 중요하다고 생각되는 경험의 목록을 구체적으로 만들어 봅시다. 연도별로 자신의 인생과정을 천천히 살펴보고, 그중에서 '당당한 순간'이라고 생각되는 것을 찾아봅시다.

- 당당했던 순간을 다섯 가지만 떠올려 봅시다. 그리고 그 내용을 간략히 빈칸에 기록해 봅시다.

---

2. 제2단계: 등정

제1단계의 '당당한 순간'을 떠올려 봅시다. 가능한 한 생생하게 경험을 회상해 보고, 그 경험을 상세하게 그릴 수 있도록 노력해 봅시다.

- '당당한 순간'을 경험했을 때 당신이 사용한 기술은 무엇입니까(예: 육체적 혹은 정신적 활동, 대화하기, 도와주기, 편지 쓰기)?

- '당당한 순간'을 경험하도록 이끌어 준 것은 무엇이며, 주변 환경은 어떠했

습니까(예: 중요하거나 도전적인 행동, 팀워크를 이루었던 일)?

----

3. 제3단계: 전망 감상

세상에 대한 대응방식이 나의 바깥에 있는 세상, 나의 학교생활 혹은 개인적
삶에서 어떤 좋지 않은 문제를 가지고 있다면, 지금 스스로 좋지 않은 문제를 계
속 염두에 두고 그 방향으로 생각하고 있지는 않은지를 생각해 봅시다.

예를 들어, 당신 자신에게 다음(부정적인 자기와의 대화의 예)과 같이 말한 적이
있다면, 당신은 당신의 에너지와 자기확신을 갉아먹게 되고 결국 당신이 추구하
고자 하는 목적의 달성을 방해하게 될 것입니다.

부정적인 자기와의 대화는 결국 부정적인 결과를 낳을 가능성이 큽니다.

부정적인 자기와의 대화의 예
• 난 재주가 없어! • 그 애는 날 별로 좋아하지 않아. • 난 도무지 체계나 논리라는 게 없는 것 같아. • 우울한 월요일이군. • 여러 사람과 같이 일하는 게 정말 싫어. • 내가 조금만 더 똑똑했더라면 정말 잘할 수 있을 텐데……. • 시간이 조금만 더 있다면……. • 돈이 조금만 더 있다면……. • 나는 절대로 다른 학생보다 잘하지 못할 거야. • 오늘은 정말 재수 없는 날이야.

• '자기와의 대화' 연습
  - 지금 막 시작했거나 시작하려고 생각 중인 활동 목록을 작성해 봅시다.
    시작할 때, 혹은 시작에 실패했을 때 자신에게 어떤 말을 하였습니까?
  - 자신에게 기분 나쁘게 들린 말을 생각해 봅시다. 그때 자신에게 무슨 말

을 하였습니까?

– 최근에 누군가에게 받은 칭찬은 무엇이었습니까? 그러한 칭찬을 받을 때, 그리고 그 후에 자신에게 어떤 말을 하였습니까?

• 부정적인 자기와의 대화를 긍정적인 자기와의 대화로 변경하기

예시 1) 난 여러 사람과 함께 일하는 것이 싫어.

→ 이것이 내게는 새로운 경험이며, 만일 내가 협력하고자 한다면 나 혼자 하는 것보다 더 나은 결과를 얻게 될 거야. 그리고 서로를 알게 된다면 재미있을 거야.

예시 2) 이 면접이 몹시 신경 쓰여. 나는 다른 응시자만큼 자격이 안 되는 것 같아.

→ 난 이 면접에 준비가 다 되어 있어. 내 할 일을 다 마쳤으니까. 이 회사는 내 능력을 원하고 있어.

예시 3) 그녀는 나를 만나 주지도 않을 거야. 그녀는 내게 관심이 없어. 왜 데이트 신청을 해서 그녀를 괴롭혔을까?

→ 기회를 잡자! 내가 그녀에게 만나 달라고 하지 않으면 그녀가 나를 좋아하는지 싫어하는지 알 수가 없잖아? 일단 나를 알게 되면 그녀는 나를 좋아하게 될 거야!

예시 4) 나는 절대로 살을 뺄 수 없을 거야.

→ 나는 살을 뺄 수 있어. 확신과 의지력이 많이 요구되겠지만 일주일에 최소한 1kg은 줄일 수 있어.

• 자신이 주로 사용하는 부정적인 자기와의 대화를 찾아 그것을 긍정적인 대화로 바꾸어 봅시다.

적용 1)

→

적용 2)

→

적용 3)

→

활동 2. 팀워크능력

日 **관련 직업기초능력: 대인관계능력**

업무를 수행함에 있어 다른 사람을 이끌고, 다양한 배경을 가진 사람들과 함께 업무를 수행하는 능력

日 **목표**

팀워크능력이 극대화될 때 성과도 극대화될 수 있다는 것을 이해하고, 팀워크능력의 의미를 검토한다.

日 **지시문**

"여러분은 팀다운 팀이 경기하는 모습을 지켜본 적이 있습니까? 이는 단순히 화려한 경기를 펼치는 팀을 말하는 것이 아닙니다. 팀다운 팀이란 각자 적합한 포지션을 배정받은 선수들이 서로 호흡을 맞춰 노력한 결과 계속해서 승리하는 진정한 팀을 말합니다. 이것을 우리는 흔히 팀워크가 좋다고 표현합니다. 그렇다면 팀워크란 무엇인지에 대해 생각해 봅시다."

日 **진행과정**

1. 활동지를 나누어 주고 각자 작성하도록 한다.
2. 작성한 내용을 바탕으로 자신의 생각과 느낌을 한 사람씩 이야기하도록 한다.
3. 생각과 느낌이 어떻게 연결되어 있는지 이야기하고, 다른 구성원과 의견을 나누게 한다.

日 마무리

1. 현재 나의 팀워크에 대한 생각과 느낌은 어떠한가?

2. 다른 구성원의 이야기를 들은 소감은 어떠한가?

3. 이 활동에서 새로이 알게 된 사실은 무엇인가? 느낀 점은 무엇인가?

日 준비물

활동지, 필기도구

팀워크능력

생각해 보기: 조정 경기에서의 팀워크

무릇 모든 경기 종목이 그렇지만 조정 경기도 동일한 규칙에 의해 승패를 가리는 게임이다. 조정만큼 팀원의 협동심이 강조되는 종목은 없을 듯하다. 조정은 팀원이 조타수를 전적으로 믿고, 조타수의 지시 아래 일사불란하게 움직여야만 소기의 목적을 이룰 수 있다.

경기하는 중에는 모든 팀원이 힘들고 지치기 마련이다. 이처럼 어려운 상황에 처해 있을 때 팀원 중 1명이라도 노를 움직이지 않으면 다른 팀원이 더 열심히 노를 저어야 한다. 그렇지 않으면 배는 이리저리 방황하게 된다.

조직에서도 조직 구성원 간의 팀워크가 무엇보다도 강조된다. 리더는 조타수와 같이 팀워크와 체력을 안배해서 목표를 결정해야 하고, 팀원은 목표 지점인 결승점에 도달하기 위해 리더의 지시에 충실히 따라야 능력을 배가할 수 있다.

우리는 혼자서 하기 어려운 일을 합심해서 성취한 성공사례를 주위에서 종종 본다. 성공사례의 면면을 들여다보면 팀원 간에 협동심과 희생정신이 바탕을 이루어 시너지 효과를 나타낸 경우가 대부분이다. 다시 말해 팀워크는 목표 달성을 위한 지름길이다.

1. 팀워크란 무엇인지에 대해서 각자의 생각을 적어 봅시다.

---

2. 우리는 흔히 팀워크를 응집력이라고 표현하기도 합니다. 그렇다면 팀워크와 응집력은 같은 것일까요, 아니면 다른 것일까요? 팀워크와 응집력의 차이에 대해서 각자의 생각을 적어 봅시다.

팀워크	응집력

제7장

대인관계능력:
Win-Win 갈등관리

학 습 개 요

　진로설계과정에서 예비 직장인으로서 갖추어야 할 대인관계
능력과 그 중요성에 대해 살펴본다. 대인관계능력 중 우리가 살
아가면서 피할 수 없이 만나야 하는 갈등 상황에 대해 보다 집중
적으로 살펴보고자 한다. 갈등의 유발요인과 기능, 유형에 대해
전반적으로 알아보고, 특히 서로에게 이득이 되는 Win-Win 갈
등관리 전략의 방법에 대해 검토한다. 또한 Win-Win 갈등관리
의 사례를 통해 적용과 실습을 해 보고, 이것을 자신의 갈등 상
황에 적용할 수 있도록 한다.

1. 대인관계능력은 왜 필요한가

인간이 혼자서 살아갈 수 없는 사회적 존재임은 누구나 다 알고 있는 사실인 만큼 우리의 삶에서 대인관계는 떼어 놓고 생각할 수 없다. 우리는 성장하면서 크고 작은 집단에 소속되고, 그 집단의 구성원과 얼마나 관계를 잘 맺고 지내느냐가 우리의 심리적 안녕에 큰 영향을 미친다. 이러한 사회적 관계 안에서 우리는 울고, 웃고, 위로받고, 상실감을 느끼기도 한다. 또한 이러한 대인관계는 우리가 속한 사회의 적응에도 영향을 준다.

대학에 갓 입학한 신입생이었을 때를 떠올려 보자. 낯선 환경과 낯선 사람들 속에 어색하고 긴장된 느낌으로 교실에 앉아 있었을 것이다. 점심시간에는 누구와 밥을 먹어야 하나, 혼자 먹어야 하나 고민했을 것이며, 누구라도 말을 걸어 함께 밥을 먹자고 청해 오면 안도하며 반가운 마음으로 응하였을 것이다. 그리고 다음날 학교에 갈 때 어제 함께 밥을 먹은 친구와 오늘도 함께 식사를 할 생각으로 학교 가는 발걸음이 가벼웠을 것이다. 이처럼 관계는 우리에게 심리적 안도감과 든든함을 주고 학교라는 낯선 환경에 보다 잘 적응하도록 돕는다.

사회심리발달이론가인 에릭슨(Erikson)은 사회적 상호작용 안에서 심리발달이 이루어진다고 보았다. 특히 성인 초기에 해당하는 대학생 시기는 '친밀성 대 고립(intimacy vs isolation)'의 단계로, 동료, 이성, 직장 등의 관계 내에서 친밀감을 형성하는 발달과업을 달성하는 시기로 보았다. 대인관계는 중요하지만, 특히 대학생에게 더욱 집중해야 할 과제라고 말했다. 청소년기에 형성한 자신의 정체감과 타인의 정체감을 융합시키는 능력을 친밀감이라고 하며, 이는 대인관계에 있어 매우 중요한 기능이라고 볼 수 있다. 친밀한 관계란 타인을 이해하고 깊이 공감을 나누는 수용력에서 발달한다. 만약 친밀감을 형성할 수 없거나 혹은 친밀함이 두렵다면 고립감과 자기몰두에 빠지게 되며, 친밀한 관계를 유지하는 능력을 개발하지 못하면 고립감이나 공허감 등의 심리적 혼란을 경험하게 된다(Erikson, 1963). 친밀한 관계는 상호신뢰와 애정을 바탕으로 해서 '우리'라는 상호의존성을 발달시킨다. 이러한 친밀감 형성은 대인관계에도 밀접한 관련이 있고, 또 다른 자신의 인생을 꾸려 가야 하는 예비 사회인으로서 사회 안에서 잘 적응하고 행복한 삶을 영위하기 위해 매우 중요하다.

욕구위계이론으로 유명한 매슬로(Maslow, 1968)는 인간은 생존을 위해 충족해야 할 생리적 욕구와 안전에 대한 욕구 다음으로 타인과 애정, 사랑, 소속감을 공유하는 사회적 욕구가 충족되어야 한다고 보았다. 이는 사회 안에서 생존하기 위해서는 소속, 사랑, 애정의 욕구가 매우 중요함을 시사한다. 바우마이스터(Baumeister)와 리어리(Leary)는 인간은 타인과 자주 긍정적 정서를 유발하는 상호작용을 바라기 때문에 자연스럽게 관계를 형성하고 유지하고자 한다고 보았으며, 서먼(Thurman)도 인간의 상호의존성을 강조하면서 인간을 다른 사람과의 관계를 떠나서는 잠시도 살아갈 수 없는 존재로 보았다(임은미, 김은주, 2011에서 재인용). 따라서 건강하고 원만한 대인관계를 형성 및 유지하는 것은 개인이 사회적 기능을 수행하고 행복한 삶을 살아가는 데 필수적이라고 할 수 있다.

본격적으로 직업을 갖기 위해 취업준비를 하는 대학생에게 대인관계능력은 특히 중요하다. 직업에서 요구하는 기초능력의 하위요인에 대인관계능력이 포함되며, 이는 직장 내 부서 및 조직의 팀워크와 조직 내에서 리더십 발휘, 갈등 상황에서의 협상, 갈등관리능력, 고객 서비스 측면에서 매우 중요한 요인으로 꼽고 있다. 이처럼 대인관계능력은 개인의 심리발달 측면뿐만 아니라 사회조직에서도 매우 중요한 기능이며, 대학생에게는 이러한 능력을 함양하기 위한 노력이 필요하다.

2. 직업기초능력으로서의 대인관계능력

진로준비와 성공적인 취업에 이르려면 직업이 요구하는 역량이 무엇인지를 제대로 이해하고 준비하는 것이 중요하다. 또한 자신의 역량이 사회나 기업에서 요구하는 기대 수준에 어느 정도 도달해 있는지를 스스로 분석하고, 인식하며, 적극적인 전략을 세울 수 있어야 한다. 취업준비와 진로설계 중인 초기 성인에게 필요한 대인관계능력은 다음과 같이 정의할 수 있다.

"대인관계능력이란 직장생활에서 협조적인 관계를 유지하고, 조직 구성원에게 도움을 줄 수 있으며, 조직 내부 및 외부의 갈등을 원만히 해결하고, 고객의 요구를 충족시킬 수 있는 능력이다." (국가직무능력표준, www.ncs.go.kr)

대인관계능력의 하위요인은 다섯 가지(팀워크능력, 리더십능력, 갈등관리능력, 협상능력, 고객서비스능력)로 구분되며, 그 내용은 〈표 7-1〉과 같다.

표 7-1　대인관계능력의 하위요인

대인관계능력 업무를 수행함에 있어 접촉하게 되는 사람들과 문제를 일으키지 않고 원만하게 지내는 능력	
팀워크능력	팀 구성원으로서 조직 구성원과 목표를 공유하고, 원만한 관계를 유지하면서 자신의 역할을 이해하고, 책임감 있게 업무를 수행하는 능력
리더십능력	팀 구성원의 업무 향상에 도움을 주고, 동기화시킬 수 있으며, 팀의 목표 및 비전을 제시할 수 있는 능력
갈등관리능력	직장생활에서 팀 구성원 사이에 갈등이 발생하였을 때 이를 원만히 조절하는 능력
협상능력	직장생활에서 협상 가능한 목표를 세우고, 상황에 맞는 협상전략을 선택하여 다른 사람과 협상하는 능력
고객서비스능력	직장생활에서 다양한 고객의 요구를 파악하고, 대응법을 마련하여 고객에게 양질의 서비스를 제공하는 능력

출처: 국가직무능력표준(www.ncs.go.kr).

3. 갈등관리능력

대인관계능력의 하위요인 중 팀워크, 리더십, 협상, 고객 서비스가 조직의 역량 강화 및 활성화를 위한 요인이라면, 갈등관리능력은 문제해결능력으로 대인관계에서 피할 수 없는 갈등을 원만히 조절하여 관계를 향상시키는 데 도움이 되는 능력이다. 갈등은 조직에 적응하는 데 영향을 미치고, 갈등이 심화되면 목표 달성이 어려울 뿐만 아니라 조직이 와해되기도 한다. 이처럼 갈등을 인식하고 분석하여 유형화하고, 해결을 위한 다양한 전략을 사용할 수 있는 능력의 함양은 집단 또는 조직에 소속되어 있는 개인에게 상대적으로 중요하다고 볼 수 있다. 다음에서는 갈등의 유발요인, 기능, 유형에 대해 살펴보기로 하자.

1) 갈등의 유발요인

대인관계에서 갈등의 유발요인으로는 여러 가지가 있는데, 개인의 성격 차이와 같은 주관적·심리적 요인도 있고, 조직이나 개인 간 목표, 가치관, 역할, 기능, 의사소통의 차이가 갈등을 야기하기도 한다. 또한 한정된 자원을 분배해야하거나 보상 체계로 인해 이해관계가 대립할 때, 집단 내 목표 달성을 위해 서로의 의존도가 높을 경우에 갈등이 유발된다. 조직이 처해 있는 상황적 특성에 따라 갈등의 발생 여부가 상이하게 나타나지만 모든 갈등은 한 가지 요인에서 기인한다기보다는 여러 요인이 복잡하게 상호작용하면서 발생된다.

로빈스(Robbins, 1974)는 갈등의 유발요인을, 첫째, 의사소통의 차이, 둘째, 리더십 스타일, 조직 규모, 관료제, 근속기간, 참여, 평가 기준과 보상 시스템의 차이, 권력, 상호의존성을 포함하는 구조적 차이, 셋째, 퍼스널리티 속성, 역할 만족, 지위 불일치, 목표 차이, 지각 차이가 포함된 개인적 차원으로 설명했다.

갈등의 소재에 따라 개인 내 갈등, 개인 간 갈등, 조직에서의 갈등으로 구분할수 있다. 개인의 다양한 역할과 욕구가 복잡하게 부딪히면서 개인이 추구하는 목표를 달성하기 위한 과정에서 내적으로 겪게 되는 갈등을 개인 내 갈등(내적갈등)이라고 한다.

개인이 타인과 형성한 관계에 따라 상호작용을 하는 과정에서 발생하는 갈등을 개인 간 갈등(외적 갈등)이라고 하며, 조직 갈등은 집단 간 갈등(inter-group conflict)을 의미하는 것으로, 조직이 추구하는 성과에 영향을 미치는 요인, 즉 자원, 권력, 정보 등을 확보하기 위해 일어나는 집단 간의 상호작용과정에서 발생하는 갈등을 의미한다.

| 표 7-2 | 갈등의 소재 |

내적 갈등	외적 갈등
• 접근-접근 갈등: 양쪽 모두가 매력적인 대상 가운데서 하나를 선택해야 할 때 • 회피-회피 갈등: 양쪽 모두가 매력적이지 못한 가운데서 하나를 선택해야 할 때 • 접근-회피 갈등: 하나가 바람직한 목표를 달성하는 동시에 바람직하지 못한 측면에 함께 생기는 갈등	• 목표에 의한 갈등: 나와 타인 간의 목표가 상이하여 생기는 갈등 • 역할에 의한 갈등: 서로 역할에 대해 다른 이해를 갖고 있어 생기는 갈등 • 감정에 의한 갈등: 불신, 거부와 같은 부정적 감정을 상호작용하면서 생기는 갈등

2) 갈등의 기능

갈등은 개인 및 타인, 조직에 스트레스를 유발하고, 감정적 행동을 촉진하며, 대인관계를 저해한다. 또한 조직의 목표 달성을 방해하고, 분위기를 흐리며, 협력과 발전에 악영향을 미친다. 그러나 갈등이 늘 역기능을 가지는 것은 아니다. 우리는 살아가면서 갈등을 피할 수 없으며 이는 자연스러운 현상이다. 잠재되어 있던 갈등이 노출되는 것은 오히려 문제해결을 촉진하는 계기가 되며, 사람들로 하여금 문제해결의 동기를 자극시키고, 변화를 위한 매개체가 되기도 한다. 따라서 갈등이 우리가 살아가면서, 특히 대인관계 속에서 피할 수 없는 숙제라면 이를 효과적으로 해결하기 위한 전략과 방법을 수립하는 것이 현명한 방법일 것이다.

3) 갈등관리 유형

같은 갈등 상황에 처한 개인이라도 상황에 대한 관리, 대처가 모두 다르다. 이는 개인마다 갈등을 관리하는 유형이 다르기 때문이다. 토마스(Thomas, 1976)는 갈등관리 유형을 크게 다섯 가지로 제시하였는데, 각 유형별로 다른 대처를 한다고 보았다.

(1) 협력형

"내 생각은 이런데 당신 생각은 어때? 나는 가능하다면 당신도, 나도 만족하는 해결책을 찾고 싶어!"

협력형은 상대방과 함께 해결책을 만드는 협력적인 문제해결과정을 중요시하며, 서로 자신이 추구하는 목표를 상대방에게 이해시키려고 한다. 협력형은 문제를 함께 해결하려는 Win-Win 방식의 문제해결을 추구한다. 그러나 별로 중요하지 않은 사안이나 상황을 잘 모르는 사람의 의견까지 모두 고려할 때에는 시간과 노력이 소비될 우려가 있다.

이런 문제는 협력형이 잘 해결할 수 있어요

- 양쪽 주장이 모두 중요하다고 판단될 때
- 절충의 방법이 부재하고 통합적 해결책이 필요할 때
- 양쪽의 참여나 합의가 반드시 필요할 때
- 서로 다른 관점을 가진 사람들이 서로의 견해를 절충해야 할 때

(2) 배려형

"과연 이 문제가 우리 사이가 나빠질 것에 대해 걱정할 만큼 중요할까?"

배려형은 자신의 욕구보다 타인의 욕구에 더 많은 배려를 하는 사람으로, 상대방과의 긍정적인 관계를 중시하여 타인과 관계가 나빠질 수 있는 가능성이 있다면 자신의 욕구를 표현하지 않고 자기주장을 하지 않는다. 상대방을 즐겁게 하기 위해 노력하며, 이로 인해 자신의 속이 시커멓게 타들어 가는 것에 둔감하다.

이런 문제는 배려형이 잘 해결할 수 있어요

- 사안이 자신보다 타인에게 더 중요할 때
- 갈등과 대립이 지속되어 서로에게 해가 될 때
- 갈등과 대립을 벗어나는 것, 조화와 화해가 우선시될 때
- 이후 더 중요한 일을 위해 서로 신뢰를 쌓을 필요가 있을 때

(3) 지배형

"다 알고 있어. 그러니까 내 판단과 결정에 더 이상 토를 달지 마!"

지배형은 자신의 목표만을 배타적으로 추구하며, 자신의 욕구를 중심으로 끌고 가려는 경쟁적 자세를 갖고 있는 유형이다. 자기 주장이 강하고 힘과 권력을 사용하며 성공을 중요시하고, 상대적으로 타인과의 관계는 덜 중요하게 생각한다. 자신의 목표 달성을 위해 상대와의 관계를 희생하는 타입이다.

이런 문제는 지배형이 잘 해결할 수 있어요

- 신속한 판단과 결정이 필요할 때
- 조직 전반에 영향을 주는 중요한 사안일 때
- 미온적 참여자가 이익을 얻는 것을 방지해야 할 때

(4) 회피형

"글쎄, 잘 모르겠는데⋯⋯. 좀 더 생각해 보면 안 될까?" (무기한 연장)

회피형은 갈등 자체를 피하고자 하며, 갈등으로 인한 긴장을 견디기 힘들어 한다. 이들은 자신과 타인의 욕구에 대한 배려가 모두 낮고 의식적이든 무의식적이든 갈등이 존재한다는 사실을 부인하는 타입으로, 갈등 자체는 인정하나 피할 수 있으면 피하려고 하며 갈등 상태에서는 자신의 목표나 실익 달성을 추구하지 않고 더 큰 갈등을 우려해 당장의 문제해결을 연기하려고 한다. 회피형은 발전과 개선이 부족하고 조직에 대한 개인의 기여가 낮은 편이다.

이런 문제는 회피형이 잘 해결할 수 있어요

- 상대적으로 중요하지 않은 사안일 때
- 갈등 직면 시 얻을 손실이 이익보다 많을 때
- 타인이 그 갈등을 보다 효과적으로 해결할 수 있을 때

(5) 타협형

"서로 만족할 만한 해결책을 찾아보자!"

타협형은 자신의 욕구와 타인의 욕구를 모두 섭렵하여 자신이 추구하는 것을 상대방의 목표와 절충하고자 하며, 타협적으로 해결하는 것을 선호한다. 그러나 해결책이 공평할 수는 있어도 모두가 완전히 만족하지 못할 수도 있다. 또한 실리를 추구하다 보니 장기적 목표나 원칙, 가치 등을 소홀히 다룰 우려가 있다.

이런 문제는 타협형이 잘 해결할 수 있어요

- 복잡한 사안에 대해 잠정적 해결이 필요할 때
- 중대한 사안은 아니지만 갈등과 마찰을 일으킬 필요가 없을 때
- 동등한 힘을 가진 양측이 서로 배타적으로 대립하고 있을 때

4. Win-Win 전략

서로가 수용 가능하고 만족할 수 있는 해법을 찾는 전략 중 하나가 바로 Win-Win 전략이다. Win-Win 전략은 삶을 경쟁의 장이 아닌 협력의 장으로 보고 서로에게 이익이 되고 발전을 창출하는 사고방식을 사용하는 전략으로, 이것을 사용하기 위해서는 서로 신뢰관계가 전제되어야 한다. 상호 Win-Win을 이끌어 내는 전략은 다음과 같다.

1) 제3의 대안을 통해 이익을 최대화하기

서로가 취할 수 있는 이익의 가능성을 최대화하는 방법이다. 내가 가지고 있는 대안이 상대적으로 상대방에게 굉장히 도움이 되기도 하고, 상대방에게 별 매력이 없는 것이 나에게 중요한 경우도 있다. 서로의 관심사, 중요도가 높은 대안을 찾아내면 서로가 취할 수 있는 이익을 최대화할 수 있고, 처음 기대했던 것보다 훨씬 큰 이익을 얻을 수 있다.

오렌지는 내 거야!

자신이 오렌지를 가져야 한다며 싸우던 자매가 오렌지를 반씩 나누자는 합의에 도달하기까지 매우 강경하게 대치하는 상황이었다. 결국 오렌지를 반으로 나눈 뒤 한 사람은 즙을 짜서 주스를 만들고 오렌지의 과육은 모두 버렸으며, 다른 한 사람은 오렌지 아이스콘을 만들기 위해 즙을 모두 버리고 오렌지의 과육만을 사용했다. 사전에 서로에게 왜, 무엇 때문에 오렌지가 필요한지를 상의했다면 반씩 나누지 않고도 서로에게 필요한 것을 충분히 사용할 수 있었을 것이다.

출처: Thompson(2010).

2) 로그롤링

로그롤링(logrolling)이란 여러 대안이 있을 때 자신에게는 우선순위가 낮지만 타인에게는 우선순위가 높은 것을 양보하는 것을 말하며, 서로에게 중요도가 높은 대안을 서로 맞바꾸는 것을 교환이라고 한다. 이렇게 서로의 성공과 목적 달성을 위해 상대방의 요구를 들어주고 양보하기 위해서는 서로의 욕구와 우선순위가 무엇인지를 정확히 이해해야 한다.

아버지의 유언

아버지가 17마리의 낙타를 세 아들을 위한 유산으로 남겼다. 아버지가 돌아가시고 아들들은 유언장을 열어 보았다.

유언장에는 첫째는 17마리의 절반(8.5마리)을, 둘째는 17마리의 3분의 1(5.66마리)을, 셋째는 17마리의 9분의 1(1.88마리)을 가져가라고 쓰여 있었다.

단, 낙타를 살려서 나누어야 한다는 조건이었다.

아무리 계산해도 17을 반이나 3분의, 9분의 1로 나누는 것이 불가능해 보이자 형제들은 한 마리라도 더 갖거나 잃지 않으려고 며칠 동안을 싸웠다. 동네 어르신이 그 모습을 보고는 "내가 가진 낙타 한 마리를 줄 테니 18마리로 나누어 가지도록 해라. 싸우지들 말고!"라고 하였다.

그 어르신은 유언장을 다시 읽으면서 유산 정리를 마무리하였다.

"18마리 중에서 첫째는 2분의 1인 9마리, 둘째는 3분의 1인 6마리, 셋째는 9분의 1인 2마리를 가져가거라!" 형제들은 모두 이 결과에 만족했다. 그러나 형제들이 가져간 낙타를 모두 더하면(9+6+2=17) 동네 어르신이 준 낙타를 뺀 아버지가 남기신 17마리가 되었다.

3) 공감

우리는 흔히 갈등해결에 있어 자신이 얻고자 하는 것을 이루기 위해 상대방을 잘 설득하여 자신의 의견을 관철시키려고 노력한다. 그러나 이러한 생각은 Win-Win이 아닌 Win-Lose 전략으로, 상대방의 희생을 통해 자신의 이익과 목적을 달성하고자 하는 것이다. Win-Win 전략을 잘 사용하기 위해서는 상대방의 이야기를 경청하고 그것에 공감해야 한다. 왜냐하면 내가 얻고자 하는 관심사를 가지고 이야기하는 것보다는 상대방의 입장에서 그의 관심사를 중심으로 갈등해결을 하면 소통의 가능성이 훨씬 높기 때문이다. 상대방 이면의 속내, 관심사, 원트(want)를 파악하고, 이를 토대로 Win-Win 전략을 세워 접근한다면 백전백승이다. 상대방에 대한 공감을 통해 상대방의 원트, 관심사, 욕구를 찾게 되면 공유점이 많아진다.

오빠는 날 사랑하지 않아!

"어제 몇 시에 잤어? 집에 있긴 한 거야?" 퉁퉁거리며 화를 내는 민선은 남자 친구가 매일 밤 자기 전에 전화해 주기를 바라면서 기대에 못 미치는 남자 친구를 대신해 본인이 매일 전화를 했음에도 그것조차 잘 받지 않아 남자 친구와 갈등 상황에 빠졌습니다. "자기 전에 밤에 전화 한 통 해 주는 게 뭐 그렇게 어려운 일이라고! 날 사랑하지 않는 거지?"라는 민선의 말에, 답답해진 남자 친구는 "꼭 전화로 사랑을 확인해야겠니? 전화야 못 받을 수도 있고, 과제하느라 정신없어 못할 수도 있지!"라고 하여 서로의 갈등은 깊어져 갑니다. 이대로 두 사람은 헤어져야 할까요? 민선의 원트는 무엇일까요?

4) 이면의 관심사 찾기

갈등 상황에서는 겉으로 드러나지 않는 이면의 관심사(interest)가 있는데, 이것은 같은 이슈라도 개인마다 다른 원트와 해석을 할 수 있다(앞에 제시한 오렌지 자매처럼). 물론 이러한 이면의 관심사를 찾는 방법으로는 상대방에 대한 공감도 있겠지만, 이를 찾고 분석하여 전략을 세우는 과정이 더 중요할 것이다. 또한 양쪽의 관심사를 모두 해결하기 위한 제3의 새로운 대안이 필요할 수도 있다.

협상카드

값싸고 질 좋은 컵을 생산하는 지방의 한 공장을 방문해서 500원에 납품을 요청했는데, 공장 측의 이야기가 아무리 가격을 낮추어도 800원 밑으로는 손해라고 한다. 650원에 협상이 체결되더라도 양측 모두 손해를 보게 된다. 서로 Win–Win하기 위한 전략은 무엇인가?

이때는 이면의 어려움을 찾기 위해 공감적으로 질문을 던져야 한다. "500원에 납품하면 구체적으로 어떤 어려움이 있으세요?"라고 물었을 때 공장 측에서는 "1년 내내 주문이 균등하지 않기 때문에 공장 가동률은 기껏해야 8개월이에요. 또 원·부자재는 현금을 주고 사 오는데, 납품업체는 어음결제를 해 주니 금융 비용도 만만치 않고요. 이런저런 이유로 생산 원가가 올라갈 수밖에 없는 상황이에요. 그러니 500원에 팔면 공장 문을 닫아야 합니다."라고 하였다. 공장 측의 관심사는 무엇인가?

"그런 고민이라면 걱정 마세요. 전 세계에 매장이 있기 때문에 1년치 물량을 선계약해서 공장 가동률을 100%로 올려 드릴 수 있습니다. 또 저희는 현금장사이기 때문에 현금만큼은 걱정 없고요. 그러니 계약이 끝나는 대로 5일 이내에 현금으로 선지불해 드릴게요. 그리고 지금 쓰고 있는 고가의 재료들은 굳이 쓰지 않아도 됩니다. 기능만 100% 발휘할 수 있다면 좀 더 실용적으로 바꿔 주세요. 이런 조건이라면 500원에 납품이 가능할까요?"

출처: 신철균(2013. 7. 17.)

5. Win-Win 전략을 위한 팁

서로에게 이익이 되는 효과적인 갈등해결을 위한 팁은 다음과 같다.

- 비난, 명령, 지적은 금물!
- 사람이 아닌 문제에 집중하라!
- 상대방의 공격을 경청과 공감으로 받으라!
- 내 의견에 대한 반대를 토론 주제로 삼으라!
- 가장 어려운 사안은 마지막에 다루고, 높은 조건에서 시작해서 조금씩 양보하라!
- 어려운 문제일수록 피하지 말고 맞서라!
- 나의 의견을 명확하게 주장하라!
- 시선을 접촉하라! 마음을 접촉하라!
- 치우치지 말고 타협하고자 애쓰라!

활동 1. 나의 갈등관리 유형 진단하기

⊟ 관련 직업기초능력: 대인관계능력

예비 직업인으로서 직장생활에서 팀 구성원 사이에 갈등이 발생하였을 때 이를 원만히 조절하는 능력

⊟ 목표

1. 갈등 발생 시 어떠한 방식으로 해결하고 있는지 진단해 본다.
2. 자신의 갈등관리 유형 진단결과를 토대로 갈등관리의 문제점을 알아보고 보완점을 찾아본다.

⊟ 지시문

"우리는 갈등을 피하고 싶지만 어쩔 수 없이 많은 갈등과 직면하면서 살아가고 있습니다. 인간이 갈등을 해결하고 관리하는 방식을 크게 다섯 가지로 나눠 진단해 보는 검사가 있습니다. 이 검사를 통해 자신의 갈등관리 유형을 진단해 보고, 현재 자신의 갈등해결에서의 장단점을 생각해 봅시다."

⊟ 진행과정

1. 갈등관리 유형 설문지를 작성하게 한다. 지문을 읽은 뒤 너무 많은 생각을 하지 말고 평소 자신이 행동하거나 생각하는 것에 체크하도록 한다.
2. 지시문에 따라 검사 결과를 채점하고 자신의 갈등관리 유형을 확인하도록 한다.
3. 다섯 가지 갈등관리 유형별 특징과 설명을 읽고 자신과 어떻게 같거나 다

른지 살펴보도록 한다.

4. 자신의 갈등관리 유형의 장단점을 찾고 집단원과 이에 대해 이야기를 나누
   도록 한다. 유형이 다양하게 나왔을 경우, 같은 유형끼리 모여 작업을 함께
   해도 좋다.

日 마무리

1. 자신의 갈등관리 유형을 찾아본 결과는 어떠한가?
2. 이 활동에서 새로이 알게 된 사실은 무엇인가? 느낀 점은 무엇인가?

日 준비물

활동지, 필기도구

나의 갈등관리 유형 진단

　다음의 항목은 귀하의 갈등관리 유형을 알아보기 위한 것입니다. 다음 15개의 질문에 대하여 평소에 귀하께서 생각하시는 대로 물음에 답하여 주시기 바랍니다. 각 질문에 응답을 하신 후에는 갈등관리 유형별 점수의 합계를 내십시오. 갈등관리 유형 중 점수가 제일 높은 것이 귀하의 갈등관리 유형을 대표한다고 할 수 있습니다. 각 항목에 대한 응답은 1~5까지 되어 있으니 정도에 따라 적절히 응답하여 주시기 바랍니다.

항목	매우 그렇지 않다	그렇지 않다	중립	그렇다	매우 그렇다
	1	2	3	4	5
1. 나는 내 주장의 장점을 설명하기 위해 동료와 논쟁한다.					
2. 나는 타협을 이루기 위해서 동료와 협상한다.					
3. 나는 동료의 기대에 부응하고자 노력을 한다.					
4. 나는 주어진 문제에 대해 모두가 찬성할 만한 해결책을 찾기 위해 동료와 함께 노력하곤 한다.					
5. 나는 내 주장을 관철시키기 위해 강력한 자세를 취한다.					
6. 나는 갈등으로 물의를 빚고 싶지 않기 때문에 동료에 대해 느끼는 갈등을 혼자서 삭인다.					
7. 나는 나의 해결방안을 관철시키기 위해서 끝까지 노력한다.					
8. 나는 타협을 위해서 '주고받는(give and take)' 전략을 사용한다.					
9. 나는 동료와 함께 문제를 해결하기 위해 정확한 정보를 교환한다.					

10. 나는 동료와 다른 의견을 갖고 있다고 해도 이를 공개토의하지 않는다.					
11. 나는 동료의 의견을 적극 수용한다.					
12. 나는 문제해결의 최선책을 찾기 위해서 모든 문제를 털어놓고 얘기하는 성향이다.					
13. 나는 문제해결에 진척이 없을 때 중간적 대안을 제시한다.					
14. 나는 동료의 의견을 따르려는 성향이 있다.					
15. 나는 동료와의 의견 대립을 피하기 위해서 내가 동료의 의견에 반대하더라도 이를 그냥 묻어 둔다.					

	협력형	배려형	지배형	회피형	타협형
항목 및 점수	4. _____ 9. _____ 12. _____	3. _____ 11. _____ 14. _____	1. _____ 5. _____ 7. _____	6. _____ 10. _____ 15. _____	2. _____ 8. _____ 13. _____
총점					

출처: Byrnes(1986).

〈갈등관리의 다섯 가지 유형〉

유형	내용
협력형 (integrating 또는 problem solving)	• 자신의 이익에 대한 관심이 높고 상대방도 배려하고자 할 때 상생(win-win)의 해결방안을 사용하는 유형이다. • 목적이 상충되는 경우에는 적절하지 못한 방법으로 많은 시간과 노력을 필요로 한다.
배려형 (obliging 또는 smoothing)	• 자신의 주장을 관철시키거나 이익을 확보하는 데 관심이 적으며, 상대방의 입장을 배려하여 양보하는 유형이다. • 문제의 복잡성에 따라 갈등의 해소가 미봉책으로 끝날 수 있다.
지배형 (dominating 또는 forcing)	• 상대방을 배려할 필요 없이 자신의 이익과 주장을 관철시키려고 하는 유형이다. • 상대방에 대한 강요나 굴복으로 불만이나 저항을 불러올 수 있다.
회피형 (avoiding)	• 자신의 주장을 내세울 필요가 적거나 이해관계가 낮고, 상대방에게도 적극적으로 배려할 이유가 없다고 느끼는 유형이다.

타협형 (compromising)	• 서로의 이해관계에 따라 주장이 맞물린 상황에서 양보나 지배가 어려울 때 해결책을 찾으려고 하는 유형이다. • 갈등의 해결이 미봉책 수준에 머물 수 있지만 파국을 막고 누구도 패자로 전락하지 않도록 한다.

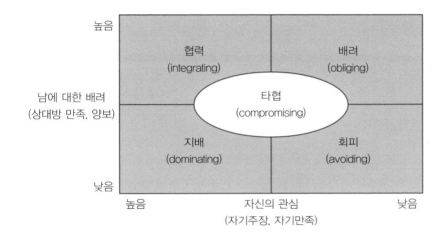

활동 2. Win-Win 게임

▤ **관련 직업기초능력: 대인관계능력**

예비 직업인으로서 직장생활에서 팀 구성원 사이에 갈등이 발생하였을 때 이를 원만히 조절하는 능력. 특히 갈등 상황에 놓인 구성원 모두가 만족하는 방법을 찾아내는 능력

▤ **목표**

1. 갈등 발생 상황에서 Win-Win 게임을 통해 구성원 모두가 만족하는 방법을 찾아본다.
2. 현재 자신이 직면한 갈등 상황을 떠올려 본 후 Win-Win 게임을 통해 해결방안을 찾아보고, 구성원과 서로 이야기하여 더 많은 Win-Win 전략을 나누어 본다.

▤ **지시문**

"갈등을 잘 해결하는 방법을 알고 계신가요? 잘 해결한다는 것은 갈등 상황에 놓인 구성원이 모두 만족하고 누구도 손해 보지 않는 것입니다. 이러한 방법이 없을 것 같지만 조금만 달리 생각해 보면 방법을 찾을 수 있습니다. Win-Win 게임을 통해 갈등해결의 방법을 생각해 봅시다."

▤ **진행과정**

1. 주어진 갈등 상황의 지문을 읽고 무엇이 갈등인지 알아본 후 서로의 원트, 갈등해결의 관점을 명확히 해 보도록 한다.

2. 지시문에 따라 일곱 가지 질문에 본인의 답을 적도록 하고, 자신의 생각에 대해 집단원과 서로 이야기를 나누도록 한다.

3. 모둠으로 진행할 경우, 구성원이 함께 사례를 읽은 후 지문의 답을 브레인 스토밍을 통해 찾아가도록 하고, 모둠별로 나와 발표하게 한다.

4. 자신이 현재 당면한 갈등 상황에 적용해 볼 수 있도록 자신의 갈등 상황을 떠올려 사례 분석한 것과 같은 방식으로 자신의 생각을 적어 보게 하고, 이 것에 대해 구성원과 이야기를 나누면서 자신의 생각을 보완 및 수정하도록 한다.

日 마무리

1. Win-Win 게임을 통해 갈등 상황을 다른 시각으로 살펴본 느낌은 어떠한가?

2. 이 활동에서 새로이 알게 된 사실은 무엇인가? 느낀 점은 무엇인가?

日 준비물

활동지, 필기도구

Win-Win 게임 1

다음의 갈등 상황을 잘 읽고, 'Win-Win 갈등관리 전략'으로 해결해 봅시다.

> **이건 내 인생이라고요!**
>
> 석형은 열심히 취업준비를 한 끝에 대기업과 중소기업에서 모두 합격 연락이 왔다. 사실 대기업은 부모님이 원하고 권해서 한번 넣어 본 것이고(될 것이라고 생각하지 않았음), 중소기업은 작지만 탄탄하고 비전이 있으며 젊은 감각과 사무실 분위기가 마음에 들어서 전부터 꼭 가고 싶었던 곳이었다. 당연히 석형은 자신이 원했던 중소기업을 선택하려고 하였으나 부모님은 강력하게 반대를 하면서 "네 주제를 알아야지. 운이 좋아 붙었으면 얼씨구나 기회가 왔다 하고 잡을 것이지! 복에 겨워서 그렇지?"라며 나무랐다.

① 무엇이 문제인가(갈등의 유발요인 탐색)?

_____

_____

_____

② 서로의 관심사, 원트는 무엇인가?

_____

_____

_____

③ 상대방이 원하는 것을 충분히 고려해 보았는가? 만약 상대방이 원하는 방향을 취했을 때 어떤 일이 일어나겠는가?

_____

_____

_____

④ 의견은 다르지만 서로가 동의하는 부분이 있는가(예: 석형의 밝은 미래)?

⑤ 의견 다른 부분에 대해 공감, 경청, 인정해 보기

⑥ 이 문제의 중요한 기준은 무엇인가?

⑦ 해결방안에 대한 브레인스토밍해 보기

⑧ 해결책 선택 및 평가해 보기

Win-Win 게임 2

최근 자신의 갈등 상황을 적어 보고, 'Win-Win 갈등관리 전략'으로 해결해 봅시다.

① 무엇이 문제인가(갈등의 유발요인 탐색)?

② 서로의 관심사, 원트(Want)는 무엇인가?

③ 상대방이 원하는 것을 충분히 고려해 보았는가? 만약 상대방이 원하는 방향을 취했을 때 어떤 일이 일어나겠는가?

④ 의견은 다르지만 서로가 동의하는 부분이 있는가?

----

⑤ 의견이 다른 부분에 대해 공감, 경청, 인정해 보기

----

⑥ 이 문제의 중요한 기준은 무엇인가?

----

⑦ 해결방안에 대한 브레인스토밍해 보기

----

⑧ 해결책 선택 및 평가해 보기

Tip. 좀 더 알아봅시다

日 갈등해결을 위한 참고도서

『**적을 만들지 않는 대화법**』(Sam Horn 저, 이상원 역, 2013, 갈매나무)
'사람을 얻는 마법의 대화 기술 56'이라는 부제가 달린 이 책에서는 우아하게
갈등을 조정하는 소통 방법을 제시하고 있다.

『**어떻게 원하는 것을 얻는가**』(Stuart Diamond 저, 김태훈 역, 2011, 8.0 출판사)
세계적인 MBA 와튼스쿨에서 13년 연속 최고 인기 강의를 해 온 스튜어트 다
이아몬드 교수가 자신의 강의 내용을 집필한 책으로, '어떻게' 하면 원하는 것을
얻을 수 있는지에 대한 방법론을 소개하고 있다.

『**갈등, 거침없이 즐겨라**』(유용미, 황소영 저, 2008, 아라크네)
저자는 피할 수 없는 갈등을 게임처럼 즐기자고 말하며, 다양한 사례 속에서
갈등 해법을 전수하고 있다.

제8장

조직이해능력

학 습 개 요

　조직이해능력은 직업인으로서 일상적인 직장생활에서 요구되는 조직의 체제와 경영 및 국제감각을 이해하는 능력을 의미한다. 이 장에서는 조직이해능력을 기르기 위한 경영·체제·업무 영역의 개념, 특징, 구성요소 등을 다루고, 국제적인 동향을 파악하는 방법, 국제화 시대에 적합한 국제매너에 대해 알아본다. 더불어 직장인의 기본 소양인 직장에서의 매너와 에티켓을 살펴본다.

1. 조직에 대한 이해

　인간은 조직 속에서 인생을 보내며, 개인의 삶은 조직과 밀접한 관계를 이룬다. 조직과 개인마다 일의 종류와 내용은 다르지만 직업인은 조직에서 일을 한다. 개인이 조직에서 주어진 일을 성공적으로 수행하기 위해서는 조직의 기본적인 운영 원리를 아는 것이 중요하다. 따라서 직업인은 자신의 업무를 효과적으로 수행하기 위하여 조직의 경영과 체제, 국제적인 동향을 포함한 업무에 대해 이해하는 조직이해능력을 기를 필요가 있다.

1) 조직의 개념

　조직은 두 사람 이상이 공동의 목표를 달성하기 위해 의식적으로 구성하고 상호작용과 조정을 행하는 행동의 집합체이다. 그러나 단순히 사람들이 모였다고 해서 조직이라고 하지는 않는다. 조직은 목적을 가지고 구조가 있으며 목적을 달성하기 위해 구성원이 서로 협동하고 외부 환경과 긴밀한 관계를 가지고 있다. 조직은 일반적으로 재화나 서비스의 생산이라는 경제적 기능과 조직 구성원에게 만족감을 주고, 협동을 지속시키는 사회적 기능을 한다.

　직업인의 조직이란 직장을 의미한다. 직장은 사람들이 일을 하는 데 필요한 물리적 장소이자 심리적 공간이다. 물리적 장소란 외형적으로 건물의 형태를 가진 것을 의미하며, 물리적 장소로서의 직장은 업무를 처리하는 활동 영역이다. 심리적 공간으로서의 직장은 직업인이 일을 하며 만족을 얻거나 좌절감을 경험하기도 하는 무형의 공간이다.

　직장생활의 대표적인 조직은 기업이다. 기업은 노동, 자본, 물자, 기술 등을 투입하여 제품이나 서비스를 산출하는 기관이다. 또한 최소의 비용으로 최대의 효과를 얻음으로써 차액인 이윤을 극대화하기 위해 만들어진 조직이다. 그러나 최근에는 기업이 이윤 창출만을 목적으로 하기보다는 고객에게 보다 좋은 상품과 서비스를 제공하고, 잠재적 고객에게 마케팅을 하는 등 고객을 만족시키는 주체로 이해되고 있다. 또한 정보화 시대가 도래함에 따라 사람들의 창조적인

지적 활동이 새로운 가치를 창출하는 데 기초가 되고 있어 기업은 구성원을 하나의 인적 자원으로 삼고 그들의 능력 개발을 위해 노력하고 있다.

2) 조직의 유형

조직의 성격과 활동을 이해하기 위해서는 조직의 유형을 구분하여 이해하는 것이 필요하다. 조직은 공식화 정도에 따라 공식조직(formal organization)과 비공식조직(informal organization)으로 구분할 수 있다. 공식조직은 조직의 구조, 기능, 규정 등이 조직화되어 있는 조직이며, 비공식조직은 개인의 협동과 상호작용에 따라 형성된 자발적인 집단조직이다. 즉, 비공식조직은 인간관계에 따라 형성된 것으로, 역사적으로 조직의 발달은 비공식조직에서 공식화가 진행되어 공식조직으로 발전해 왔다. 그러나 공식조직 내에서 인간관계를 지향하면서 비공식조직이 새롭게 생성되기도 한다. 이러한 공식조직 내의 비공식조직은 바람직한 가치 체계나 행동 유형 등을 공유하면서 하나의 조직문화가 되어 공식조직의 기능을 보완해 주기도 한다.

또한 조직은 영리성을 기준으로 영리조직과 비영리조직으로 구분할 수 있다. 영리조직은 기업과 같이 이윤을 목적으로 하는 조직이며, 비영리조직은 이윤을 목적으로 하지 않는 조직으로 정부조직을 비롯하여 공익을 추구하는 병원, 대학, 시민단체, 종교단체 등이 여기에 해당한다.

표 8-1 **조직의 유형**

구분	공식성	영리성	조직 규모
조직 유형	공식조직	영리조직	소규모 조직
	비공식조직	비영리조직	대규모 조직

출처: 국가직무능력표준(www.ncs.go.kr)

2. 경영이해능력

직업인은 조직의 한 구성원으로서 자신이 속한 조직이 어떻게 운영되고 있으며 어느 방향으로 흘러가고 있는지를 이해해야 한다. 경영이란 조직이 수립한 목적을 달성하기 위하여 계획을 세우고 실행하며 그 결과를 평가하는 과정이다. 직업인에게는 조직의 경영을 이해하고 이것을 자신의 업무에 적용하는 경영이해능력이 요구된다.

1) 경영의 의미 및 내용

경영은 조직의 목적을 달성하기 위한 전략, 관리, 운영 활동이다. 과거에는 경영(administration)을 단순히 관리(management)라고 생각하였다. 관리란 투입되는 자원을 최소화하거나 주어진 자원을 이용하여 추구하는 목표를 최대한 달성하기 위한 활동이다. 그러나 경영에서는 관리 이외에도 조직의 목적을 설정하고, 이를 달성하기 위하여 의사결정을 하는 전략이나 관리 활동을 수행하는 운영도 중요하다. 특히 조직을 둘러싼 환경이 급변하면서 이에 적응하기 위한 전략이 중요해지고 있다. 경영의 내용이 전략, 관리, 운영으로 구분될 수는 있지만 실제 경영 활동에서는 이들이 구별되지 않고 동시에 복합적으로 이루어진다.

2) 경영의 구성요소

경영은 경영목적, 인적 자원, 자금, 경영전략의 네 가지 요소로 구성된다. 경영목적은 경영자가 조직의 목적을 달성하기 위해서 수립하는 것으로, 목적 달성을 위한 구체적인 방법과 과정을 그 내용으로 하고 있다. 인적 자원은 조직에서 일하는 구성원을 말하는데 경영은 조직 구성원의 직무 수행으로 이루어지기 때문에 조직에서 인적 자원의 배치 및 활용은 중요하다. 자금은 경영에 사용할 수 있는 돈으로, 자금이 충분히 확보되는 정도에 따라 경영의 방향과 범위가 정해진다. 경영전략은 조직이 변화하는 환경에 적응하기 위하여 경영 활동을 체계화하는 것으로, 목표 달성을 위한 수단이 된다. 경영전략은 조직의 목적에 따라 전략목표를 설정하고, 조직의 내외부 환경을 분석하여 도출된다. 예를 들어, 원가 절감이나 상품의 차별화는 해당 산업에서 우위를 점하기 위한 경영전략이 된다.

표 8-2	경영전략 유형별 특징
경영전략 유형	**특징**
원가우위전략	원가 절감을 통해 해당 산업에서 우위를 점하는 전략으로, 대량 생산을 통해 단위 원가를 낮추거나 새로운 생산기술을 개발하는 것 등이 해당됨. 1970년대에 우리나라의 섬유업체, 신발업체, 가발업체 등이 미국 시장에 진출할 때 취한 전략임
차별화전략	조직이 생산품이나 서비스를 차별화하여 고객에게 고가치성과 독특성으로 인식되게 하는 전략. 연구개발이나 광고를 통하여 기술, 품질, 서비스, 브랜드 이미지를 개선할 필요가 있음
집중화전략	특정 시장이나 고객에게 한정된 전략으로, 원가우위나 차별화전략이 산업 전체를 대상으로 하는 데 비해 집중화전략은 특정 산업을 대상으로 함. 경쟁조직이 소홀히 하고 있는 한정된 시장을 원가우위나 차별화전략을 써서 집중적으로 공략하는 방법임

출처: 국가직무능력표준(www.ncs.go.kr).

3) 경영자의 역할

경영자는 조직의 전략, 관리 및 운영 활동을 주관하며, 조직 구성원과의 의사결정을 통해 조직이 나아갈 바를 제시하고, 조직의 유지와 발전에 대해 책임을 지는 사람이다. 경영자는 조직의 변화 방향을 설정하는 리더이며, 조직 구성원이 조직의 목표에 부합된 활동을 할 수 있도록 이를 결합시키고, 관리하는 관리자이다.

조직의 규모가 커지면 1명의 경영자가 조직의 모든 경영 활동을 수행하는 데한계가 있으므로 수직적 체계에 따라 최고경영자, 중간경영자 및 하부경영자로구분하게 된다. 최고경영자는 조직의 최상위층으로, 조직의 혁신 기능과 의사결정 기능을 조직 전체의 수준에서 담당한다. 중간경영자는 재무관리, 생산관리, 인사관리 등과 같이 경영 부문별로 최고경영자가 설정한 경영목표, 전략, 정책을 집행하기 위한 제반 활동을 수행한다. 하부경영자는 현장에서 실제로 작업을 하는 근로자를 직접 지휘, 감독하는 경영층을 의미한다.

경영자의 역할은 대인적·정보적·의사결정적 역할의 세 가지로 구분할 수 있다. 대인적 역할은 상징자 혹은 지도자로서 대외적으로는 조직을 대표하고, 대내적으로는 조직을 이끄는 리더로서의 역할을 의미한다. 정보적 역할은 조직을 둘러싼 외부 환경의 변화를 모니터링하고 이를 조직에 전달하는 정보전달자의 역할을 의미한다. 의사결정적 역할은 조직 내 문제를 해결하고 대외적 협상을 주도하는 협상가, 분쟁조정자, 자원배분자로서의 역할을 의미한다.

3. 체제이해능력

조직은 하나의 체제(system)이다. 조직은 다양한 요소로 구성되어 있기 때문에 조직을 이해하기 위해서는 조직의 한 단면만을 보고 판단해서는 안 된다. 조직체제는 특정한 방식이나 양식으로 결합된 부분의 총체라고 할 수 있다.

조직은 목적과 목표를 가지고 있으며, 이를 달성하기 위해 다양한 조직구조를 사용한다. 조직이 형성되고 발전되면 조직 구성원이 공유하는 가치관, 신념, 규범 등의 조직문화가 형성된다. 또한 조직의 효율성을 높이기 위해서 규칙과 규정을 제정하고 업무를 분화한다. 따라서 직업인에게는 한 조직의 구성원으로서 조직의 목표, 구조, 문화, 규칙 및 규정 등 자신이 속한 조직의 체제를 이해하는 체제이해능력이 요구된다.

1) 조직체제의 구성요소

(1) 조직목표

조직의 목표는 조직이 달성하려는 장래의 상태로, 조직이 존재하는 정당성과 합법성을 제공한다. 조직에 대한 정의가 다양하게 해석될 수 있지만, 공통적인 것은 '공동의 목표'를 달성하기 위하여 모였다는 것이다. 공동의 목표를 위해 조직은 구조와 규범, 프로세스를 만들고, 역할을 나누어 활동을 한다. 조직의 목표가 그 조직의 본질이다. 따라서 한 조직의 구성원으로서 그 조직의 본질을 알고 숙지하는 것은 매우 중요한 일이다. 조직목표에는 전체 조직의 성과, 자원, 시장, 인력 개발, 혁신과 변화, 생산성에 대한 목표가 포함된다. 성과는 영리조직의 경우에는 수익성, 사회복지기관의 경우에는 서비스 제공과 같은 조직의 성장목표를 말한다. 자원은 조직에 필요한 재료와 재무자원을 획득하는 것이며, 시장과 관련된 조직목표는 시장점유율이나 시장에서의 지위 향상과 같은 것이다. 인력 개발은 조직 구성원에 대한 교육훈련, 승진, 성장 등과 관련된 목표이며, 혁신과 변화는 불확실한 환경 변화에 대한 적응 가능성을 높이고 내부의 유연성을 향상시키고자 수립하는 것이다. 생산성은 투입된 자원에 대비한 산출량을 높이는 것을 목표로 하며, 단위생산 비용, 조직 구성원 1인당 생산량 및 투입 비용 등으로 산출한다.

(2) 조직구조

조직의 구조는 조직 내 부분 간에 형성된 관계로, 조직의 목표를 달성하기 위한 조직 구성원의 상호작용을 보여 준다. 조직구조는 의사결정권의 집중 정도, 명령 계통, 최고경영자의 통제, 규칙과 규제의 정도에 따라 달라지며, 구성원의 업무나 권한이 분명하게 정의된 기계적 조직과 의사결정권이 하부 구성원에게 많이 위임되고 업무가 고정적이지 않은 유기적 조직으로 구분할 수 있다. 직업인은 조직의 구조를 조직도로 쉽게 파악할 수 있다. 조직도는 구성원의 임무, 수행하는 과업, 일하는 장소 등을 파악하는 데 용이하다.

(3) 조직문화

조직문화는 조직이 지속되면서 조직 구성원 간에 생활양식이나 가치를 공유하는 것을 말한다. 조직문화는 한 집단이 외부 환경에 적응하고, 내부를 통합하며, 문제를 해결해 나가는 과정에서 그 집단이 학습하여 공유된 기본가정으로 볼 수 있다(Schein, 2010). 조직문화는 조직이 문화적으로 표출하는 모든 것을 의미하며, 로고, 근무복장, 고유한 용어, 조직이 만든 제품, 서비스, 조직구조, 정책 등을 포함하고, 조직이 표방하는 신념이나 가치관, 그 신념과 가치관 이면에

깊숙이 숨겨져 있는 암묵적인 기본가정의 차원으로 볼 수 있다. 조직문화는 조직 구성원의 사고와 행동에 영향을 미치며 일체감과 정체성을 부여하고 조직을 안정적으로 유지한다.

(4) 조직 규칙 및 규정

조직의 규칙과 규정은 조직의 목표나 전략에 따라 수립되어 조직 구성원의 활동 범위를 제약하고 일관성을 부여하는 기능을 한다. 예를 들어, 인사규정, 총무규정, 회계규정 등이 있다. 특히 조직이 구성원의 행동을 관리하기 위하여 규칙이나 절차에 의존하는 공식화 정도에 따라 조직의 구조가 결정되기도 한다.

2) 사회 변화 속 조직에 대한 이해: 조직 내 괴롭힘

조직 내 괴롭힘, 왕따, 갑질과 같은 문제는 조직 자체의 안전장치만으로는 해결하지 못할 수 있으므로 국가가 최소한의 안전장치를 법률로서 보장해 주어야 한다. 스웨덴은 1993년 '직장에서의 희생에 관한 명령'으로 직장 내 정신적 괴롭힘을 규율하기 위한 유럽 내 최초의 입법적 시도를 한 바 있다. 영국은 1997년 「괴롭힘으로부터의 보호법」과 2010년 「평등법」을 통해 괴롭힘을 법률에 명시적으로 규율하였고, 캐나다는 2004년 「노동 기준법」으로 직장 내 정신적 괴롭힘을 금지하는 조항을 신설하였으며, 이를 준수하고 시정을 보장하기 위한 법적 구제기구를 규정했다. 프랑스는 2002년 「사회현대화 법률」을 규정함으로써 정신적 괴롭힘을 독자적인 법적 범주로 신설하였고, 그 실효성을 담보하기 위해 민형사상 책임을 엄격히 묻고 있다. 괴롭힘의 범주는 조직 내에서 약자를 대하는 말과 행동, 약자에게 지시하는 업무와 태도를 포함한다. 업무수행상 통상적인 요청에 비해 용인하기 어려운 비합리적인 대응이나 조치로 고통을 일으키는 경우, 정상적으로 업무를 분담하지 않은 경우, 갑자기 예상치 못한 업무를 한꺼번에 부여하고 짧은 기간 내에 불가능한 목표 달성을 요구하는 경우 등이 포함된다. 이 경우 의도성의 여부는 중요하지 않은데, 가해자의 불법성 인지 여부나 상대방을 괴롭히려는 고의성 여부로 판단하는 것이 아니라 행위가 가져오는 결과로 판단한다(국가인권위원회, 2017).

4. 업무이해능력

경영이 조직 전체를 운영하는 것이라면, 업무는 조직 구성원이 조직의 목적을 달성하기 위해서 수행하는 것이다. 업무는 조직이 개인에게 부여한 의무이자 책임이다. 조직은 목표 달성을 위해서 통합되어야 하기 때문에 개인은 자신이 하고자 하는 업무를 선택할 수 있는 권한이 미약하다. 따라서 직업인은 자신에게 주어진 업무의 성격과 내용을 알고, 그에 필요한 지식, 기술, 행동을 확인하는 업무이해능력을 길러야 한다.

1) 업무의 종류

업무는 조직의 목적이나 규모에 따라 다양하게 구성된다. 같은 규모의 조직이라도 업무의 종류와 범위는 다를 수 있고, 업무의 종류를 세분화할 것인지 또는 업무의 수를 줄일 것인지도 조직에 따라 다양하게 결정된다. 이는 각 조직마다 외부적인 상황과 오랜 세월에 걸쳐 형성된 특유의 조직문화와 내부 권력 구조, 그리고 성공여건 내지 조직의 강점과 약점이 서로 다르기 때문이다. 대부분의 조직에는 총무, 인사, 기획, 회계, 영업 등의 업무가 있으며, 각 업무의 예시는 〈표 8-3〉과 같다.

표 8-3	부서별 업무 내용
부서	업무 내용
총무부	주주총회 및 이사회 개최 관련 업무, 의전 및 비서 업무, 집기비품 및 소모품의 구입과 관리, 사무실 임차 및 관리, 차량 및 통신시설의 운영, 국내외 출장 업무 협조, 복리후생 업무, 법률자문과 소송관리, 사내외 홍보 광고 업무
인사부	조직기구의 개편 및 조정, 업무 분장 및 조정, 인력 수급 계획 및 관리, 직무 및 정원의 조정 종합, 노사관리, 평가관리, 상벌관리, 인사발령, 교육 체계 수립 및 관리, 임금제도 및 복리후생제도 지원 업무, 복무관리, 퇴직관리

〈계속〉

기획부	경영 계획 및 전략 수립, 전사 기획업무 종합 및 조정, 중장기 사업계획의 종합 및 조정, 경영정보 조사 및 기획 보고, 경영 진단 업무, 종합 예산 수립 및 실적 관리, 단기 사업계획 종합 및 조정, 사업계획, 손익 추정, 실적 관리 및 분석
회계부	회계제도의 유지 및 관리, 재무 상태 및 경영실적 보고, 결산 관련 업무, 재무제표 분석 및 보고, 법인세/부가가치세/국세/지방세 업무 자문 및 지원, 보험 가입 및 보상 업무, 고정자산 관련 업무
영업부	판매 계획, 판매예산의 편성, 시장 조사, 광고 선전, 견적 및 계약, 제조지시서의 발행, 외상매출금의 청구 및 회수, 제품의 재고 조절, 거래처의 불만처리, 제품의 애프터서비스, 판매 원가 및 판매 가격의 조사 검토

출처: 국가직무능력표준(http://www.ncs.go.kr).

2) 업무의 특성

조직 내의 업무는 조직의 목적을 보다 효과적으로 달성하기 위하여 세분화된 것이므로 궁극적으로는 공통된 조직의 목적을 지향한다. 따라서 업무는 직업인에게 부여되며 개인이 선호하는 업무를 임의로 선택할 수 있는 재량권은 매우 적다. 또한 업무는 조직 내 다른 업무와 밀접한 관련성을 가지고 있다. 업무는 독립적으로 이루어지지만 업무 간에 서열성이 있어서 순차적으로 이루어지기도 하며, 서로 정보를 주고받기도 한다.

조직에서 업무는 다양한 특성을 가지고 있으며, 개별 업무는 요구되는 지식, 기술, 도구의 종류가 다르고 이들 간의 다양성에도 차이가 있다. 또한 어떤 업무는 구매에서 출고와 같이 일련의 과정을 거치는 반면, 어떤 업무는 상대적으로 독립되어 이루어지기도 한다. 연구, 개발 등과 같은 업무는 자율적이고 재량권이 많은 반면, 조립이나 생산 등과 같은 업무는 주어진 절차에 따라 이루어지는 경우도 있다.

3) 업무수행 계획

업무를 효과적으로 수행하기 위해서는 체계적인 업무수행 계획을 수립할 필요가 있다. 조직에서의 업무는 조직이 정한 규칙과 규정, 시간 등의 제약이 있다. 따라서 업무수행 계획은 조직의 목적이나 방침에 부합되도록 조직이 정한 규칙이나 규정, 시간 등의 제약요인을 확인하는 것이 선행되어야 한다. 따라서 조직의 업무지침을 확인하고, 개인의 업무지침을 수립하며, 활용 가능한 자원을 확인하고, 이에 따라 업무수행을 체계적으로 표현하는 업무수행 계획표를 작성하도록 한다.

표 8-4	업무수행 계획표의 예	
회사의 업무지침		
나의 업무지침		
활용 자원	시간	
	예산	
	기술	
	협력부서/ 협력업체	

출처: 국가직무능력표준(http://www.ncs.go.kr).

5. 국제감각

조직은 환경 속에 존재하고, 환경의 변화에 적응해야 하며, 급변하는 현대 사회에서 조직과 환경의 관계는 더욱 강조되고 있다. 특히 이제는 조직도 국제 환경을 무시하고는 생존할 수 없는 시대가 되었다. 통신, 기술 등의 비약적 발전으로 전 세계는 하나의 시장으로 움직이고 있으며 해외의 조직과 구성원이 우리의 고객이 되고 있다. 따라서 직업인에게는 다른 나라의 문화와 국제적인 동향을 이해하며 이를 업무에 활용하는 국제감각이 요구되고 있다.

1) 세계화와 국제동향

세계화는 활동 범위가 세계로 확대되는 것을 의미한다. 세계화가 이루어지면 조직은 해외에 직접 투자를 하거나 원자재를 보다 싼 가격에 수입하며 세계시장에서 경쟁한다. 세계화가 진행됨에 따라 직장생활을 하는 조직의 구성원도 직간접적으로 영향을 받고, 이에 따라 의식, 태도 및 행동을 세계 수준으로 확대해야 한다. 또한 세계화 시대에는 업무를 효과적으로 수행하기 위해서 관련 국제동향을 파악할 필요가 있다. 이는 조직의 업무와 관련된 국제적인 법규나 규정을 숙지하고 특정 국가의 관련 업무동향을 점검하며 국제적인 상황 변화에 능동적으로 대처하는 것이다.

(1) 국제동향 파악 방법

국제적인 동향을 파악하기 위해 일상생활에서 실천할 수 있는 방법은 다음과 같다. 첫째, 관련 분야의 해외사이트를 방문해 최신 이슈를 확인한다. 둘째, 매일 신문의 국제면을 읽는다. 셋째, 업무와 관련된 국제잡지를 정기구독한다. 넷째, 고용노동부, 한국산업인력공단, 산업통상자원부, 중소벤처기업부, 대한상공회의소, 산업별 인적자원협의체 등의 사이트를 방문해 국제동향을 확인한다. 다섯째, 국제학술대회에 참석한다. 여섯째, 업무와 관련된 주요 용어의 외국어를 알아 둔다. 일곱째, 해외 서점 사이트를 방문해 최신 서적 목록과 주요 내용을 파악한다. 여덟째, 외국인 친구를 사귀고 자주 대화를 나눈다. 국제감각은 하루아침에 길러지는 것이 아니므로 매일 규칙적으로 실행해서 축적해 나가는 것이 중요하다.

(2) 국제적인 법규나 규정 숙지하기

업무와 관련된 국제적인 법규나 규정을 제대로 이해하지 못하면 큰 피해를 입을 수 있다. 국제적인 법규는 국제적으로 통용되는 국제규정 외에도 각 나라마다 산업 활동을 규제해 놓은 법이 있다. 예를 들어, 대부분의 나라에서는 광고나 해외투자 등에 대한 법률이 마련되어 있다. 우리나라에서는 합법적인 행동이 다른 나라에서는 불법일 수 있다는 사실을 기억하고 국제적인 업무를 수행하기 전에 관련 법규나 규정을 알아보는 노력을 기울여야 한다.

2) 다른 나라의 문화 이해와 국제매너

국제감각은 단순히 외국어를 잘하는 능력이 아니라 다른 나라의 문화를 이해하고 국제적 동향을 자신의 업무에 적용하는 능력을 모두 포함하는 개념이다. 다른 나라의 문화 이해는 내가 속한 문화와 다르다고 해서 무조건 나쁘거나 저급한 문화로 여기는 것이 아니라, 그 나라 고유의 문화를 인정하고 해야 할 일과 해서는 안 되는 일을 구별하는 것이다. 그러나 문화란 장기간에 걸쳐 무의식적으로 형성되는 영역이기 때문에 외국인이 다른 외국문화를 이해하는 것에는 한계가 있으므로 지속적인 학습과 노력이 요구된다.

직업인이 외국인과 함께 일을 하려면 다른 나라의 문화에 대한 이해를 기반으로 한 커뮤니케이션 능력이 요구된다. 다른 문화와의 커뮤니케이션은 상이한 문화 간의 의사소통으로, 언어적 커뮤니케이션과 비언어적 커뮤니케이션으로 구분할 수 있다. 특히 국제관계에서는 언어적 커뮤니케이션보다 비언어적 커뮤니케이션으로 오해를 불러일으키는 경우가 많다. 같은 행동이라도 문화적 배경에 따라 다르게 받아들일 수 있으므로 인사하는 법이나 식사 예절 같은 국제매너는 알아 둘 필요가 있다. 직업인은 자국문화 중심적으로 행동하지 않고, 다른 나라 문화에 순응하며, 관습을 존중해 주어야 한다. 그러나 문화권마다 다른 관습과 행동양식을 가지고 있어서 모든 문화를 공통된 기준으로 이해하기는 어렵다. 비즈니스에서 글로벌 경쟁력을 갖추기 위해 알아 두어야 할 몇 가지의 국제매너를 소개하면 다음과 같다.

(1) 인사하는 법
국제적으로는 인사를 할 때 악수를 하는 경우가 많다. 사람에 따라서 악수를 할 때 친밀감의 표현으로 손을 꽉 잡는 사람도 있고, 예의를 표시하기 위해 손끝만 살짝 잡는 사람도 있다. 그러나 미국에서는 악수할 때 손끝만 잡는 것을 예의에 어긋나는 것으로 생각한다. 따라서 영미권에서 악수를 할 때에는 일어서서 상대방의 눈이나 얼굴을 보고 오른손으로 상대방의 오른손을 잠시 힘주어서 잡았다가 놓아야 한다. 또한 미국에서는 이름이나 호칭을 자신의 마음대로 부르지 않고 어떻게 불러야 할지를 먼저 물어보는 것이 예의이며, 인사를 하거나 이야기를 할 때 너무 다가가지 말고 상대방의 개인 공간(personal space)을 지켜 주어야 한다. 아프리카에서는 오히려 상대방과 시선을 마주 보면서 대화를 하면 실례이므로 코끝 정도를 보면서 대화하도록 한다. 한편 러시아와 라틴아메리카에서는 포옹을 주로 하는데, 우리나라 사람들은 포옹을 하거나 입을 맞추는 인사법에 익숙하지 않아 어색해하는 경우가 많다. 그러나 이는 매우 친밀함의 표현이므로 이를 이해하고 자연스럽게 받아 주는 것이 좋다.

업무와 관련해서 사람들을 만나면 명함을 많이 주고받는다. 영미권의 명함은 사교용과 업무용으로 나누어지며, 업무용 명함에는 성명, 직장 주소, 직위를 표시한다. 업무용 명함은 악수를 한 이후에 교환하며 아랫사람이나 손님이 먼저 꺼내 오른손으로 상대방에게 주고 받는 사람은 두 손으로 받는 것이 예의이다. 그리고 받은 명함은 한번 보고 나서 탁자 위에 보이게 놓은 채로 대화를 하거나 명함지갑에 넣는다. 명함을 구기거나 계속 만지는 것은 예의에 어긋나는 일이다.

(2) 시간 약속 지키기

각 문화권에 따라서 시간에 대한 관념이 다르다. 미국인은 시간을 돈과 같다고 생각해서 시간 엄수를 매우 중요하게 여기며, 시간을 지키지 않는 사람과는 같이 일을 하려고 하지 않는다. 반면에 라틴아메리카나 동부 유럽, 아랍 지역 사람들은 약속된 시간 정각에 나오는 법이 없다. 시간 약속을 형식적인 것으로 여기며 상대방이 으레 기다려 줄 것이라고 생각한다. 따라서 이 지역 사람들과 같이 일을 할 때에는 인내를 가지고 예의 바르게 기다리는 것이 필요하다.

6. 직장에서의 매너와 에티켓

직장생활의 기본 예절로는 출근, 근무, 자리 비우기, 악수, 명함 교환 등이 있다. 이러한 요소가 제대로 지켜지지 않는다면 인간관계에 문제가 생길 수 있다. 따라서 가장 기본이지만 매우 중요한 요소라고 할 수 있다.

출근 에티켓

- 출근 시간 10분 전까지 도착하여 하루의 일과계획을 점검한다.
- 사무실에 들어서면 망설이지 말고 상사나 동료를 향해 먼저 인사한다.
- 아침에는 활기찬 표정과 태도로 명랑하게 인사를 나눈다.
- 부득이한 사정으로 결근 또는 지각을 했을 경우에는 상사에게 솔직하게 사유를 보고한다.

근무 에티켓

- 회사의 규정을 준수하고, 단정하고 예의 바른 업무 태도를 가진다.
- 개인적인 전화나 잡담을 삼간다.
- 사적인 방문객으로 인해 업무에 지장을 가져와서는 안 된다.
- 근무 시간 중에는 업무와 관련이 없는 책을 읽는다든지 개인적인 일을 하지 않는다.
- 점심시간을 정해진 시간 이상으로 사용하지 않는다.
- 업무에 관련된 모든 문서의 정리, 분류, 보관이 밀리지 않도록 한다.

자리를 비우게 될 때의 에티켓

- 공적이든 사적이든 외출할 때에는 가능하면 미리 상사에게 알린다.
- 30분 이상 자리를 비울 때에는 책상을 정리하고 떠나도록 하고, 옆 동료에게 외출의 목적과 행선지, 귀사 예정 시간을 알려 준다.

악수 에티켓

- 악수는 윗사람이 먼저 청하는 것으로, 지위가 낮은 사람이나 나이가 적은 사람이 먼저 손을 내밀면 실례가 된다.
- 남녀 간의 악수도 상하의 구별이 있을 때에는 상급자가 먼저 청해야 한다.
- 동등한 입장에서는 여자가 남자에게 악수를 청하는 것이 예의이다.
- 악수를 할 때에는 밝고 부드러운 표정으로 상대방의 눈을 바라본다.
- 행사를 위해 장갑을 끼었을 때에는 장갑을 낀 채로 악수를 해도 된다.
- 계속 손을 잡고 이야기를 해서는 안 되고, 인사가 끝나면 손을 놓는다.
- 악수를 하면서 왼손으로 상대방의 손등을 덮어 쥐는 것은 실례이다. 그러나 상급자가 아랫사람에게 그렇게 하는 것은 깊은 정의 표시로 양해된다.

명함 교환 에티켓

- 먼저 정중하게 인사를 한 후 명함을 건넨다.
- 자신을 먼저 소개하는 사람이 두 손으로 명함의 위쪽을 잡고 정중하게 건넨다.
- 명함을 받는 사람은 두 손으로 명함의 아래쪽을 잡아서 받는다.
- 한쪽 손으로는 자신의 명함을 주면서 다른 한쪽 손으로는 상대의 명함을 받는 동시 교환은 부득이한 경우가 아니면 실례이다.
- 상대방에게 받은 명함은 공손히 받쳐 들고 상세히 살핀 다음 정중하게 간수한다.
- 상대방에게 받은 명함을 접거나 구기면서 대화를 나누거나 상대방이 보는 앞에서 명함에 낙서나 메모를 하면 안 된다.
- 명함을 받은 뒤 곧바로 셔츠의 윗주머니에 꽂거나 지갑에 넣으면 안 된다.
- 한자로 된 명함을 받고 글자를 모르는 경우에는 물어봐도 결례가 되지 않는다.
- 명함을 주고받을 때에는 반드시 일어서서 한다.
- 명함 건넬 때에는 또박또박하게 '○○○입니다.'라고 자신의 이름을 밝힌다.

활동 1. 조직 속의 나, 내가 속한 조직

관련 직업기초능력: 조직이해능력

예비 직업인으로서 자신이 속한 조직의 특성과 조직을 둘러싼 환경의 특징을 이해하고 자신이 속한 조직에 적용할 수 있는 능력

목표

1. 학습자로 하여금 매일의 일상생활에서 다양한 조직에 속해 있고 조직과 밀접한 관계 속에서 생활하고 있음을 깨닫도록 한다.
2. 직업인은 직장뿐만 아니라 다양한 조직생활을 하면서 조직과 관계를 맺는다는 것을 알고 학습자들과 서로 공유하도록 한다.

지시문

"일상생활 속에서 경험하게 되는 여러 조직생활에 대해 생각해 보도록 하겠습니다. 다양한 조직에 속해 있는 다음의 사례를 토대로 하여 여러분이 속한 조직에 대해 떠올려 보고, 다양한 조직과 관련되어 있는 상황을 생각해 보도록 합시다."

진행과정

1. 사례가 제시되어 있는 활동지를 나누어 주고, 각자 읽어 보도록 한다.
2. 사례를 읽은 후 우리가 평소 많은 조직에 속해 있으며, 많은 조직에 둘러싸여 생활한다는 것을 학습자들에게 이야기해 준다.
3. 사례를 토대로 하여 학습자 개개인이 속해 있는 조직이나 나와 관련 있는

조직에는 어떤 것이 있으며, 그 조직은 어떤 특징을 가지고 있는지를 생각
해 보고 활동지에 있는 표에 체크해 보도록 한다.

4. 각자 작성한 자료를 조별로 나누어 함께 보도록 한다.

日 마무리

1. 내가 속해 있는 조직과 관련된 조직에는 어떤 것이 있는가?

2. 내가 속해 있는 조직, 나와 관련된 조직의 특성은 어떠한가?

3. 이 활동에서 새로이 알게 된 사실은 무엇인가? 느낀 점은 무엇인가?

日 준비물

활동지, 필기도구

조직 속의 나, 내가 속한 조직

그래 씨의 하루

그래 씨는 잠자리에서 일어나 부리나케 준비를 하고 회사에 출근하였다. 오전 10시쯤 총무과에서 주민등록등본이 필요하니 발급해 오라는 연락을 받았다. 그래 씨는 주민센터에서 주민등록등본을 발급받고 은행에 들러 관련 업무를 처리하였다.

사무실에 들어오자 며칠 동안 참았던 치통이 심해지는 것을 느꼈다. 충치를 오랫동안 방치했기 때문인 것 같다. 그래 씨는 이가 아픈 걸 참다가 도저히 안 될 것 같아 점심시간을 이용해 근처 치과에 가서 치료를 받았다. 오후에는 거래처인 동대문쇼핑몰에 들러 업무를 처리하였다.

하루의 업무를 마친 그래 씨는 저녁 시간에 영어를 배우기 위해 학원으로 향하였다. 항상 열심히 공부하는 동료들을 보고 피곤하지만 마음을 다잡고 열심히 수업을 들었다. 영어 수업을 마치고 저녁 9시쯤 그래 씨는 편의점에 들러 면도기와 음료수 등을 구입해서 집으로 향하였다.

1. '그래 씨의 하루'를 통해 우리는 매우 많은 조직에 속해 있고, 많은 조직에 둘러싸여 생활한다는 것을 알 수 있습니다. 나와 관련 있는 조직에는 무엇이 있으며, 어떤 특징을 가지고 있습니까?

----

2. 나와 관련 있는 조직에는 어떤 것이 있습니까? 다음 중에서 ✓표시를 해 봅시다.

☐ 학교	☐ 정부
☐ 학급조직(HR)	☐ 교회
☐ 학교 동아리(CA)	☐ 시민단체
☐ 학원	☐ 인터넷상의 동호회
☐ 병원	☐ 기타( )
☐ 주민센터	

3. 2에서 선택한 조직 중 자신이 속한 조직 세 가지를 선정하여 각 조직의 특성을 작성해 봅시다.

조직명	목적	기능, 규정이 조직화되어 있다	영리를 추구한다	조직의 규모
1. _____		☐ 예 ☐ 아니요	☐ 예 ☐ 아니요	☐ 대규모 ☐ 소규모
2. _____		☐ 예 ☐ 아니요	☐ 예 ☐ 아니요	☐ 대규모 ☐ 소규모
3. _____		☐ 예 ☐ 아니요	☐ 예 ☐ 아니요	☐ 대규모 ☐ 소규모

활동 2. 경영전략 탐색하기

🗂 관련 직업기초능력: 조직이해능력

예비 직업인으로서 자신이 속한 조직의 특성과 조직을 둘러싼 환경의 특징을 이해하고 자신이 속한 조직에 적용할 수 있는 능력

🗂 목표

1. 조직의 구성원으로서 경영을 이해하는 것이 중요함을 깨닫는다.
2. 유명한 조직의 경영전략을 알아본다.

🗂 지시문

"이번에는 조직의 경영에 대해 생각해 보는 시간을 가지도록 하겠습니다. 직업인은 자신이 속한 조직이 어떻게 운영되는지를 알고, 경영자와 생각을 공유하는 것이 중요합니다. 우리가 알고 있는 많은 기업 중에는 경영자 1명이 조직을 대표하는 경우가 있어서 경영자가 바뀌면 조직의 전략 방향이 변화되고는 합니다. 다음에 제시된 사례를 읽고, 경영자와 경영이 가지는 의미에 대해 생각해 보도록 하겠습니다."

🗂 진행과정

1. 사례가 제시되어 있는 활동지를 나누어 주고, 각자 읽어 보도록 한다.
2. 사례를 읽은 후 경영자의 변화가 조직을 어떻게 변화시키는지에 대해 생각해 보고, 활동지에 있는 질문에 답을 작성하도록 한다.
3. 활동지를 작성한 후에는 학습자들과 의견을 나누게 한다.

4. 인터넷 등을 활용하여 유명한 조직의 경영전략을 조사하고, 작성해 보게 한다.

　※ 이 경우, 수업 시간 전에 활동과제로 수행하도록 하면 효과적이다. 혹은 활동을 과제로 부여할 수도 있다.

5. 각자 작성한 내용을 조별로 나누어 함께 보도록 한다.

⊟ 마무리

1. 왜 조직의 경영전략을 이해하는 것이 중요한가?

2. 이 활동에서 새로이 알게 된 사실은 무엇인가? 느낀 점은 무엇인가?

⊟ 준비물

활동지, 필기도구

경영전략 탐색하기

1999년, 세계적으로 유명한 컴퓨터 회사인 휴렛팩커드(HP)는 비즈니스계에서 가장 영향력 있는 여성으로 선정된 바 있는 유명한 관리자인 칼리 피오리나(Carly Fiorina)를 최고 경영자로 전격 영입하였다. 그녀는 전통적이고 보수적인 구조로 한동안 경영난에 처해 있던 HP를 컴팩 인수 등의 경영을 통해 혁신적으로 개혁한 인물이다. 그러나 칼리 피오리나는 2005년에 해임되었다. HP 이사회가 칼리 피오리나를 해임하기로 결정한 것의 핵심은 '장기적인 안목으로 기업의 진정한 가치 성장을 위해 투자를 하고 싶은 CEO'와 '단기적인 수익과 재무성과의 개선을 애타게 바라는 이사회'의 충돌에 의한 것이라는 의견이 많다. 이처럼 경영자가 바뀌면 기업의 전략 방향이 변화하게 된다.

1. 이 사례를 통해 휴렛팩커드의 전략 방향이 어떻게 변화되었는지를 이야기해 봅시다. 그리고 조직의 리더 혹은 경영자의 경영방침이 조직에 미치는 영향에 대한 개인의 경험을 적어 봅시다.

----

2. 인터넷이나 각종 문헌자료를 참고하여 유명한 조직의 경영전략을 조사해 봅시다. 어떤 경영전략을 가지고 있습니까?

조직명: --

경영전략:

Tip. 좀 더 알아봅시다

주요국의 국제매너

• 미국의 비즈니스 문화

미국의 경우에는 추후에 상대방에게 연락할 필요가 있을 때에만 명함을 주고 받는다. 명함을 받은 후 바로 지갑에 넣어 두는 행위는 형식을 따지지 않는 미국인의 편의주의적인 사고방식에 따르면 무례하다고 생각되지 않는다.

• 독일의 비즈니스 문화

독일은 질서와 원칙과 완벽주의를 추구한다. '브레인스토밍' '리스크 테이킹(risk taking)' 또는 원칙과 권위에 대한 도전과 같은 관념을 좋아하지 않는다. 협상 시 독일인이 어떤 식으로든 실망했다면 즉석에서 사과하고 보상을 해야 한다.

• 일본의 비즈니스 문화

일본 기업은 신뢰관계를 매우 중요시한다. 그리고 품질 요구 수준이 높고, 납기가 엄격하므로 일본시장에 뿌리를 내리기 위해서는 장기적인 안목에서 사업을 진행해야 한다. 일본은 인맥을 통하지 않고는 비즈니스를 하기가 어렵다는 특징이 있다. 따라서 일본 기업과 새로운 거래를 하고자 할 때에는 반드시 양측을 잘 아는 사람의 소개가 필요하다.

• 중국의 비즈니스 문화

중국은 하루가 다르게 변모하고 있고, 세계에서 가장 잠재력이 큰 시장으로 부각하고 있다. 중국의 비즈니스 문화는 사기업에서도 여전히 집단적인 분위기와 체면을 중시한다. 비즈니스 상담 시 가능하다면 통역을 대동하는 것이 좋으며, 속어나 어려운 낱말은 피하도록 한다. 중국인은 명함 교환을 좋아하므로 반드시 충분한 양을 준비하고, 명함의 한쪽은 영어로, 다른 한쪽은 가능하면 중국어로 표기하는 것이 좋다. 중국에서는 황금색이 위상과 번영을 나타내므로 명함을 금색으로 인쇄하는 것이 좋다.

제9장

문제해결능력

학 습 개 요

　이 장에서는 현대 사회와 직업세계에서 요구하는 기초직업능력의 가장 중요한 요소인 문제해결능력에 대해 살펴보며, 문제해결능력의 하위요인 중 문제처리능력과 문제처리과정에 대해 이해하고 적용해 본다. 또한 당면한 문제의 내부 요인과 외부 상황에 대해 분석하여 전략적 목표를 수립하는 SWOT 분석의 사례를 연습하고, 이것을 자신의 진로설계의 전략 수립을 위한 분석 도구로 활용하여 향후 효과적인 최적의 전략을 수립하고 문제를 해결할 수 있도록 한다.

1. 문제해결능력

대학생이 되기 전까지는 삶에서 많은 고민과 문제를 해결할 기회가 많지 않다. 문제가 발생하면 법적 보호자인 부모님이 결정과 책임을 대체로 해결해 주었기 때문이다. 또한 삶에 있어서 중요한 결정사항이나 문제에 대해서 충분히 고민할 시간적 여유도 없었다. 부모님은 "다 대학 가서 해. 대학 가면 무엇을 하든 간섭 안 한다!"라고 하며 대학에 들어가기만 하면 모든 문제가 술술 풀릴 것처럼 해결을 유보해 왔다. 우리는 넘어져도 되는 시기에 이리저리 부딪혀 보고 실수도 하면서 자신의 문제를 해결하기 위한 고군분투의 기회가 없었기에, 대학에 산적한 너무 많은 문제에 어찌할 바를 모를 때가 많다. 더 무거운 것은 그것에 대한 책임이 고스란히 우리의 몫이라는 점이다.

"나는 누구인가?" "왜 여기 있는가?" "어디로 가고 있는가?" 우리는 자신에 대한 끊임없는 물음과 답을 통해 자신의 정체성을 다져 가야 하고, 고등학교 때와는 다른 공부 및 학업에 적응해야 하며, 이성관계에도 신경을 써야 하고, 취업과 진로에 대한 고민도 해결해야 한다. 어느 것 하나 소홀히 할 수 없으며, 주어진 과제를 효과적으로 풀어 나가는 능력이 필요한 시점이다. 박은혁과 이응태(2013)는 대학생의 문제해결능력이 대인관계와 사회 적응, 취업 스트레스에 영향을 미친다고 하였다. 문제해결능력이 대학생의 발달과업에 많은 영향을 끼치고 있는 것이 연구에서도 입증된 것이다.

한편, 취업을 준비하는 대학생들에게 기업 및 산업체에서 가장 필요로 하는 능력에 대해 조사한 결과, 사무관리, 영업, 기술생산직 모두 문제해결능력을 꼽았고, 대학교수들도 대학생에게 가장 필요한 직업기초능력으로 문제해결능력을 꼽았다(박종찬 외, 2007).

2. 기초직업능력으로서의 문제해결능력

문제해결능력은 우리나라 직업인에게 요구되는 기초능력 중 하나로, 직장생활에서 문제 상황이 발생하였을 경우에 창조적이고 논리적인 사고를 통해 문제를 올바르게 인식하고, 적절히 해결하는 능력을 말한다. 문제해결능력의 하위요인으로 사고력과 문제처리능력이 있다. 사고력은 직장생활에서 발생한 문제를 해결하기 위해 논리적 · 창의적 · 비판적으로 생각하는 능력을 말하고, 문제처리능력은 직업생활에서 발생한 문제를 인식하고, 절차에 따라 적절한 해결책을 적용하여 문제를 해결하는 것을 말한다. 사고력에는 사고를 구성하는 개념, 구성요소, 원리 등과 같은 지식, 관찰과 기록 및 정보를 처리하는 기술, 업무 상황에 대한 사고가 포함되며, 문제처리능력에는 문제의 개념, 유형, 해결의 절차, 장애요인 등에 대한 지식과 해결과정 및 대안, 중요도를 도출하는 기술, 상황에 대한 문제처리가 포함된다.

표 9-1 국가직무능력표준 기초직업능력 영역별 내용

하위단위	기초직업능력 하위단위별 내용
문제해결능력	업무를 수행함에 있어 문제 상황이 발생하였을 경우, 창조적이고 논리적인 사고를 통하여 문제를 올바르게 인식하고, 적절히 해결하는 능력
사고력	업무 관련 문제를 인식하고 해결함에 있어 창조적, 논리적, 비판적으로 생각하는 능력
문제처리능력	업무와 관련된 문제의 특성을 파악하고, 대안을 제시 및 적용하며, 그 결과를 평가하여 피드백하는 능력

출처: 국가직무능력표준(www.ncs.go.kr).

3. 문제처리능력

문제처리능력은 목표와 현상을 분석하고, 이 분석결과를 토대로 문제를 도출하여 최적의 해결책을 찾아 실행, 평가, 처리해 나가는 일련의 활동을 수행하는 능력을 말한다. 우리가 문제를 해결해 나가는 과정에는 일련의 절차가 있는데, 그 절차는 [그림 9-1]과 같다.

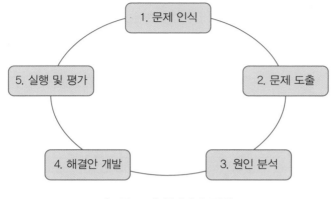

[그림 9-1] 문제해결 절차

1) 문제 인식

문제 인식은 해결해야 할 문제가 무엇인지를 파악하여 우선순위를 정하고, 가장 순위가 높은 문제에 대한 환경 분석을 통해 주요 문제를 도출하는 단계이다. 문제를 명확히 인식하기 위해 사용하는 환경 분석 방법으로는 3C 분석과 SWOT 분석이 있다. 3C 분석은 사업 환경을 구성하는 3요소, 즉 자사(company) 경쟁사(competitor), 고객(customer)을 3C로 정하고, 이에 대한 체계적인 분석을 실시하는 것을 말한다. 진로선택과 관련하여 고려해야 할 3C는 나, 가족, 직업 또는 나, 직업, 노동시장 등이 될 수 있다. SWOT 분석은 다음에 보다 자세히 다루도록 한다.

2) 문제 도출

상황 분석을 통해 도출된 문제를 명확히 하는 단계로, 분석자료를 토대로 하여 문제해결에 영향을 미치는 여러 요인과 그 의미를 검토한다.

3) 원인 분석

명확해진 문제의 핵심 원인을 분석하는 단계로, 여러 가지 원인이 나타날 수 있으며, 이들을 통합 또는 삭제해 가면서 최종적인 원인을 도출해 낸다.

4) 해결안 개발

최종 원인을 해결하기 위한 최적의 해결안을 수립하는 단계로, 해결책의 중요도, 실현 가능성, 종합적 평가와 채택 여부에 대해 심사숙고한다.

5) 실행 및 평가

최종 채택된 해결안을 실행 및 적용하는 단계로 구체적인 실행계획을 통해 해결안의 문제점 등에 대한 평가를 실시한다.

문제해결 절차 사례

문제: 적성에 맞지 않는 전공, 그냥 졸업해야 할까? 아니면 지금부터 다시 시작해 볼까?

• 1단계: 문제 인식(3C, SWOT 분석 등으로 상황 분석 실시)
 – 진로 및 전공에 대한 두려움, 불안과 압박감, 진로에 대한 정보 부족, 장래에 대한 무계획, 자신에 대한 이해 부족, 복학예정인데 무엇을 해야 할지 방향을 모름
 – 상황 분석을 통해 가장 시급하고도 중요도가 높은 주요 과제 도출
   ▶ 과제 1: 전공에 대한 두려움 해소
   ▶ 과제 2: 자신과 직업에 대한 이해

• 2단계: 문제 도출(문제의 명확화)
 – 과제 1: 전공에 대한 두려움 해소
   ▶ 고교 때부터 전공과목의 낮은 점수로 인한 자신감 저하
   ▶ 복학 후 본격적인 전공교과 공부를 앞두고 부담감을 느낌
 – 과제 2: 자신과 직업에 대한 이해
   ▶ 자신의 직업 흥미, 적성 등에 대한 이해 부족
   ▶ 전공 및 전공 관련 직업에 대한 이해 부족

- 3단계: 원인 분석
  - 최종 원인: 자신의 원트, 직업 전망 등 꼼꼼한 이해와 분석 없이 대학의 선호도를 중심으로 진로선택

- 4단계: 해결안 개발

해결책	중요도		실현 가능성		종합 평가	채택 여부
	만족도	문제해결	개발 능력	적용 가능성		
전공자료 수집	4	5	4	5		✓
취업한 선배를 만남	5	5	5	5		✓
심리검사를 통한 나와 직업에 대한 이해 도모	4	5	5	5		✓

※ 만족 및 문제해결 여부 1~5점 척도

- 5단계: 실행 및 평가

구 분	내용	실천 여부
전공자료 수집	학과사무실 방문: 선배들의 진로, 취업 현황 파악	✓
	전공 관련 직업에 대한 자료조사: 워크넷 등 이용	✓
취업한 선배를 만남	취업한 선배를 2명 만나 전공, 취업 관련 현장에 대하여 이야기 듣기	✓
	나와 유사한 상황을 경험하고 있는, 적성에 안 맞지만 전공 관련 분야로 취업한 선배 만나 보기	✓
심리검사, 해석상담	성격, 진로, 흥미, 가치관 검사 후 해석상담	✓
	진로에 대한 나의 원트를 찾아 향후 계획 세우기	✓

출처: 국가직무능력표준(www.ncs.go.kr).

4. SWOT 분석

SWOT 분석은 당면한 문제 상황의 내부 환경요인과 외부 환경요인에 대한 분석을 기초로 하여 전략목표를 달성하도록 돕는 기법으로, 미국의 경영 컨설턴트

인 앨버트 험프리(Albert Humphrey)에 의해 고안되었다. 즉, 문제를 가진 대상의 내부 환경요인의 강점과 약점, 외부 환경요인의 기회와 위협요인을 찾아 강점은 살리고 약점은 최소화하며, 기회는 활용하고 위협요인은 억제하고자 하는 마케팅 전략이다. SWOT 분석은 자신에 대한 정확한 이해와 조직에 융화될 수 있도록 준비하기 위한 자기분석 용도로도 많이 사용되고 있다.

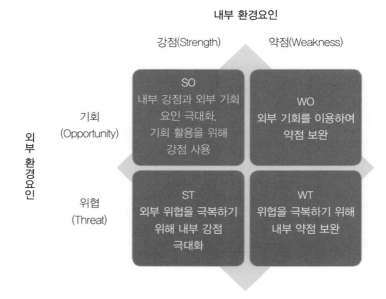

[그림 9-2] SWOT 분석 모형

1) SWOT 분석의 개념

- S(Strength): 자사 혹은 자신이 소유한 자원이나 능력을 말하며, 분석 범위는 기업의 경우에는 사업구조, 경영자원, 경영능력 등이 해당되고, 개인의 경우에는 장점, 강점이 포함된다.
- W(Weakness): 목표를 달성할 수 있는 능력을 저해하거나 실패를 피하기 위해 극복해야 하는 조직 및 개인의 자원, 능력 결핍 요인을 말한다.
- O(Opportunity): 외부 환경, 취업 환경의 기회요인, 조직이나 개인의 강점에 집중할 수 있는 영역을 말하며, 사회, 경제, 기술, 정보 등이 해당된다.

- T(Threat): 자사나 자신에게 불리한 방향으로 작용하는 환경을 말하며, 범위
는 기회요인과 같다.

2) SWOT 분석의 방법

- SWOT 분석은 내부 환경요인과 외부 환경요인으로 구성되어 있으며, 내부
환경요인은 자사 혹은 자신의 약점과 강점을 분석하여 기재한다.
- 외부 환경요인은 자사의 외부, 즉 나를 둘러싼 외부 환경을 분석하는 것으
로, 기회와 위협요인으로 구분하여 기재한다.

> 나를 알고 → 내부 환경 분석(SW)
> 적을 알면 → 외부 환경 분석(OT)
> 백전백승 → 각인의 생각을 횡렬조합하면, 전략이 나오고, 이를 통해 계획을 세워 실행한다.

- 내부 환경과 외부 환경에 대한 분석이 끝나면 매트릭스가 겹치는 SO(강
점을 가지고 기회를 살리는 전략), WO(약점을 보완하여 기회를 살리는 전략),
ST(강점을 가지고 위협을 회피하거나 최소화하는 전략), WT(약점을 보완하면
서 동시에 위협을 회피하거나 최소화하는 전략)에 해당하는 최종 분석을 실시
한다.
- SO, WO, ST, WT에 따른 전략을 수립한다.

3) SWOT 분석을 통한 전략 수립

내적 및 외적 환경요인 분석으로 네 가지의 전략을 수립한다.

- **SO 전략**: 기회를 활용하기 위해 강점을 사용하는 전략
- **ST 전략**: 강점을 가지고 위협을 회피하거나 최소화하는 전략. 위기를 극복
할 수 있는 내부 환경요인이 존재하는 상황
- **WO 전략**: 약점을 보완하여 기회를 살리는 전략. 기회를 살릴 내적 환경요

인이 부족한 경우이므로 내부 핵심 역량을 강화하여 기회 활용을 하고자
하는 전략

- **WT 전략**: 약점을 보완하면서 동시에 위협을 회피하거나 최소화하는 전략.
다음의 사례에서 WT 전략은 글로벌한 인터넷 환경이므로 외국 사람이 주
문을 할 경우 외국어로 배송, 답변 등이 이루어질 수 있어야 한다. 따라서
외국어를 더 보강할 필요가 있고, 사람을 잘 믿는 성격이라 동업이나 과한
투자, 창업보다는 소신 있는 운영과 시도가 좋을 것이다.

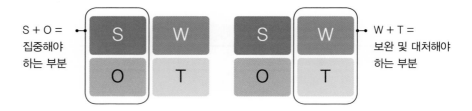

S + O =
집중해야
하는 부분

W + T =
보완 및 대처해야
하는 부분

SWOT 분석

Strength
- 활발, 사교성이 좋음.
- 남을 잘 설득하고 경청함.
- 옷에 대한 관심이 많고, 돈 계산을 잘함.
- 컴퓨터 자격증 소지
- 리더십이 있음.

Weakness
- 조급함, 싫은 것을 못 견딤.
- 고집이 셈, 사람을 쉽게 믿음. 경제 지식 부족
- 약한 체력, 비효율적 시간 관리, 외국어 기피

Opportunity
- 젊고, 시간이 많음.
- 저비용 온라인 쇼핑몰 창업 기회. 온라인의 특성으로 인한 소득 기회 상승
- 온라인의 넓은 시장 규모

Threat
- 쇼핑몰 시장의 경쟁 치열
- 홍보의 어려움.
- 글로벌 시대에 외국어 의사 소통능력 부족
- 창업자금 마련의 어려움.

SO(강점, 기회) 전략
• 설득력과 리더십으로 고객을 유치하고, 컴퓨터 사용으로 On-line 환경에서 손익계산을 잘해 쇼핑몰 운영을 잘할 수 있음.

ST(강점, 위협) 전략
• 경쟁에서 살아남기 위해 옷에 대한 관심, 설득력을 활용. 개성 있는 아이템으로 시도. 컴퓨터 사용 능력과 설득력, 사교성으로 입소문과 저비용의 홍보. 빠른 셈으로 목돈 마련

WO(약점, 기회) 전략
• 24시간 쇼핑몰 운영을 위한 체력·시간 관리 보강으로 쇼핑몰을 효율적으로 관리함으로써 경쟁력 제고. 규모 있는 시장이므로 경제 흐름과 지식을 보강해 효과적으로 운영

WT(약점, 위협) 전략
• 창업자금 부족으로 저비용 사업운영과 홍보, 체력 부족, 외국어 기피, 경제 지식 부족 약점을 최소화하기 위해 국내 시장부터 저비용, 효율 운영으로 작지만 강한 사업시장 구축

[그림 9-3] SWOT 분석 사례

활동 1. SWOT 분석

🗒 관련 직업기초능력: 문제해결능력

업무를 수행함에 있어 문제 상황이 발생했을 경우, 창조적이고 논리적인 사고를 통해 이를 올바르게 인식하고 적절하게 해결하는 능력

🗒 목표

1. SWOT 분석의 내용과 방법이 이해하고, 실제로 적용한다.
2. SWOT 분석 기법을 자신의 진로설계에 적용하여 분석한다.
3. SWOT 분석 기법을 통해 자신의 진로문제를 효과적으로 해결하도록 한다.

🗒 지시문

"우리 사회에는 레드오션과 블루오션이 있습니다. 레드오션은 이미 잘 알려져 있는 시장, 즉 현재 존재하는 모든 산업을 말합니다. 블루오션은 알려져 있지 않은 시장, 즉 아직 존재하지 않아서 경쟁에 의해 더럽혀지지 않은 모든 산업을 말합니다. 따라서 레드오션은 시장의 수요가 많고 이미 경쟁이 치열한 상황입니다. 반면, 블루오션의 시장 수요는 경쟁이 아니라 창조에 의해서 얻어집니다. SWOT 분석을 통해 나의 블루오션, 직업에서의 블루오션을 찾고 이를 위한 전략을 세워 보도록 합시다."

🗒 진행과정

1. SWOT의 분석 내용과 방법에 대해 설명한다[SWOT는 대안의 Strength(강점), Weakness(약점), Opportunity(기회), Threat(위협)을 상세히 하는 분석 기법임].

2. 제시된 예를 가지고 분석 방법과 전략 수립을 적용하는 연습을 해 보도록
   한다.

3. 과제를 통해 SWOT를 적용하는 연습을 하도록 한다.

4. SWOT 분석결과에 대해 서로 이야기하도록 한다.

5. 문제해결을 위한 방법으로 연습한 브레인스토밍, 대안적 사고, SWOT 분
   석 등을 자신의 진로문제에 적용해 보고, 그 내용을 이야기하도록 한다.

日 마무리

1. SWOT 분석결과, 대안의 가장 합리적 문제해결은 전략은 무엇인가?

2. SWOT 분석결과를 나의 진로대안에 적용하여 본다면 1년 후의 자신의 모
   습은 어떠한가?

3. 문제해결 연습을 통해 새로이 알게 된 사실은 무엇인가? 느낀 점은 무엇인
   가?

日 준비물

필기도구, SWOT 분석지

SWOT 분석 1

다음 사례는 경영전문가를 꿈꾸며 졸업을 앞둔 대학생의 SWOT 분석 내용입니다. 이를 토대로 네 가지 전략을 수립해 보고, 최종적으로 도출된 사례자의 결론을 정리해 봅시다.

Strength
- 외향적이고 적극적임
- 창의적 아이디어
- 말하기, 글쓰기를 잘함
- 친구나 아는 사람이 많음
- 코칭전문가 자격증 소지

Weakness
- 다혈질, 욱하는 성격임
- 말이 너무 많음
- 한곳에 오래 있는 것이 싫어 아르바이트를 자주 옮김
- 강박증

Opportunity
- 경영전문가로 다양한 성공모델이 있음
- 상근직뿐만 아니라 비상근직 시장도 활성화
- 취업을 통한 독립의 기회

Threat
- 경쟁력 치열
- 지방대 출신
- 다소 부족한 스펙

SO 전략	ST 전략
WO 전략	WT 전략

최종 전략:

SWOT 분석 2

다음 사례는 외국계 회사에 취업을 하고자 하는 대학생의 SWOT 분석 내용입니다. 이를 토대로 네 가지 전략을 수립해 보고 최종적으로 도출된 사례자의 결론을 정리해 봅시다.

Strength
- 긍정적 성격, 꼼꼼함
- 인턴십 경험, 많은 대외활동 경력
- PT 능력 탁월, 평소 독서를 즐김
- 경영학 전공

Weakness
- 자격증 전무
- 나이가 있음
- 해외연수 경험 무
- 지방대학에 낮은 성적
- 낮은 어학 점수

Opportunity
- 마케팅과 경영마인드를 중요시하는 분위기
- 일자리 창출 사업 확대
- IT, 앱 시장 활성화
- 경험과 인성을 갖춘 인재

Threat
- 경기 침체
- 취업난
- 글로벌 시대의 해외연수 경험자들
- 스펙관리를 꾸준히 해 온 경쟁자들

SO 전략	ST 전략
WO 전략	WT 전략

최종 전략:

나의 SWOT 분석을 통한 진로설계

자신의 진로설계를 위해 다음의 SWOT 분석을 실시하고 전략을 세워 봅시다.

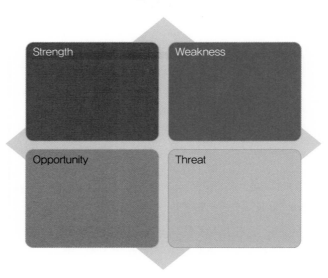

SO 전략	ST 전략
WO 전략	WT 전략

최종 전략:

Tip. 좀 더 알아봅시다

한류의 SWOT 분석과 한국영화의 시장 유지 전략

한국은 몇 년 사이에 한류로 인해 대중문화 수출의 신흥국으로 급부상하여 다른 산업에까지 그 파급효과가 미치고 있다. 한류는 '한국유행문화'의 열광적인 선호현상을 말하며, 1999년 중반에 중국 언론에서 처음 사용하였다. 국내에서는 2000년 2월에 있었던 H.O.T의 중국 공연을 계기로 하여 본격적으로 사용되었다. 1999년부터 한국의 텔레비전 드라마 〈대장금〉〈겨울연가〉〈별에서 온 그대〉 등이 중국, 대만, 홍콩, 일본시장에서 크게 인기를 끌었다. 최근에는 드라마뿐만 아니라 대중음악인 K-POP과 게임, 영화 산업도 한류에 한몫을 하고 있다. 한류의 내적·외적 요인을 분석하여 영화시장 유지 및 활성화 전략을 도출해 보고자 한다.

구분	내용
강점 (Strength)	• 아시아 국가 간의 유사한 문화적 특질 소유 • 한국의 대중문화 콘텐츠에 대한 호감도 상승 • 미디어 기술의 융합을 주도할 수 있는 기술력, IT 산업 발달
약점 (Weakness)	• 특정 연령 또는 성별에 한정된 문화권력 • 상대적으로 낮은 수익률 • 한류 소비 대중에 대한 연구, 중장기 전략 등 체계적 시장 접근 부재
기회 (Opportunity)	• 아시아 국가의 경제 발전과 엔터테인먼트 시장의 동반 성장 • '한류'로 인한 한국의 범아시아 대중문화 선점 효과 • 한류스타의 복수 등장으로 연결 사업 기회 지속 가능
위협 (Threat)	• 한류에 대한 비호감, 견제 등 배타적 시각 • 중국, 일본 등 타국의 문화 주도 가능성 • 한류 확산을 제어하려는 문화수입국의 정부 차원의 규제제도 도입

이러한 SWOT 분석 내용을 토대로 전략을 세워 보면 다음과 같다(김은영, 2005).

- 강점 유지 전략
  - 경쟁력 높은 한국영화를 지속적으로 제작함으로써 신뢰감 유지
  - 시대에 빠르게 적응하고 콘텐츠를 대량 생산하며 유통을 촉진하는 디지털 기술력 보유로 사업 영역을 확대해야 함. 이러한 경험을 살려 시장을 주도

- 약점 보완 전략
  - 문화 수용 국가별로 소비 대중의 정보와 데이터를 구축, 연구하여 전략적인 시장 접근이 필요하고 이를 통해 실질적 수익을 높임(일본을 제외하고 수익률은 낮은 편임)
  - 일본의 경우 〈겨울연가〉〈외출〉〈내 머리 속의 지우개〉 등과 같이 단순한 순애보나 감성적 멜로에 호감도가 높고, 중국에서는 〈대장금〉과 같이 고난을 헤쳐 나가는 한 인간의 고뇌와 노력 등을 그린 가족 중심 드라마가 성공할 가능성이 높음

- 기회요인 전략
  - 문화산업의 주도국으로서 지위를 확고히 하고 아시아의 엔터테인먼트 시장지배력을 강화
  - 영화를 통해 한류자원인 대중스타를 소개하고 해외마케팅을 주도할 수 있는 배급회사가 글로벌 기업으로 성장해야 함. 할리우드 영화산업의 역사에서 말하듯 영화시장에서 우월적 지위를 가지려면 유통·배급 체계의 확립과 유지가 필요. 한국영화의 접촉 기회 확대

- 위협요인 극복 전략
  - 한국영화에 구매력이 높은 초국적 관객 개발에 노력해야 함. 몇몇 대중스타의 인기로 유지되는 것보다 산업으로 확대하여 범아시아 젊은이들의 가치와 문화에 관심을 기울여야 함
  - 반한류정책을 펴고 있는 일부 국가에 정부의 외교적 노력이 필요

제10장

의사소통능력

학 습 개 요

의사소통능력(경청능력, 의사표현능력)의 중요성을 확인하고, 업무 상황 및 대상에 따라 효과적인 의사소통을 할 수 있는 능력을 키운다. 특히 자신이 가지고 있는 의사소통능력 및 스타일을 점검하고, 경청 및 의사표현의 방해요인, 강점요인 등을 구체화하여 보다 효과적인 의사소통능력을 훈련한다.

1. 의사소통능력

의사소통은 '가지고 있는 생각이나 뜻이 통함'이라는 의미로, 그 어원은 라틴어 'communis(공통, 공유)'에서 왔다. 의사소통은 일반적으로 언어, 기호, 동작을 통해 개인과 집단 간에 의견이나 정보를 교환하는 것을 의미한다. 따라서 의사소통이란 두 사람 또는 그 이상의 사람들 사이에서 언어적·비언어적 수단을 통해서 감정, 사실, 신념, 생각 등을 전달하는 과정으로(이재창, 임용자, 1998), 인간이 사회생활을 해 나가는 데 필수적인 요소라고 할 수 있다.

의사소통능력은 대인관계를 보다 원활하게 하는 촉진제의 역할을 하는 중요한 도구이며, 직장에서는 구성원 간에 정보를 공유하고 의사결정을 전달하는 등 조직의 성과를 좌우하는 핵심 기능이라 할 수 있다. 즉, 의사소통을 잘한다는 것은 말하는 사람이 정보나 생각 등을 개인이나 조직 전체에 잘 전달하고, 듣는 사람이 화자의 말을 정확히 알아듣는 것을 의미한다. 의사소통을 잘하는 사람은 일반적으로 좋은 인간관계를 형성할 수 있고, 직장생활에서는 업무의 효율성을 높일 수 있는 능력을 갖추었다고 볼 수 있다.

1) 의사소통의 구성요소 및 과정

의사소통의 여섯 가지 구성요소를 살펴보면 다음과 같다(권석만, 2004). 첫째, 화자(화자)가 청자(청자)에게 전달하고자 하는 의도, 생각, 감정이다. 둘째, 이러한 내용은 구체적인 언어나 행동으로 표현된 메시지로 전환된다. 셋째, 메시지는 전달 매체를 통해 청자에게 전달된다. 넷째, 청자는 메시지의 의미를 해석한다. 즉, 메시지에 담긴 화자의 의도, 생각, 감정을 해석한다. 다섯째, 해석과정을 통해 화자의 생각과 감정이 최종적으로 청자에게 전달되는 내용이다. 마지막으로 이러한 전체 과정에서 여러 가지 방해요인이 개입된다. 예를 들어, 화자의 부적절한 표현방식, 전달 매체의 불안정성, 청자의 왜곡된 해석 등이 있다. 이러한 의사소통과정을 그림으로 나타내면 [그림 10-1]과 같다.

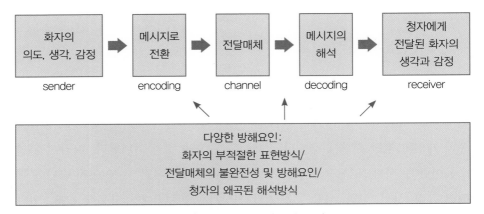

[그림 10-1] 의사소통의 과정 및 구성요소

출처: 권석만(2004).

2) 의사소통의 유형

의사소통의 유형에는 언어적 의사소통과 비언어적 의사소통이 있다. 언어적 (verbal) 의사소통은 인지적 · 감정적 메시지가 단어나 억양, 말의 속도에 의해 전달되는 의사소통방식이다. 정보를 말하기와 쓰기로 교환한 것으로 이때 언어 는 사람들이 정보를 효과적으로 나눌 수 있도록 단어를 사용하여 생각과 감정을 표시하는 수단이 된다. 비언어적(nonverbal) 의사소통은 신체를 통한 몸짓과 음 성의 고저, 시간과 공간이 전하는 의미 등 언어 영역 밖의 모든 유의미한 의사소 통 방식을 의미한다. 예를 들면, 눈의 움직임, 얼굴 표정, 신체언어(걸음걸이, 자 세, 몸짓 등), 소리(울음, 한숨, 숨 가쁨 등), 침묵 등에 의해 정보가 전달된다. 버드 위스텔(Birdwhistell, 1952)에 따르면 일반적으로 의사소통은 언어적 표현이 30%, 비언어적 표현이 70%를 차지한다. 많은 경우 화자의 언어적 메시지보다 비언어 적 메시지가 그의 감정과 생각을 훨씬 더 정확하게 나타내기도 한다.

상대방에게 관심을 기울일 때 사용할 수 있는 기술: SOLER

S: 상대를 바로(Squarely) 바라본다. 상대방에게 관여하고 있다는 자세를 취하는 것으 로, '나는 당신과 함께 있다. 당신과 함께 나누고 싶다.'라는 뜻을 전달한다.

O: 개방적인(Open) 자세를 취한다. 상대방과 상대방의 말에 마음을 열고 있다는 증거로서, '내가 지금 취하고 있는 자세는 내가 개방적이고, 만나고 싶은 태도를 갖추고 있다는 사실을 상대방에게 얼마나 잘 전달하고 있는가?' 하고 자문해 볼 필요가 있다.

L: 이따금 상대방 쪽으로 몸을 기울인다(Lean). 상대방 쪽으로 몸을 기울이는 것은 의사소통을 촉진하는 일종의 신체적 유연성 또는 반응성을 가리킨다.

E: 좋은 시선의 접촉(Eye contact)을 유지한다. 상대방과의 좋은 시선의 접촉은 '당신과 함께 있다. 당신에게 관심을 느끼고, 당신이 하는 말을 듣고 싶다.'라는 뜻을 전달해 준다.

R: 편안하고(Relaxed) 자연스러운 자세를 취한다. 편안한 자세는, 첫째, 조바심을 내거나 주의를 흩뜨리는 표정을 짓지 않는 것이다. 둘째, 몸짓을 편안하고 자연스럽게 하는 것이다.

출처: Egan(1975).

2. 효과적인 의사소통

효과적인 의사소통을 위해서는 경청하기, 반응하기, 의사표현하기 단계에서 다음과 같은 사항을 이해하고 훈련해야 한다.

1) 경청하기

경청한다는 것은 대상의 언어적·비언어적 메시지를 이해하고 포착하는 것을 말한다. 우리는 대화하면서 나의 말을 열심히 경청해 주는 사람에게 긍정적인 감정을 느끼고, 신뢰감을 가지게 된다. 경청을 함으로써 상대방의 감정, 사고, 행동을 무비판적으로 받아들이게 되고, 상대방의 입장을 이해하게 되며, 상대방을 한 개인으로 존중하게 된다.

경청은 스티븐 커비(Stephen Covey), 피터 드러커(Peter Drucker), 톰 피터스(Tom Peters) 등 비즈니스 세계를 선도하는 리더들과 래리 킹(Larry King)이나 오프라 윈프리(Oprah Winfrey) 같은 언어의 마술사들이 공통되게 강조하는 '핵심역량' 중의 하나이다.

(1) 경청의 방해요인

- **짐작하기**: 상대방의 말을 듣고 받아들이기보다 자신의 생각에 들어맞는 단서를 찾아 자신의 생각을 확인한다.
- **대답할 준비하기**: 상대방의 말을 듣고 자신이 다음에 할 말을 생각하기에 바빠서 상대방의 말을 잘 듣지 않는다.
- **걸러내기**: 상대방의 말을 듣기는 하지만 메시지를 온전히 듣지 않고, 듣고 싶지 않은 것은 막아 버리고 듣지 않는다.
- **판단하기**: 상대방의 의견을 비판하기 위해 상대방의 말을 듣지 않는다.
- **다른 생각하기**: 상대방의 말에 관심을 기울이지 못하고 다른 생각을 한다.
- **조언하기**: 다른 사람의 이야기를 충분히 듣지 않고 문제를 해결해 주려고 해서 상대방이 충분히 이야기하지 못한다.
- **언쟁하기**: 반대하거나 논쟁하기 위해 상대방의 말을 듣고 상대방의 말과 상관없이 자신의 입장과 생각을 말하며 방어한다.
- **옳다는 말만 듣기**: 자신의 부족한 점에 대한 말은 듣지 않고 거짓말을 하거나 고함을 지르며 주제를 바꾸거나 변명한다.
- **슬쩍 넘어가기**: 대화가 부담되면 주제를 바꾸거나 농담으로 넘기면서 듣지 않으려고 한다.
- **비위 맞추기**: 충분히 듣지 않고 상대방의 감정에 너무 빨리 동의한다.

(2) 효과적인 경청방법: 적극적 경청(active listening)

- **주의 집중하기**: 관심을 나타내는 자세, 눈 맞춤, 적절한 신체적 움직임, 산만하지 않은 환경을 조성함으로써 주의를 기울인다.
- **질문하기, 격려하기, 침묵하기 등의 태도로 이야기의 흐름을 잘 따라가기**: 모호한 부분에 대해서는 질문을 하고, 상대방의 이야기를 수용하고 격려하는 등 이야기를 촉진할 수 있도록 반응한다.
- **자신이 이해한 바를 전달하기**: 상대방의 이야기를 요약하거나 부연하고, 이야

기를 들으면서 느낀 감정을 전달한다.

2) 반응하기(공감하기)

대화과정에서 상대방의 이야기를 잘 경청할 뿐 아니라 그에 대한 적절한 반응을 보여 주는 일은 중요하다. 상대방의 말을 잘 수용하고 공감하며 지지해 주는 반응이 필요하다. 공감(empathy)적 반응은 상대방의 말을 상대의 관점에서 이해하고, 상대방의 감정을 함께 느끼며, 이에 대해 상대방에게 전달하는 것이다. 효과적인 공감방법은 다음과 같다.

- 상대방의 관점에서 이해하려는 노력이 필요하다. 이를 위해 상대방의 입장과 의견을 충분히 경청하려는 노력이 선행되어야 한다.
- 상대방의 말 속에 담긴 감정과 생각을 포착해야 한다. 표현된 말 이면의 감정이나 생각을 이해하려는 노력이 필요하다.
- 판단이나 평가 없이 상대방의 감정을 함께 느끼고 이러한 느낌을 전달하는 것이다.

3) 의사표현하기

의사표현이란 말하는 사람이 자신의 생각과 감정을 언어적 · 비언어적 메시지로 표현하는 행위를 말한다. 의사표현은 의사소통의 중요한 수단으로서 화자가 청자에게 어떤 영향을 미치기 위해 주장하는 것, 필요한 정보를 제공받기 위해 질문하는 것, 어떤 일을 해 주도록 요청하는 것 등을 목적으로 한다. 의사표현은 공식적 말하기(연설, 토의, 토론 등), 의례적 말하기(식사, 주례, 회의 등), 친교적 말하기로 나눌 수 있다.

(1) 의사표현의 방해요인
- **발표 불안**: 개인적인 차이는 있지만 여러 사람 앞에 섰을 때, 부담과 불안을 느낄 수 있다.

- **말의 속도, 발음, 소리의 크기**: 말의 속도가 너무 빠르거나, 소리가 너무 작거나, 발음이 부정확한 경우에는 의사전달이 어렵다.
- **자세, 몸짓**: 부자연스러운 자세, 내용과 맞지 않는 몸짓 등은 효과적인 내용 전달을 방해한다.

(2) 효과적인 의사표현방법

- **긍정적인 감정 표현하기**: 상대방에 대한 긍정적인 감정을 자각(awareness)하고, 이것을 구체적인 방법으로 전달하려는 노력이 필요하다. 이때 진실성이 느껴지도록 솔직하고 진지하게 표현하는 것이 중요하며, 명료하고 구체적인 어휘를 사용하여 자신의 느낌을 중심으로 전달하거나 그런 느낌을 받은 근거를 함께 전달하는 것이 효과적이다.
- **부정적인 감정 표현하기**: 부정적인 감정을 표현하는 핵심은 상대방의 마음을 상하지 않게 행동이 변화되도록 하여 그러한 행동을 계속하지 않도록 하는 것이다. 부정적인 감정을 효과적으로 표현하기 위해서는 상대방의 잘못을 힐난하기보다는 상대방의 행동으로 인한 나의 불쾌감을 표현하는 것이 바람직하다. 이때 일인칭 표현법(I-Message)을 사용하는 것이 효과적이다. 아울러 상대방을 규제하는 방식보다는 상대방에 대한 나의 바람을 분명하고 정확하게 전달하는 것이 바람직하다.
- **부탁하기**: 자신이 원하는 도움을 얻기 위해서는 효과적인 방법으로 부탁하는 기술이 필요하다. 첫째, 도움을 받고자 하는 내용을 분명하게 부탁하는 것이 바람직하다. 둘째, 도움 요청 전에 상대방이 처한 상황을 파악하는 것이 필요하다. 셋째, 도움을 받기 위해서는 정중하고 설득력 있게 부탁해야 한다. 부탁을 통해 상대방의 도움을 얻는 과정에서 절충과 협상이 개입되기도 한다.
- **거절하기**: 도움을 요청하는 상황에서 상대방의 입장을 고려하며 신중하게 거절하는 것은 중요한 대인기술이다. 거절을 할 때에는, 첫째, 도움이 필요한 상대방의 입장을 충분히 이해했음을 표명하고, 둘째, 도움을 주지 못하는 상황이나 이유를 분명히 설명한다. 아울러 도움을 주지 못하는 것에 대한 아쉬움과 미안함을 전달한다.

효과적인 의사소통을 위한 기본원칙

엘렌슨(Ellenson, 1982)은 원만한 의사소통의 지속을 위해 필요한 기본적인 규칙을 다음과 같이 제시하였다.

첫째, 감정이입이다. 다른 사람의 입장에서 생각해 보는 태도, 온정과 이해의 감정을 전달하는 태도가 필수적이다. 다른 사람의 입장을 이해하기 위해 그 사람의 입장에 서 보는 것은 다른 사람의 경험을 우리가 간접적으로 경험해 보는 것이다.

둘째, 장애물에 대한 인식이다. 자신의 과거 경험, 예견, 신념, 가치관, 관심사가 스스로의 지각에 영향을 미친다는 사실을 인식하고, 자신의 마음을 개방한 상태에서 타인의 이야기를 듣되 선입견을 버리고 의사소통의 과정에 참여해야 한다.

셋째, 피드백 주고받기이다. 피드백은 상대방에게 그의 행동의 결과가 어떠한지에 대해 정보를 제공해 주는 것이다. 또한 정보의 의미를 정정하거나 조정하며 내용을 명확히 하고 초점을 맞추는 과정이다.

넷째, 타인의 말을 경청하기이다. 의사소통과정에서 한 사람이 말을 하면 다른 한 사람은 듣는다. 이런 경우 단순히 그 사람이 하는 말뿐만 아니라 그 사람의 생각과 감정을 알아차리는 '마음의 귀'를 갖고 이야기를 듣는 것이 중요하다. 공감적 경청은 말하는 이에게 관심을 기울여 관찰하고 경청하며 함께하는 것을 의미한다.

다섯째, 권력 사용과 타인 조종 피하기이다. 때로 권위자의 입장에 있는 사람은 자신이 타인에게 마음대로 행동할 수 있는 권리가 있다고 느낀다. '내가 상사이므로 내 방식대로 할 수 있다.'라는 주장은 지위에 부여된 힘을 강제로 사용하겠다는 태도이다. 책임자의 위치에 있는 사람에게는 결정을 내릴 권위가 필요하지만 그 힘을 어떻게 사용하느냐가 문제이다.

여섯째, 인격 대 인격의 관계이다. 우리가 상대방을 한 인격체로 다루고, 그에게 진정으로 '염려하는 태도'를 전달한다면 의사소통의 길은 저절로 열릴 것이다. 이러한 느낌은 두 사람 간에도 가능하며, 큰 집단의 구성원 간에도 가능하다. 이처럼 인격 대 인격의 관계는 이해와 존중을 바탕으로 한다.

일곱째, 상대방을 수용하고 신뢰하기이다. 예의를 갖추고 상대방의 입장을 고려하면서 상대방의 관점을 인정하고, 상대방의 장점을 격려하며 강화해 주는 것이 수용적인 태도이다.

3. 의사소통의 방해요인

1) 의사소통을 방해하는 말(Gordon, 1975)

- 명령, 강요: "너는 반드시 ~해야 한다."와 같은 말은 공포감과 심한 저항을 유발한다.
- 경고, 위협: "~하는 게 좋을 걸. 그렇지 않으면……"과 같은 말은 공포, 원망, 분노를 유발한다.
- 훈계, 설교: "너는 ~해야만 한다."와 같은 말은 의무감이나 죄책감을 일으킨다.
- 논리적 설득, 논쟁: "네가 왜 틀렸냐면……" "문제가 되는 것은……"과 같은 말은 방어적인 자세와 반론을 유발한다.
- 비평, 비난, 비판: "너는 안목이 좁아."와 같은 말은 대화를 단절시킨다.
- 욕설, 조롱: "그래, 너 잘났구나."와 같은 말은 상대방이 가치 없고, 사랑받지 못한다고 느끼게 한다.
- 캐묻기, 심문: "왜?" "누가?"와 같은 질문을 많이 하면 상대방은 말하는 사람이 무슨 의도로 말하는지에 대한 혼란에 빠져 불안해하거나 두려워할 수 있다.
- 충고, 해결방법 제시: "내가 네게 충고하자면……" 이러한 말은 상대방이 자신의 문제를 스스로 해결할 수 없다고 느끼게 하고, 의존성과 저항을 유발한다.
- 동정, 위로: "앞으로 나아질 거야." "걱정하지 마." 이러한 말을 충분한 이해와 공감 없이 하게 될 때는 강한 적개심("말이야 쉽지.")을 유발한다.
- 화제 바꾸기, 빈정거림, 후퇴: "즐거운 일이나 이야기하자." 이러한 말은 삶의 어려운 문제에 대처하기보다는 회피해야 한다는 것을 암시한다. 때로는 상대방의 문제가 중요하지 않고, 사소하거나, 쓸모없다는 의미를 주기도 한다.

이와 같은 전형적인 대화의 걸림돌은 상대방에게 다음과 같은 영향을 준다 (단, 문제가 없는 영역에서는 걸림돌의 사용이 문제가 되지 않을 수 있다).

- 더 이상 말하지 않게 만든다.
- 방어적으로 만든다.
- 논쟁하려고 반격하게 만든다.
- 무능하며 열등하다고 느끼게 만든다.
- 화나고 분개하도록 만든다.
- 있는 그대로의 자신은 수용될 수 없다고 느끼게 만든다.
- 자신의 문제를 해결할 능력에 대해 불신받고 있다고 생각하게 만든다.
- 감정은 정당화될 수 없다고 느끼게 만든다.
- 방해받거나 거절당했다고 느끼게 만든다.
- 좌절하게 만든다.
- 심문받는 것처럼 느끼게 만든다.
- 자신에 대해 관심이 없다고 생각하도록 만든다.

2) 의사소통의 문제점

(1) 말하는 사람의 문제

미숙한 대인관계 능력, 메시지를 명료하게 전달하지 못함, 이중 메시지 또는 혼합 메시지 전달, 과거 경험에 따른 오해와 편견 등

(2) 듣는 사람의 문제

제대로 경청하지 않는 경우, 피드백을 통해 말하는 사람의 의도를 확인하지 않는 경우, 과거 경험에 따른 오해나 편견 등

활동 1. 나의 대인관계 양식은

🗄 **관련 직업기초능력: 의사소통능력**
업무 상황 및 대상에 따라 효과적인 의사소통을 할 수 있는 능력

🗄 **목표**
1. 자신의 의사소통 유형을 파악한다.
2. 그룹에서 자신의 의사소통 유형에 대해 설명하고, 평소에 느끼거나 생각했던 바를 나누면서 정확하게 자기인식을 한다.

🗄 **지시문**
"여러분은 어떤 대인관계 양식을 가지고 생활하고 있습니까? 다음의 검사지를 통해 자신의 대인관계 양식을 파악하고, 그에 따른 의사소통의 유형을 점검해 보도록 합시다."

🗄 **진행과정**
1. 검사지를 나누어 주고 각자 체크한 뒤 채점을 통해 결과 유형을 파악하도록 한다.
2. 결과를 바탕으로 자신의 특성이 가지는 장점과 단점 등을 파악하도록 한다.
3. 각자 결과와 관련된 평소의 의사소통에 대한 에피소드를 떠올려 보고, 이에 대한 생각과 느낀 점 등을 서로 이야기 나누도록 한다.
4. 앞으로 보완해야 할 점 등에 대해 서로 이야기 나누도록 한다.

日 마무리

1. 구성원과 이야기를 나눈 뒤의 소감은 어떠한가?

2. 이 활동에서 새롭게 알게 된 사실은 무엇인가? 느낀 점은 무엇인가?

日 준비물

검사지, 필기도구

(252)

대인관계 양식(의사소통 유형) 검사지

1. 다음을 읽고 자신의 성격이나 대인관계를 잘 나타낸 칸에 ✓표를 해 봅시다.

전혀 그렇지 않다		약간 그렇다		상당히 그렇다		매우 그렇다	
1		2		3		4	

	문 항	1	2	3	4		문 항	1	2	3	4
1	자신감이 있다.					21	온순하다.				
2	꾀가 많다.					22	단순하다.				
3	강인하다.					23	관대하다.				
4	쾌활하지 않다.					24	열성적이다.				
5	마음이 약하다.					25	지배적이다.				
6	다툼을 피한다.					26	치밀하다.				
7	인정이 많다.					27	무뚝뚝하다.				
8	명랑하다.					28	고립되어 있다.				
9	추진력이 있다.					29	조심성이 많다.				
10	자기 자랑을 잘한다.					30	겸손하다.				
11	냉철하다.					31	부드럽다.				
12	붙임성이 없다.					32	사교적이다.				
13	수줍음이 있다.					33	자기주장이 강하다.				
14	고분고분하다.					34	계산적이다.				
15	다정다감하다.					35	따뜻함이 부족하다.				
16	붙임성이 있다.					36	재치가 부족하다.				
17	고집이 세다.					37	추진력이 부족하다.				
18	자존심이 강하다.					38	솔직하다.				
19	독하다.					39	친절하다.				
20	비사교적이다.					40	활달하다.				

2. 채점과 해석

각 유형별 문항에 대한 응답을 다음의 칸에 합산해 봅시다. 그리고 다음 그림에 자신의 점수를 ○표로 표시하고, 점수들을 연결하여 팔각형을 그려 봅시다.

팔각형의 모양이 중심에서 특정 방향으로 기울어진 형태일수록 그 방향의 대인관계 양식이 강하다고 해석됩니다. 이 결과는 자신의 대인관계에 대하여 주관적으로 지각한 것일 뿐이므로 고정관념을 갖지 않도록 유의해야 합니다.

- 지배형 (1, 9, 17, 25, 33) _____
- 복종형 (5, 13, 21, 29, 37) _____
- 실리형 (2, 10, 18, 26, 34) _____
- 순박형 (6, 14, 22, 30, 38) _____
- 냉담형 (3, 11, 19, 27, 35) _____
- 친화형 (7, 15, 23, 31, 39) _____
- 고립형 (4, 12, 20, 28, 36) _____
- 사교형 (8, 16, 24, 32, 40) _____

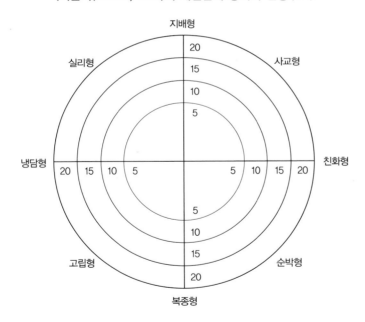

〈키슬러(Kiesler, 1996)의 대인관계 양식의 원형구조〉

키슬러의 대인관계 양식별 특징

유형	특징
지배형	• 자신감이 있고, 자기주장이 강하며, 지도력이 있음 • 논쟁적이고, 독단이 강하여 대인 갈등을 겪을 수 있음 • 타인의 의견을 경청하고 수용하는 자세가 필요함
실리형	• 이해관계에 예민하고, 성취 지향적임 • 경쟁적이고, 자기중심적이고, 타인에 대한 관심과 배려가 부족함 • 타인의 입장을 배려하고, 관심을 갖는 자세가 필요함
냉담형	• 이성적인 의지력이 강함 • 타인의 감정에 무관심하고, 거리감을 두며, 피상적인 대인관계를 가짐 • 타인의 감정 상태에 관심을 가지고 긍정적 감정을 부드럽게 표현하는 기술이 필요함
고립형	• 혼자 있거나 혼자 일하는 것을 선호함 • 사회적 상황을 회피하고, 자신의 감정을 지나치게 억제함 • 대인관계의 중요성을 인식하고, 타인에 대한 비현실적인 두려움의 근원에 대해 깊이 성찰해 보아야 함
복종형	• 타인의 의견을 잘 듣고 따름 • 수동적이고, 의존적이며, 자신감이 없고, 자기주장성이 떨어짐 • 적극적인 자기표현과 자기주장이 필요함
순박형	• 단순하고, 솔직하며, 너그럽고 겸손한 경향을 보임 • 자기 주관이 부족함 • 타인의 의도를 헤아려 보고 행동하는 신중함과 자기를 주장하는 노력이 필요함
친화형	• 따뜻하고, 인정이 많으며, 자기희생적임 • 타인의 요구를 거절하지 못하며, 타인을 즐겁게 하려고 지나치게 노력함 • 타인과의 정서적 거리를 유지하려는 노력이 필요함
사교형	• 외향적이고, 쾌활하며, 대화하기를 선호함 • 인정하는 욕구가 강하며, 타인에 대한 관심이 많아서 간섭하는 경향이 있고, 쉽게 흥분하며 충동적임 • 심리적으로 지나친 인정욕구의 근원에 대한 통찰이 필요함

출처: 권석만(2004)

활동 2. 나는 좋은 경청자인가

🗒 **관련 직업기초능력: 의사소통능력**

업무 상황 및 대상에 따라 효과적인 의사소통을 할 수 있는 능력

🗒 **목표**

자신의 경청 수준을 파악하고, 보완점을 탐색한다.

🗒 **지시문**

"여러분은 자신이 대인관계에서 경청하는 수준이 어느 정도라고 생각하고 있습니까? 자신이 적극적이고 좋은 태도의 경청자인지, 소극적이거나 불량한 경청자인지를 파악해 보도록 합시다."

🗒 **진행과정**

1. 검사지를 나누어 주고, 각자 체크한 뒤 결과를 표시하도록 한다.

2. 결과를 바탕으로 자신의 경청 수준에 대해 이야기하도록 한다.

3. 평소에 그룹 작업을 해 오면서 느낀 다른 구성원의 경청 태도에 대해 피드백하도록 한다. 이때 솔직한 피드백이 될 수 있도록 편안한 분위기를 조성하고, 솔직한 피드백의 중요성 및 필요성을 안내한다.

4. 앞으로 보완해야 할 점 등에 대해 서로 이야기를 나누도록 한다.

⊟ 마무리

1. 구성원과 이야기를 나눈 뒤의 소감은 어떠한가
2. 이 활동에서 새로이 알게 된 사실은 무엇인가?

⊟ 준비물

검사지, 활동지, 필기도구

경청 수준 검사지

1. 다음을 읽고 자신에게 해당되는 칸에 ○표 해 봅시다.

문항	전혀 그렇지 않다	그렇지 않다	보통 이다	그렇다	매우 그렇다
1. 나는 타인의 말을 듣는 것을 좋아한다.	1	2	3	4	5
2. 나는 나에게 커다란 관심을 보이거나 호의적으로 말하는 사람에게 보다 주의를 집중한다.	5	4	3	2	1
3. 나는 타인이 말할 때 그의 어휘력과 비언어적인 의사소통능력을 평가한다.	5	4	3	2	1
4. 나는 정신이 산만하지 않도록 한다. 주위가 산만하면 조용한 자리로 옮기도록 권유한다.	1	2	3	4	5
5. 타인이 내가 말하는 것을 방해할지라도 나는 타인의 말에 주의를 기울여 경청한다.	1	2	3	4	5
6. 타인이 말할 때에는 이야기가 끝날 때까지 기다려 준다.	1	2	3	4	5
7. 나는 나와 관심사를 같이 하는 사람의 이야기에 흥을 돋운다.	5	4	3	2	1
8. 타인의 말을 들으면서도 개인적인 생각으로 오락가락한다.	5	4	3	2	1
9. 나는 타인이 말할 때 그가 전하고자 하는 바를 잘 이해할 수 있도록 상대방의 비언어적 의사소통에 깊은 관심을 표명한다.	1	2	3	4	5
10. 나는 다소 난해한 대화를 나눌 때 애써 아는 척한다.	5	4	3	2	1
11. 나는 타인의 말을 들으면서 내가 대답할 것에 대해 골똘한다.	5	4	3	2	1
12. 나는 타인이 메시지를 잘 전달하지 못한다면 더 충분히 설명할 수 있도록 질문을 던진다.	1	2	3	4	5
13. 나는 상대방의 메시지가 정확하지 않더라도 이해하도록 노력한다.	1	2	3	4	5

14. 나는 타인의 말을 청취할 때 그의 입장에 서 서서 듣고 사물을 바라볼 수 있도록 노력한다.	1	2	3	4	5
15. 대화를 나눌 때 상대방의 메시지를 정확하게 이해했음을 확인시켜 주기 위해 청취한 메시지를 복창한다.	1	2	3	4	5

출처: 이한검, 이수광(2000).

2. 채점 및 해석

각 칸에 적혀 있는 점수를 합산하여 나온 점수를 적어 봅시다. 총점이 높을수록 적극적이고 좋은 태도의 경청자임을 나타냅니다.

활동 3. 경청 게임

日 **관련 직업기초능력: 의사소통능력**

업무 상황 및 대상에 따라 효과적인 의사소통을 할 수 있는 능력

日 **목적**

경청할 때와 경청하지 않을 때의 상황을 비교함으로써 경청의 중요성을 인식하고 그 방법을 익힌다.

日 **지시문**

1. "말하는 사람은 지금부터 2분간 '최근에 가장 기분 나빴던 일'에 대해 이야기하도록 합니다. 이때 듣는 사람은 최대한 상대방의 말을 듣지 않도록 합니다."

2. (1분 30초 후) "상대방이 내 말을 듣지 않으니까 어떠했는지에 대해 말한 사람의 소감을 들어 봅시다."

3. "앞서 역할 그대로 말했던 사람은 이어서 계속 말하고, 듣는 사람은 최대한 적극적으로 상대방의 말을 잘 들어 주도록 합니다."

4. (2분 30초 후) "상대방이 나의 말을 안 들어 줄 때와 비교해서 잘 들어 줄 때 어떤 느낌이었는지에 대해 말한 사람이 소감을 들어 봅시다."

5. "두 가지의 경우에 시간 경과가 어떻게 느껴졌는지에 대해 말하는 사람의 느낌을 들어 봅시다."

6. "자신의 말을 잘 들어 주는 사람의 모습을 보면서 어떤 모습에서 내 말을 잘 들어 준다는 느낌을 받았는지 말해 봅시다."

日 진행과정

1. 2명씩 짝을 짓고, 말하는 사람과 듣는 사람을 정하게 한다.
2. 두 사람이 마주보고 앉아 말하는 사람은 대화를 시작하고, 들어 주는 사람은 잘 들어 주기, 안 들어 주기 상황을 연기한다.
3. 두 가지 상황 이후 말하는 사람이 소감을 말해 보게 한다.
4. 바람직한 경청 태도에 대해 정리하고, 각자의 생활 속에서 실습해 보도록 한다.

日 마무리

1. 이 활동에서 새로이 알게 된 사실은 무엇인가?
2. 내가 적용해야 할 점은 무엇인가?

日 준비물

없음

Tip. 좀 더 알아봅시다

Q1. 나의 의사소통 유형에 역기능적인 면은 없는지 체크해 봅시다.

사티어(Satir) 의사소통 유형 검사지를 통해 자신의 의사소통 유형에 역기능적인 부분은 없는지 체크해 봅시다. 그리고 검사 결과에서 역기능적인 부분이 발견되었다면 앞으로 어떻게 보완해 나갈지 고민해 봅시다.

1. 사티어 의사소통 유형 검사지

다음을 읽고 자신에게 해당하는 칸에 ○표를 해 봅시다.

문 항	a	b	c	d	e
1. 나는 상대방이 불편해 보이면 비위를 맞추려고 한다.					
2. 나는 일이 잘못되었을 때 자주 상대방의 탓으로 돌린다.					
3. 나는 무슨 일이든지 조목조목 따지는 편이다.					
4. 나는 생각이 자주 바뀌고, 동시에 여러 가지 행동을 하는 편이다.					
5. 나는 타인의 평가에 구애받지 않고 내 의견을 말한다.					
6. 나는 관계나 일이 잘못되었을 때 자주 내 탓으로 돌린다.					
7. 나는 다른 사람의 의견을 무시하고 내 의견을 주장하는 편이다.					
8. 나는 이성적이고, 차분하며, 냉정하게 생각한다.					
9. 나는 다른 사람에게 정신이 없거나 산만하다는 소리를 듣는다.					
10. 나는 부정적인 감정도 솔직하게 표현한다.					
11. 나는 지나치게 남을 의식하여 나의 생각이나 감정을 표현하는 것을 두려워한다.					
12. 나는 내 의견이 받아들여지지 않으면 화가 나서 언성을 높인다.					
13. 나는 나의 견해를 분명하게 표현하기 위해 객관적인 자료를 자주 인용한다.					
14. 나는 상황에 적절하지 못한 말이나 행동을 자주 하고, 딴전을 잘 피우는 편이다.					
15. 나는 다른 사람이 부탁을 할 때 내가 원하지 않으면 거절한다.					

문항					
16. 나는 사람의 얼굴 표정, 감정, 말투에 신경을 많이 쓴다.					
17. 나는 타인의 결점이나 잘못을 잘 찾아내어 비판한다.					
18. 나는 실수하지 않으려고 애를 쓰는 편이다.					
19. 나는 곤란하거나 난처할 때에는 농담이나 유머로 그 상황을 바꾸려 하는 편이다.					
20. 나는 나 자신에 대해 편안하게 느낀다.					
21. 나는 타인을 배려하고 잘 돌보아 주는 편이다.					
22. 나는 명령적이고 지시적인 말투를 자주 사용하기 때문에 상대방에게 공격받는다는 느낌을 줄 때가 있다.					
23. 나는 불편한 상황을 그대로 넘기지 못하고 시시비비를 따지는 편이다.					
24. 나는 불편한 상황에서는 안절부절못하거나 가만히 있지를 못한다.					
25. 나는 모험하는 것을 두려워하지 않는다.					
26. 나는 다른 사람이 나를 싫어할까 봐 두려워서 위축되거나 불안을 느낄 때가 많다.					
27. 나는 사소한 일에도 잘 흥분하거나 화를 낸다.					
28. 나는 현명하고 침착하지만 냉정하다는 말을 자주 듣는다.					
29. 나는 한 주제에 집중하기보다는 화제를 자주 바꾼다.					
30. 나는 다양한 경험에 개방적이다.					
31. 나는 타인의 요청을 거절하지 못하는 편이다.					
32. 나는 자주 근육이 긴장되고, 목이 뻣뻣하며, 혈압이 오르는 것을 느끼곤 한다.					
33. 나는 나의 감정을 표현하는 것이 힘들고 혼자인 느낌이 들 때가 많다.					
34. 나는 분위기가 침체되거나 지루해지면 분위기를 바꾸려고 한다.					
35. 나는 나만의 독특한 개성을 존중한다.					
36. 나는 나 자신이 가치가 없는 것 같아 우울하게 느껴질 때가 많다.					
37. 나는 다른 사람에게 비판적이거나 융통성이 없다는 말을 듣기도 한다.					
38. 나는 목소리가 단조롭고, 무표정하며, 경직된 자세를 취하는 편이다.					
39. 나는 불안하면 호흡이 고르지 못하고 머리가 어지럽기도 한다.					
40. 나는 누가 나의 의견에 반대해도 감정이 상하지 않는다.					
합계					

출처: 김영애(2008).

2. 채점 및 해석

> a: 회유형　　b: 비난형　　c: 초이성형　　d: 산만형　　e: 일치형

　유형별로 해당하는 개수를 합하여 높은 점수가 나온 유형이 여러분이 주로 쓰는 의사소통 유형입니다. 그러나 상황이나 대상에 따라 다른 의사소통 유형을 사용할 수 있습니다. 역기능적인 의사소통을 반복적으로 사용하여 관계를 그르칠 때는 자신의 의사소통이 변화되도록 노력할 필요가 있습니다.

사티어 등(1991)의 역기능적 의사소통 유형의 특성

항목	회유형	비난형	초이성형	산만형
언어적 표현	"제가 잘못했어요." "난 오로지 널 위해 산다" "당신이 없으면 큰일이에요."	"모든 게 네 잘못이다." "넌 제대로 하는 게 없다."	"미안합니다. 제가 부주의하여 당신의 팔을 쳤군요. 혹 피해를 줬다면 손해배상을 청구하세요."	"그대로 놔 두어라."("내버려 두어라.")
정서 반응	구걸하는 느낌, 자신 없는 목소리와 자세	타인을 비난하는 자세	냉담한 마음, 조용하고 경직된 자세	혼란스러움, 마음이 콩밭에 있음
행동	사리, 변명, 양보, 우는 소리, 순교적, 모든 것 제공	공격적, 명령적, 타인의 약점 발견	권위적, 원칙주의, 의도적, 조작적	산만하고 초점이 없음
내적 경험	"난 아무 가치도 없어!"	"난 외로운 실패자이다." "난 세상의 피해자이다."	"나는 외롭고 상처받기 쉽다."	"이곳은 내가 설 자리가 아니다(무가치)." "아무것도 상관하지 않겠다(무관심)."
심리 상태	신경과민, 우울증, 자기연민, 자살 경향	과대망상, 일탈적 성향	강박적, 긴장됨, 반사회적, 사회적 고립	혼돈, 어색함, 정신병적 경향성
신체적 증상	소화기관장애, 변비, 편두통	혈액순환장애, 고혈압, 관절염, 근육통, 천식	심장과 근육의 경직, 건조성, 암, 임파·점액 질환	신경계통장애, 편두통, 위장장애, 메스꺼움, 변비, 당뇨
초점	자기를 무시, 상황과 타인을 중시	다른 사람을 무시, 자기와 상황을 중시	자기와 타인을 무시, 상황만 중시	자기, 타인, 상황을 모두 무시

〈계속〉

강점	배려와 민감성	강한 자기주장	지적 능력과 논리성	낙천성, 창의력
치료 목표	• 자기 지각하기, 자신의 욕구, 감정, 경계선, 책임 인식 • 주장훈련 • 분노 조절 훈련	• 인지적 왜곡의 교정 • 자기 감정의 통찰과 감정 조절 • 정확한 규칙의 설정 • 경청 훈련	• 비언어적 표현에 대한 통찰력 • 신체 이완 훈련 • 공감 훈련	• 감수성 훈련: 감정 인식, 신체 접촉 • 주의 집중하기: 명상, 정관(관조) • 주장 훈련

제11장
수리능력과 기술능력

 학 습 개 요

　직장에서 업무를 수행하는 직업인에게 직업기초능력으로서
의 수리능력은 중요하다. 이러한 수리능력은 직장생활에서 필요
한 기초적인 사칙연산과 계산방법을 이해하고 활용하는 기초연
산능력, 평균, 합계, 빈도와 같은 기초적인 통계기법을 활용하여
자료의 정리 및 요약 등을 실행하고, 자료의 특성과 경향성을 파
악하는 기초통계능력, 도표의 의미를 파악하고, 필요한 정보를
해석하는 도표분석능력, 도표를 이용하여 데이터를 효과적으로
제시하는 도표작성능력으로 구성되어 있다.
　따라서 수리능력의 목표는 직장생활에서 요구되는 사칙연산
과 기초적인 통계방법을 이해하고, 도표의 의미를 파악하거나,
도표를 이용해서 자료를 효과적으로 제시하는 능력, 즉 효과적
인 프레젠테이션능력을 기르는 것이다.

1. 수리능력과 기술능력의 개념

직업기초능력의 한 분야인 수리능력은 '직장생활에서 요구되는 사칙연산과 기초적인 통계를 이해하고, 자료(데이터)를 도표로 정리 및 요약하여 의미를 파악하거나, 도표를 이용해서 합리적인 의사결정을 위한 객관적인 판단 근거를 제시하는 능력'을 의미한다. 특히 직업인으로서 업무를 효과적으로 수행하기 위해서는 다단계의 복잡한 연산을 수행하고 다양한 도표를 만들며 내용을 종합하는 능력이 매우 중요하다는 측면에서 수리능력의 함양은 필수적이다.

이러한 수리능력은 [그림 11-1]과 같이 기초연산능력, 기초통계능력, 도표분석능력, 도표작성능력으로 구성된다.

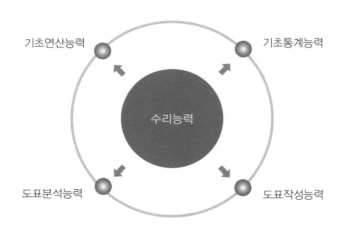

[그림 11-1] 수리능력의 구성 개념

기초연산능력이란 '직장생활에서 필요한 기초적인 사칙연산과 계산방법을 이해하고 활용하는 능력'을 의미한다. 특히 기초연산능력은 직장생활에서 다단계의 복잡한 사칙연산을 수행하고, 연산결과의 오류를 판단하며 수정하는 것이 요구된다는 측면에서 필수적인 능력이다. 구체적으로 살펴보면 기초연산능력은 업무상 계산을 수행하고 결과를 정리하는 경우, 업무 비용을 측정하는 경우, 고객과 소비자의 정보를 조사하고 결과를 종합하는 경우, 조직의 예산을 작성하는 경우, 업무수행 경비를 제시하여야 하는 경우, 다른 상품과 가격 비교를 하여야 하는 경우, 타인에게 업무 내용을 간결하고 명확하게 전달하려는 경우 등에서 필요한 능력이다.

기초통계능력이란 '직장생활에서 평균, 합계, 빈도와 같은 기초적인 통계기법을 활용하여 자료를 정리하고 요약하는 능력'을 의미한다. 특히 기초통계능력은 직장생활에서 다단계의 복잡한 통계기법을 활용하여 결과의 오류를 수정하는 것이 요구된다는 측면에서 필수적인 능력이다. 또한 기초통계능력은 자료 특성의 계산방식과 관련이 있으므로 연산능력과 깊은 관계가 있다. 구체적으로 살펴보면 기초통계능력은 연간 상품의 판매 실적을 제시하여야 하는 경우, 업무 비용을 다른 조직과 비교하여야 하는 경우, 업무 결과를 제시하여야 하는 경우, 상품 판매를 위한 지역 조사를 실시하여야 하는 경우 등에서 필요한 능력이다.

도표분석능력이란 '직장생활에서 도표(그림, 표, 그래프 등)의 의미를 파악하고, 필요한 정보를 해석하여 자료의 특성을 규명하는 능력'을 의미한다. 특히 도표분석능력은 직장생활에서 다양한 도표를 분석하여 내용을 종합하는 것이 요구된다는 측면에서 필수적인 능력이다. 구체적으로 살펴보면 도표분석능력은 업무수행과정에서 도표로 주어진 자료를 해석하는 경우, 도표로 제시된 업무 비용을 측정하는 경우, 조직의 생산가동률 변화표를 분석하는 경우, 계절에 따른 고객의 요구도가 그래프로 제시된 경우, 경쟁업체와의 시장점유율이 그림으로 제시된 경우, 고객과 소비자의 정보를 조사하여 자료의 경향성을 제시하는 경우 등에서 필요한 능력이다.

도표작성능력이란 '직장생활에서 도표를 이용하여 데이터를 효과적으로 제시하는 능력'을 의미한다. 특히 도표작성능력은 직장생활에서 다양한 도표를 활용해 내용을 강조하는 것이 매우 중요하다는 측면에서 필수적인 능력이다. 구체적으로 살펴보면 도표작성능력은 도표를 사용하여 업무 결과를 제시하는 경우, 업무의 목적에 맞게 계산결과를 묘사하는 경우, 업무 중에 계산을 수행하고 결과를 정리하는 경우, 업무에 소요되는 비용을 시각화해야 하는 경우, 고객과 소비자의 정보를 조사하여 그 결과를 설명하는 경우 등에서 필요한 능력이다.

2. 수리능력의 성취 수준

수리능력에 대한 성취 수준은 직업기초능력으로서의 수리능력표준(국가직무능력표준, http://www.ncs.go.kr)을 참고할 수 있다(〈표 11-1〉 참조). 제시된 성취 수준은 직업기초능력으로서의 수리능력과 수리능력의 하위능력인 기초연산능력, 기초통계능력, 도표분석능력 및 도표작성능력을 학습자들이 갖추고 있는지를 판단하는 기준이 된다. 이 성취 수준은 학력과 관련되어 있으며, 상(上)은 4년제 대학 졸업자 수준, 중(中)은 2년제 대학 졸업자 수준, 하(下)는 고등학교 졸업자 수준을 의미한다. 예를 들어, 수리능력의 하 수준은 직장생활에서 덧셈, 뺄셈과 같은 간단한 사칙연산을 하고 연산결과를 확인하는 단계인 데 반해, 중 수준은 이를 검토할 수 있고, 상 수준은 오류를 수정할 수 있는 단계이다.

표 11-1 직업기초능력으로서의 수리능력표준에 따른 성취 수준

구분		성취 수준
기초 연산 능력	상	직장생활에서 다단계의 복잡한 사칙연산을 하고 연산결과의 오류를 수정한다.
	중	직장생활에서 다른 형식으로 변환하는 기본적인 사칙연산을 하고 연산결과를 검토한다.
	하	직장생활에서 덧셈, 뺄셈과 같은 간단한 사칙연산을 하고 연산결과를 확인한다.
기초 통계 능력	상	직장생활에서 다단계의 복잡한 통계기법을 활용하고 통계결과의 오류를 수정한다.
	중	직장생활에서 비율을 구하는 기본적인 통계기법을 활용하고 통계결과를 검토한다.
	하	직장생활에서 평균을 구하는 간단한 통계기법을 활용하고 통계결과를 확인한다.
도표 분석 능력	상	직장생활에서 접하는 다양한 도표를 총괄하여 내용을 종합한다.
	중	직장생활에서 접하는 두세 가지의 도표를 비교하여 내용을 요약한다.
	하	직장생활에서 접하는 한 가지의 도표를 보고 내용을 이해한다.

〈계속〉

도표 작성 능력	상	직장생활에서 다양한 도표를 활용하여 내용을 강조해서 제시한다.
	중	직장생활에서 두세 가지의 도표를 활용하여 내용을 비교해서 제시한다.
	하	직장생활에서 한 가지의 도표를 활용하여 내용을 제시한다.

3. 수리능력의 점검

1) 사전평가 체크리스트

〈표 11-2〉는 모든 직업인에게 공통적으로 요구되는 수리능력의 수준을 스스로 알아볼 수 있는 체크리스트이다. 본인의 평소 행동을 잘 생각해 보고, 행동과 일치하는 것에 체크해 보도록 한다.

표 11-2 **수리능력 사전평가 체크리스트**

문항	그렇지 않은 편이다	그저 그렇다	그런 편이다
1. 나는 수리능력의 중요성을 설명할 수 있다.	1	2	3
2. 나는 업무를 수행함에 있어서 수리능력이 활용되는 경우를 설명할 수 있다.	1	2	3
3. 나는 업무수행과정에서 기본적인 통계를 활용할 수 있다.	1	2	3
4. 나는 업무수행과정에서 도표를 읽고 해석할 수 있다.	1	2	3
5. 나는 업무수행에 필요한 수의 개념, 단위 및 체제 등을 설명할 수 있다.	1	2	3
6. 나는 사칙연산을 활용하여 업무수행에 필요한 계산을 수행할 수 있다.	1	2	3
7. 나는 검산방법을 활용하여 연산결과의 오류를 확인할 수 있다.	1	2	3
8. 나는 업무수행에 활용되는 기초적인 통계방법을 설명할 수 있다.	1	2	3
9. 나는 업무수행과정에서 기본적인 통계자료를 읽고 해석할 수 있다.	1	2	3

〈계속〉

10. 나는 통계방법을 활용하여 업무수행에 필요한 자료를 제시할 수 있다.	1	2	3
11. 나는 도표의 종류별 장단점을 설명할 수 있다.	1	2	3
12. 나는 제시된 도표에서 필요한 정보를 획득할 수 있다.	1	2	3
13. 나는 제시된 도표를 비교하고 분석하여 업무에 적용할 수 있다.	1	2	3
14. 나는 효과적인 도표 작성 절차를 설명할 수 있다.	1	2	3
15. 나는 도표를 활용하여 핵심 내용을 강조할 수 있다.	1	2	3
16. 나는 도표의 종류에 따른 효과적인 제시방법을 설명할 수 있다.	1	2	3

출처: 국가직무능력표준(www.ncs.go.kr)

2) 평가방법

체크리스트의 문항별로 자신이 체크한 결과에 따른 개수를 다음 표에 적어 보도록 한다. 진단방법에 따라 자신의 수준을 진단한 후, 한 문항이라도 '그렇지 않은 편이다'가 나오면 그 부분이 부족한 것이기 때문에 해당하는 학습내용을 익히도록 한다.

문항	수준	개수	학습할 영역
1~4번	그렇지 않은 편이다	(　　)개	수리능력
	그저 그렇다	(　　)개	
	그런 편이다	(　　)개	
5~7번	그렇지 않은 편이다	(　　)개	기초연산능력
	그저 그렇다	(　　)개	
	그런 편이다	(　　)개	
8~10번	그렇지 않은 편이다	(　　)개	기초통계능력
	그저 그렇다	(　　)개	
	그런 편이다	(　　)개	

〈계속〉

	그렇지 않은 편이다	( )개	
11~13번	그저 그렇다	( )개	도표분석능력
	그런 편이다	( )개	
	그렇지 않은 편이다	( )개	
14~16번	그저 그렇다	( )개	도표작성능력
	그런 편이다	( )개	

3) 학습해야 할 수리능력과 기술능력

(1) 수리능력

개념 부분에서 설명하였듯이 수리능력은 '직장생활에서 요구되는 사칙연산과 기초적인 통계를 이해하고 도표의 의미를 파악하거나 도표를 이용해서 결과를 효과적으로 제시하는 능력'을 의미한다. 수리능력의 하위능력은 기초연산능력, 기초통계능력, 도표분석능력, 도표작성능력 등으로 구성된다.

(2) 기초연산능력

우리는 직장생활을 하면서 업무수행에 필요한 기초적인 사칙연산과 계산방법을 이해하고 있어야 한다. 즉, 덧셈, 뺄셈, 곱셈, 나눗셈 등과 같은 간단한 사칙연산에서부터 다단계의 복잡한 사칙연산까지 수행할 수 있어야 하며, 연산결과의 오류까지도 수정할 수 있는 능력이 요구된다.

업무수행과정에서 연산능력이 요구되는 대표적인 상황으로는, 첫째, 업무상 계산을 수행하고 결과를 정리하는 경우, 둘째, 조직의 예산안을 작성하는 경우, 셋째, 업무 비용을 측정하는 경우, 넷째, 업무수행 경비를 제시해야 하는 경우, 다섯째, 고객과 소비자의 정보를 조사하여 결과를 종합하는 경우, 여섯째, 다른 상품과 가격 비교를 하는 경우 등을 들 수 있다.

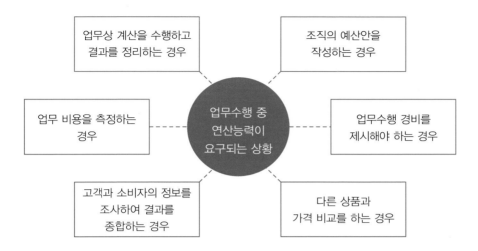

[그림 11-2] 업무수행과정에서 연산능력이 요구되는 상황

(3) 기초통계능력

　직업인에게 있어서 통계란 업무수행에 있어서 관심의 대상이 되는 자료를 수집하고 정리 및 요약하며, 제한된 자료나 정보를 토대로 불확실한 사실에 대하여 과학적인 판단을 내릴 수 있도록 그 방법을 제시해 주는 도구라는 측면에서 매우 중요하다. 기본적인 통계가 업무수행 중에 활용되는 경우는 다음과 같다.

- 고객과 소비자의 정보를 조사하여 자료의 경향성을 제시하는 경우
- 연간 상품 판매 실적을 제시하는 경우
- 업무 비용을 다른 조직과 비교하여야 하는 경우
- 업무 결과를 제시하는 경우
- 상품 판매를 위한 지역 조사를 실시하는 경우
- 판매 전략을 수립하고, 시장관리를 하여야 하는 경우
- 판매를 예측하여 목표를 수립하여야 하는 경우
- 거래처 관리를 하여야 하는 경우
- 판매 활동의 효율화를 도모하여야 하는 경우
- 마케팅 분석을 하여야 하는 경우
- 재무관리와 이익관리를 하여야 하는 경우

(4) 도표분석능력

직업인은 업무를 수행할 때뿐만 아니라 뉴스를 보거나 신문을 읽을 때에도 다양한 표와 그래프를 접하게 된다. 특히 표와 그래프를 정확하게 읽고 의미를 찾아내며 향후 추이를 분석해 내는 능력은 직업인에게 필수적이라고 할 수 있다.

도표란 선, 그림, 원 등으로 그려서 내용을 시각적으로 표현하는 것이다. 따라서 한눈에 내용을 파악할 수 있다는 데 그 특징이 있다.

도표 해석 시 유의사항은 다음과 같다.

첫째, 직업인으로서 자신의 업무와 관련된 기본적인 지식의 습득을 통하여 특별한 지식을 일반지식, 즉 상식화할 필요가 있다.

둘째, 도표에 제시된 자료의 의미에 대한 정확한 숙지이다. 주어진 도표를 무심코 해석하다 보면 자료가 지니고 있는 진정한 의미를 확대하여 해석할 수 있으므로 자료의 의미를 먼저 이해하여야 한다.

셋째, 도표로부터 알 수 있는 것과 알 수 없는 것을 구별할 필요가 있다. 즉, 주어진 도표의 의미를 확대 해석하여서는 곤란하며, 주어진 도표를 토대로 자신의 주장을 충분히 추론할 수 있는 보편타당한 근거를 제시해 주어야 한다.

넷째, 총량의 증가와 비율 증가를 구분할 필요가 있다. 비율이 같다고 하더라도 총량에 있어서는 많은 차이가 있을 수 있다. 또한 비율에 차이가 있다고 하더라도 총량이 표시되어 있지 않은 경우에는 비율 차이를 근거로 절대적 양의 크기를 평가할 수 없기 때문에 이에 대한 세심한 검토가 요구된다.

다섯째, 백분위수와 사분위수를 이해할 수 있어야 한다. 백분위수는 크기순으로 배열한 자료를 100등분 하는 수의 값을 의미한다. 예를 들어, 제p백분위수란 자료를 크기순으로 배열하였을 때 p%의 관찰값이 그 값보다 작거나 같고, (100-p)%의 관찰값이 그 값보다 크거나 같게 되는 값을 말한다. 한편, 사분위수란 자료를 4등분한 것으로, 제1사분위수는 제25백분위수, 제2사분위수는 제50백분위수(중앙치), 제3사분위수는 제75백분위수에 해당한다.

(5) 도표작성능력

도표를 작성하는 목적은 다음의 세 가지로 정리할 수 있다.

첫째, 보고 및 설명을 위해서이다. 회사 내 회의에서 설명을 하거나, 상급자에게 보고를 비롯하여 각종 통계 등에 쓰인다고 볼 수 있다. 그러나 도표가 단순히 보고 및 설명용으로 쓰인다고 하면 모든 것의 사후 결과만을 표시하는 것이 되어 무의미하다. 때로는 현상 분석을 하여 전체의 경향 혹은 이상 수치를 발견하거나, 문제점을 명백히 밝혀 대책이나 계획을 세우기 위해 적극적으로 활용된다.

둘째, 상황 분석을 위해서이다. 이는 도표를 보다 적극적으로 활용하는 경우라고 할 수 있다. 회사의 상품별 매출액의 경향을 본다거나 거래처의 분포 등을 보는 경우 등이 그 예이다.

셋째, 관리목적을 위해서이다. 진도관리도표나 회수상황도표 등이 이에 해당된다.

효과적으로 도표를 작성하기 위해서는 다음과 같은 절차를 따르도록 한다.

① 어떠한 도표로 작성할 것인지를 결정한다.
② 가로축과 세로축에 나타낼 것을 결정한다.
③ 가로축과 세로축의 눈금의 크기를 결정한다.
④ 자료의 내용을 가로축과 세로축이 만나는 곳에 표시한다.
⑤ 표시된 점들을 따라 도표를 작성한다.
⑥ 도표의 제목 및 단위를 표기한다.

(6) 단위 환산방법

단위	단위 환산
길이	1cm=10mm, 1m=100cm, 1km=1,000m
넓이	$1cm^2=100mm^2$, $1m^2=10,000cm^2$, $1km^2=1,000,000m^2$
부피	$1cm^3=1,000mm^3$, $1m^3=1,000,000cm^3$, $1km^3=1,000,000,000m^3$
들이	$1ml=1cm^3$, $1dl=100cm^3=100ml$, $1l=1,000cm^3=10dl$
무게	1kg=1,000g, 1t=1,000kg=1,000,000g
시간	1분=60초, 1시간=60분=3,600초
할푼리	1푼=0.1할, 1리=0.01할, 모=0.001할

활동 1. 연도별 · 월별 판매 실적표 작성의 절차

ㅂ 관련 직업기초능력: 수리능력 및 기술능력
직장생활에서 그림, 표, 그래프 등을 이용하여 결과를 효과적으로 제시하는
도표작성능력

ㅂ 목표
직장생활에서 그림, 표, 그래프 등을 이용하여 결과를 효과적으로 제시하는
능력을 기를 수 있다.

ㅂ 지시문
"직장에서 업무 결과를 정리하고자 할 때 도표로 작성함으로써 결과를 효과
적으로 제시할 수 있습니다. 그러나 도표를 작성할 때에는 일반적으로 지켜야
하는 절차가 있습니다. 도표를 작성하는 데 있어 일반적인 절차에 대해서 알아
보도록 합시다."

ㅂ 진행과정
1. '연도별 · 월별 판매 실적표 그리기'의 사례를 읽고, 도표를 작성하는 절차
   를 생각해 보도록 한다.
2. 도표를 작성할 때 일정한 절차가 있음을 익히도록 한다.
3. 사례를 읽고 학습자 스스로 도표를 작성하는 절차를 배열할 수 있도록 시
   간을 부여한다.
4. 도표를 작성할 때 유의점은 무엇인지에 대해 서로 이야기를 나누게 한다.

日 마무리

1. 사례를 통해 도표를 작성하는 절차를 이해하였는가?

2. 도표를 작성할 때 유의점은 무엇인가?

日 준비물

활동지, 필기도구

연도별 · 월별 판매 실적표 작성의 절차

다음은 K제약회사의 2년간에 걸친 제품 판매 실적이다. J 씨는 이를 토대로
도표를 작성하려고 한다.

(단위: 만 원)

	1월	2월	3월	4월	5월	6월	7월	8월	9월	10월	11월	12월	합계
2018년	16	17	18	17	20	25	23	26	22	25	29	33	271
2019년	18	22	25	25	28	33	28	31	26	28	31	35	330

먼저 J 씨는 주어진 자료를 어떠한 도표로 나타낼 것인지를 고민하였다. 그러
고 나서 주어진 자료는 시간 변화에 따른 변화 추이를 나타내야 하므로 꺾은선
그래프를 사용하기로 하였다.

그 후 J 씨는 가로축에 '월'을, 세로축에 '매출액'을 나타내기로 하였고, 세로축
의 한 눈금의 크기를 5로 정하면 충분히 매출액의 변화 추이를 나타낼 수 있을
것으로 생각하였다. 그리고 주어진 자료의 내용을 그래프의 가로, 세로 눈금에
서 찾은 후 서로 만나는 자리에 점을 찍고, 그 점을 선분으로 이었다. 마지막으
로 도표의 제목을 '연도별 · 월별 판매 비교 그래프'라고 명명하고, 이를 그래프
밑에 표기하여 다음과 같이 아주 훌륭한 그래프를 작성하였다.

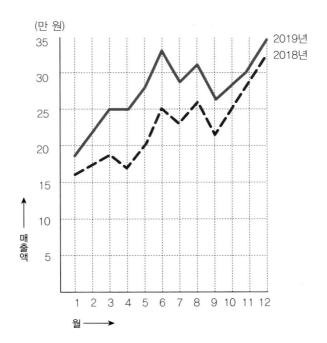

[연도별 · 월별 판매 비교 그래프]

이와 같은 '연도별 · 월별 판매 실적표 그리기' 사례에서 J 씨는 주어진 자료를 이용하여 '연도별 · 월별 판매 비교 그래프'를 작성하였다. 다음 〈보기〉는 도표를 작성할 때 수행하여야 하는 일을 무작위로 배열해 놓은 것이다. 일반적인 도표의 작성 절차의 순서를 알아보도록 한다. 사례에서 J 씨는 어떠한 절차에 따라 도표를 작성하였는지 〈보기〉에서 찾아 다음의 표를 채워 본다.

J 씨의 도표 작성 절차
1.

⬇

2.

⬇

3.

⬇

4.

⬇

5.

⬇

6.

ㄱ. 가로축과 세로축에 나타낼 것을 결정한다.
ㄴ. 어떠한 도표로 작성할 것인지를 결정한다.
ㄷ. 자료의 내용을 가로축과 세로축이 만나는 곳에 표시한다.
ㄹ. 가로축과 세로축의 눈금의 크기를 결정한다.
ㅁ. 도표의 제목 및 단위를 표기한다.
ㅂ. 표시된 점을 따라 도표를 작성한다.

※ 정답 및 해설은 이 장의 마지막 페이지에서 확인할 수 있음

Tip. 좀 더 알아봅시다

• 도표의 작성 절차

① 어떠한 도표로 작성할 것인지를 결정한다

업무수행 과정에서 도표를 작성할 때에는 우선 주어진 자료를 면밀히 검토하여 어떠한 도표를 활용할 것인지를 결정한다. 도표는 목적이나 상황에 따라 올바르게 활용할 때 실효를 거둘 수 있으므로 어떠한 도표를 활용할 것인지를 결정하는 일이 선행되어야 한다.

② 가로축과 세로축에 나타낼 것을 결정한다

주어진 자료를 활용하여 가로축과 세로축에 무엇을 나타낼 것인지를 결정하여야 한다. 일반적으로 가로축에는 명칭 구분(연, 월, 장소 등)을, 세로축에는 수량(금액, 매출액 등)을 나타내며, 축의 모양은 L자형이 일반적이다.

③ 가로축과 세로축의 눈금의 크기를 결정한다

주어진 자료를 가장 잘 표현할 수 있도록 가로축과 세로축의 눈금의 크기를 결정하여야 한다. 한 눈금의 크기가 너무 크거나 작으면 자료의 변화를 잘 표현할 수 없으므로 자료를 가장 잘 표현할 수 있는 크기로 정하는 것이 바람직하다.

④ 자료의 내용을 가로축과 세로축이 만나는 곳에 표시한다

자료의 내용 각각을 결정된 축에 표시한다. 이때 가로축과 세로축이 만나는 곳에 올바르게 표시하여야 정확한 그래프를 작성할 수 있으므로 주의하여야 한다.

⑤ 표시된 점을 따라 도표를 작성한다

표시된 점을 활용하여 실제로 도표를 작성한다. 선그래프라면 표시된 점을

선분으로 이어 도표를 작성하고, 막대그래프라면 표시된 점을 활용하여 막대를 그려 도표를 작성한다.

⑥ 도표의 제목 및 단위를 표기한다

도표를 작성한 후에는 도표의 상단 혹은 하단에 제목과 함께 단위를 표기한다.

활동 2. 서로 다른 도표인가

⽇ 관련 직업기초능력: 수리능력 및 기술능력

직장생활에서 그림, 표, 그래프 등을 이용하여 결과를 효과적으로 제시하는 도표작성능력

⽇ 목표

사례를 통하여 도표 작성 시 유의할 내용을 제시하고, 학습자들이 연관성을 찾도록 한다.

⽇ 지시문

"직업인으로서 업무수행과정에서 실제로 도표를 작성할 때 유의사항을 잘 준수한다면 더욱 훌륭한 도표를 작성할 수 있다. 도표를 작성할 때 유의하여야 할 사항에 대해서 알아보도록 합시다."

⽇ 진행과정

1. '서로 다른 도표인가'의 사례를 읽고, 같은 자료를 가지고도 다른 도표가 작성될 수 있다는 것을 살펴보도록 한다.
2. '서로 다른 도표인가'의 사례에서 세로축의 한 눈금의 크기를 다르게 설정하여 상대적으로 분기별 매출액의 차이가 다르게 나타났음을 알도록 한다.
3. 도표를 작성할 때 같은 자료를 가지고 다른 결론을 내릴 수 있다는 점을 알도록 한다.

4. 학습자가 도표 작성 시 유의할 점을 정리하게 하고 스스로 평가문제에 답할 시간을 준다.

日 마무리

1. 사례를 통해 도표 작성 시 유의할 점을 이해하였는가?
2. 스스로 도표 작성 시 유의사항을 정리하고 그것을 기억할 수 있는가?

日 준비물

활동지, 필기도구

서로 다른 도표인가

제약회사에 근무하는 J 씨와 L 씨는 동일한 자료를 활용하여 분기별 매출액 변동 그래프를 다음과 같이 작성하였다.

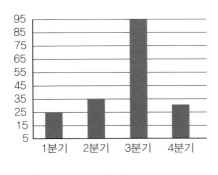

[J 씨의 분기별 매출액 그래프]

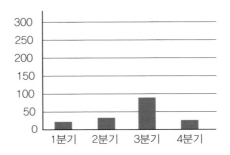

[L 씨의 분기별 매출액 그래프]

J 씨는 작성한 분기별 매출액 그래프를 통해 3분기의 매출액이 다른 시기에 비해 월등하게 크다고 결론을 내린 반면, L 씨는 3분기의 매출액이 다른 시기에 비해 크기는 하지만 그 차이는 그리 크지 않다는 결론을 내렸다. 두 사람은 같은 자료로 도표를 작성하였지만 해석은 크게 다르게 내린 셈이다.

J 씨와 L 씨는 같은 자료를 가지고 '분기별 매출액 그래프'를 작성하였지만 매우 다른 결론을 내렸습니다. 이와 같은 결론을 내리게 된 이유는 무엇인지에 대해 각자의 생각을 적어 보도록 합시다.

〈J 씨와 L 씨가 다른 결론을 내리게 된 이유〉

Tip. 좀 더 알아봅시다

다음은 도표의 종류별로 도표 작성 시 유의하여야 할 사항을 제시한 것입니다.

• 선그래프 작성 시 유의점

선(절선)그래프를 작성할 때에는 가로축에 명칭 구분(연, 월, 장소 등)을, 세로축에 수량(금액, 매출액 등)을 제시하며, 축의 모양은 L자형으로 구성하는 것이 일반적이다. 또한 선그래프에서는 선의 높이를 보고 수치를 파악하는 경우가 많으므로 세로축의 눈금을 가로축의 눈금보다 크게 하는 것이 효과적이다. 특히 선이 두 종류 이상인 경우에는 반드시 무슨 선인지 그 명칭을 기입해 주어야 하며, 그래프를 보다 보기 쉽게 하기 위해서는 중요한 선을 다른 선보다 굵게 하거나 그 선만 색을 다르게 하는 등의 노력을 기울일 필요가 있다.

• 막대그래프 작성 시 유의점

막대를 세로로 할 것인가, 가로로 할 것인가의 선택은 개인의 취향에 따라 다르지만 세로로 하는 것이 보다 일반적이다. 또한 축은 L자형으로 구성하는 것이 일반적이지만 가로 막대그래프는 사방을 틀로 싸는 것이 좋다. 가로축은 명칭 구분(연, 월, 장소 등)으로, 세로축은 수량(금액, 매출액 등)으로 정하며, 부득이하게 막대 수가 많을 경우에는 눈금선을 기입하는 것이 알아보기 쉽다. 다만 막대의 폭을 모두 같게 하는 것은 꼭 지켜야 할 사항이다.

• 원그래프 작성 시 유의점

일반적으로 원그래프를 작성할 때에는 정각 12시의 선을 시작선으로 하며, 이를 기점으로 하여 오른쪽으로 그린다. 또한 분할선은 구성 비율이 큰 순서대로 그리되, '기타' 항목은 구성 비율의 크기에 관계없이 가장 뒤에 그리는 것이 좋다. 아울러 각 항목의 명칭은 같은 방향으로 기록하는 것이 일반적이지만 만일 각도가 작아서 명칭을 기록하기 힘든 경우에는 지시선을 써서 기록한다.

• 층별 그래프 작성 시 유의점

　층별을 세로로 할 것인가, 가로로 할 것인가의 선택은 작성자의 기호나 공간에 따라 판단한다. 그러나 구성 비율 그래프는 가로로 작성하는 것이 좋다. 단, 눈금은 선그래프나 막대그래프보다 적게 하고 눈금선을 넣지 않아야 하며 층별로 색이나 모양이 모두 완전히 달라야 한다. 또한 같은 항목은 옆에 있는 층과 선으로 연결하여 보기 쉽게 구성하여야 한다. 세로 방향일 경우에는 위에서 아래로, 가로 방향일 경우에는 왼쪽에서 오른쪽으로 나열하면 보기가 좋다.

활동 3. 도표 작성 시 유의할 내용

日 관련 직업기초능력: 수리능력 및 기술능력

직장생활에서 그림, 표, 그래프 등을 이용하여 결과를 효과적으로 제시하는 도표작성능력

日 목표

사례를 통하여 도표 작성 시 유의할 내용을 설명할 수 있다.

日 지시문

"다음은 도표를 작성할 때 유의할 내용에 대해서 설명한 것입니다. 다음 중 옳지 않게 설명한 사람은 누구인지 적고, 그 이유에 대해서 설명해 보도록 합시다."

日 진행과정

1. '도표 작성 시 유의할 내용'을 읽고 선그래프와 막대그래프를 작성할 때 가로축에 명칭 구분(연, 월, 장소 등)을, 세로축에 수량(금액, 매출액 등)을 제시한다는 것을 알도록 한다.
2. 막대그래프를 작성할 때에는 막대의 폭을 모두 같게 하도록 한다.
3. 원그래프를 작성할 때 분할선은 구성 비율이 큰 순서대로 그리되, '기타' 항목은 구성 비율에 상관없이 가장 뒤에 그리도록 한다.
4. 도표 작성 시 유의할 점은 무엇인지에 대해 서로 이야기를 나눈다.

目 **마무리**

1. 사례를 통해 도표 작성 시 유의할 점을 이해하였는가?

2. 도표의 종류별로 작성 시 유의할 점은 무엇인가?

目 **준비물**

활동지, 필기도구

도표 작성 시 유의할 내용

다음은 도표를 작성할 때 유의할 내용에 대해서 설명한 것입니다. 다음 중 옳지 않게 설명한 사람은 누구인지 적고, 그 이유에 대해서 설명해 보도록 합시다.

> **K군**: 선그래프를 작성할 때에는 일반적으로 가로축은 명칭 구분(연, 월, 장소 등)으로, 세로축은 수량(금액, 매출액 등)으로 정하는 것이 좋아요.
>
> **M군**: 선그래프를 작성할 때 선이 두 종류 이상이면 반드시 무슨 선인지 그 명칭을 기입하여야 해요.
>
> **L군**: 막대그래프를 작성할 때에는 일반적으로 가로축은 수량(금액, 매출액 등)으로, 세로축은 명칭 구분(연, 월, 장소 등)으로 정하는 것이 좋아요.
>
> **P양**: 막대그래프를 작성할 때에는 막대의 폭을 모두 같도록 하여야 해요.
>
> **O양**: 원그래프를 작성할 때에는 일반적으로 정각 12시의 선을 기점으로 해서 오른쪽 방향으로 그려야 해요.
>
> **A양**: 원그래프를 작성할 때 '기타' 항목의 구성 비율이 가장 큰 경우에는 그 항목을 가장 앞에 그리는 것이 좋아요.
>
> **Z양**: 층별 그래프를 작성할 때에는 층별로 색이나 모양을 다르게 하고, 같은 항목끼리는 선으로 연결하여 보기 쉽도록 하는 것이 좋아요.

틀리게 설명한 사람 (2명)	
이유	

※정답 및 해설은 이 장의 마지막 페이지에서 확인할 수 있음

Tip. 좀 더 알아봅시다

1. 직업인이 직장생활에서 업무의 결과를 정리하고자 할 때 도표를 직접 작성함으로써 결과를 보다 효과적으로 제시할 수 있다.

2. 직업인으로서 업무수행과정에서 도표를 작성할 때에는 일반적으로 따라야 하는 절차가 있다. 그것은 ① 작성하려는 도표의 종류 결정, ② 가로축과 세로축에 나타낼 것을 결정, ③ 가로축과 세로축의 눈금의 크기 결정, ④ 자료의 내용을 가로축과 세로축이 만나는 곳에 표시, ⑤ 표시된 점들을 따라 도표 작성, ⑥ 도표의 제목 및 단위 표기이다.

3. 직업인으로서 업무수행과정에서 도표를 작성할 때에는 여러 가지 사항에 주의하여야 한다. 특히 도표의 종류별로 유의하여야 할 사항이 있으며, 이것을 준수할 때 보다 효과적으로 업무수행 결과를 제시할 수 있다.

4. 선그래프를 작성할 경우에는 가로축에 명칭 구분(연, 월, 장소 등)을, 세로축에 수량(금액, 매출액 등)을 제시하며, 축의 모양은 L자형으로 구성하는 것이 일반적이다.

5. 막대그래프를 작성할 경우에는 가로축은 명칭 구분(연, 월, 장소 등)으로, 세로축은 수량(금액, 매출액 등)으로 정하며, 부득이하게 막대 수가 많을 경우에는 눈금선을 기입하는 것이 알아보기 쉽다. 다만 막대의 폭을 모두 같게 하는 것은 꼭 지켜야 할 사항이다.

6. 원그래프를 작성할 때에는 정각 12시의 선을 시작선으로 하며, 이를 기점으로 하여 오른쪽으로 그린다. 또한 분할선은 구성 비율이 큰 순서대로 그리되, '기타' 항목은 구성 비율의 크기에 관계없이 가장 뒤에 그리는 것이 좋다.

7. 직업인으로서 스스로 컴퓨터를 활용하여 업무수행 결과물을 출력하는 것은 대단히 중요한 일이다. 특히 엑셀은 도표를 쉽게 작성할 수 있고, 작성한 도표의 호환성이 대단히 높다는 장점이 있어 많은 직업인이 활용하고 있다.

◉ 정답 및 해설 ◉

[활동 1] J 씨의 도표 작성 절차

정답: ㄴ - ㄱ - ㄹ - ㄷ - ㅂ - ㅁ

해설: 일반적인 도표 작성 절차는 다음과 같다.

    ① 어떠한 도표로 작성할 것인지를 결정한다.

    ② 가로축과 세로축에 나타낼 것을 결정한다.

    ③ 가로축과 세로축의 눈금의 크기를 결정한다.

    ④ 자료의 내용을 가로축과 세로축이 만나는 곳에 표시한다.

    ⑤ 표시된 점을 따라 도표를 작성한다.

    ⑥ 도표의 제목 및 단위를 표기한다.

[활동 3] 도표 작성 시 유의할 내용

정답: L 군, A 양

해설: • L 군: 막대그래프를 작성할 때에는 일반적으로 세로축은 수량, 가로축은 명칭 구분으로 하는 것이 좋다.

    • A 양: 원그래프를 작성할 때에는 기타 항목의 구성 비율이 가장 크다고 할지라도 가장 뒤에 그리는 것이 좋다.

제12장

자원관리와 정보활용 능력

　대학생활과 직업세계에서 요구하는 자원관리와 정보활용 능력의 개념과 구성요소를 살펴보고, 자원관리와 정보활용 능력의 중요성과 측정방법을 다룬다. 이러한 내용에 비추어 볼 때 자신이 갖추고 있는 자원관리와 정보활용 능력의 영역을 알아보고, 앞으로 개발해야 할 영역이 무엇인지를 점검한다. 희망하는 진로의 탐색과 직업세계가 요구하는 자원관리와 정보활용 능력을 함양하기 위한 계획과 실천사항을 다룬다.

1. 자원관리와 정보활용 능력의 개념과 구성요소

대학생활을 포함하여 개인의 삶에서는 학업, 진로탐색, 졸업 후 취업준비 등 이루고 싶은 목표나 해야 할 여러 가지 과제가 있다. 대학생활은 학교에서 직업 세계로의 진입을 준비하는 과정으로서 자신이 이루고 싶은 목표나 해야 할 과제를 달성하기 위해 주도적으로 여러 자원과 정보를 관리하고 활용하여 수행해 나가는 과정이라고 할 수 있다. 자원을 관리하고 정보를 잘 활용하는 능력은 대학생활뿐만 아니라 직장생활에서도 요구되며, 때로 삶에서 경험하는 역경과 문제를 효과적으로 해결하기 위해 필요한 역량이라고 할 수 있다.

1) 자원관리와 정보활용 능력의 개념

자원관리와 정보활용 능력의 개념은 자원 및 정보의 내용과 대상에 따라, 학자나 연구자에 따라 다양하게 정의하고 있다.

포괄적인 의미에서의 자원관리와 정보활용 능력은 자원과 정보에 주도적으로 접근하여 수집하고, 이를 이용하여 평가하는 과정에서 발휘되는 능력으로서 정보 이용을 통한 종합적 문제해결능력과 컴퓨터를 비롯한 다양한 정보원을 활용할 수 있는 능력이다(김현수 외, 2002). 최근에는 정보통신기술이 발전하고 소셜 네트워크 서비스(Social Network Service: SNS) 등을 이용하는 사람이 증가함에 따라 자원관리와 정보활용 능력은 정보통신기기를 만족할 만한 수준으로 다룰수 있는 능력과 컴퓨터를 통해 데이터를 분석하고 정보를 선별 및 가공할 수 있는 능력을 포함하는 개념으로 정의되기도 한다.

이종범 등(2008)에 따르면 자원관리능력이란 업무를 수행하는 데 필요한 시간자원, 예산자원, 물적·인적 자원을 확보하여 과제를 수행하는 능력을 의미한다. 정보활용능력은 업무수행에 필요한 정보를 수집 및 관리하고, 이를 위해 컴퓨터를 활용할 수 있는 능력을 의미한다. 정보 수집 및 관리 능력은 업무수행에 필요한 정보를 적시에 활용할 수 있도록 검색, 수집, 분류, 배치하는 능력이며, 컴퓨터활용능력은 업무 상황에서 다양한 컴퓨터 응용 프로그램과 컴퓨터와 관련된 다양한 기술적인 장치를 활용하는 능력이라고 정의할 수 있다.

자원관리능력에 대한 다른 정의를 살펴보면 다양한 자원을 수집하고, 조직하고, 분석하여 활용하는 한편 평가하는 능력이라고 하고 있으며(진미석 외, 2009), O*NET[1] (2019)에서는 기초직업능력의 한 영역으로서 자원관리능력은 재정, 원료, 인적 자원, 시간을 포함하는 자원을 효과적으로 배분하는 능력이라고 제시하고 있다.

정보활용능력에 대한 다른 정의를 살펴보면 다양한 정보를 수집, 조직, 분석, 활용, 평가하는 능력으로서 정보활용능력이 정보통신기술(ICT) 역량으로 이해될 수도 있지만 컴퓨터 관련 능력은 기술 영역에 해당한다고 정의하기도 한다(진미석 외, 2009).

미국 대학 및 연구도서관협회(Aaaociation of College & Research Libraries: ACRL, 2000: 김성은, 이명희, 2006에서 재인용)는 정보활용능력을 필요한 정보의 범위를 결정하고 필요한 정보에 효과적이고 능률적으로 접근하며 정보와 정보원을 비판적으로 평가하여, 선택한 정보를 자신의 지식 기반에 통합하고 특정 목적을 달성하기 위해 정보를 효과적으로 사용하며, 정보의 이용과 관련된 경제적 · 사회적 문제를 이해하고 정보를 윤리적 · 법적으로 이용할 수 있는 능력이라고 정의하였다.

표 12-1	자원관리와 정보활용 능력의 개념	
영역	개념	출처
자원관리 능력	업무를 수행하는 데 필요한 시간자원, 예산자원, 물적 · 인적 자원을 확보하여 과제를 수행하는 능력	이종범 외(2008)
	다양한 자원을 수집하고 조직하고 분석하여 활용하는 한편 평가하는 능력	진미석 외(2009)
	재정, 원료, 인적 자원을 포함하는 자원을 효과적으로 배분하는 능력	O*NET

〈계속〉

---

[1] O*NET은 미국의 직업정보네트워크(Occupatonal Information Network)로서 주요 직업의 작업 특성, 입직에 필요한 자격요건, 지식, 능력, 기술, 교육 및 훈련에 관한 정보와 임금과 고용 등 노동시장정보 등을 종합적으로 제공하는 네트워크이다(출처: www.onetonline.org).

	업무수행에 필요한 정보를 수집 및 관리하고, 이를 위해 컴퓨터를 활용할 수 있는 능력	이종범 외(2008)
정보활용 능력	다양한 정보를 수집, 조직, 분석, 활용, 평가하는 능력	진미석 외(2009)
	필요한 정보의 범위를 결정하고, 필요한 정보에 효과적이고 능률적으로 접근하며, 정보와 정보원을 평가하여 선택한 정보를 자신의 지식 기반에 통합하고, 특정 목적 달성을 위해 사용하며, 정보의 이용과 관련된 경제적·사회적 문제를 이해하고, 윤리적·법적으로 이용할 수 있는 능력	미국 대학 및 연구 도서관 협회(ACRL, 2000): 김성은, 이명희(2006)에서 재인용

자원관리 및 정보활용 능력과 유사한 용어로는 자원·기술·정보 활용능력, 디지털 리터러시, 정보 리터러시 등이 있다. 자원·기술·정보 활용능력은 자원관리능력과 정보활용능력에 기술활용능력이 포함된 개념이며, 여기서 기술활용능력은 업무를 수행함에 있어 도구, 장치 등을 포함하여 필요한 기술에는 어떤 것이 있는지를 이해하고 업무를 수행하기 위해 적절한 기술을 선택하여 적용하는 능력을 의미한다(정철영 외, 1998).

디지털 리터러시(digital literacy)는 인터넷에서 찾아낸 정보를 이해하고 정보의 타당성을 검증하며 정보의 내용에 대해 비판적 평가를 내림으로써 검증된 정보만을 올바로 사용하는 능력으로 정의된다. 디지털 리터러시는 세 가지 영역으로 구성된다. 첫째는 정보통신기술과 이를 습득하는 기본적 지식을 갖추어 생활에 큰 불편을 느끼지 않을 정도의 기술 수준이다. 둘째는 생활에 효과적으로 적용하고 창의적으로 사용할 수 있는 역량이다. 셋째는 지식정보화사회가 지향하는 바람직한 가치관과 태도, 즉 개인정보보호를 위한 윤리적 요건이다(강정묵 외, 2014).

정보 리터러시(information literacy)는 정보를 찾아 필요한 정보인지의 여부를 평가하며, 필요한 정보일 경우에는 효과적으로 활용하고 더 나아가 다양한 형태로 정보를 주고받을 수 있는 능력을 의미한다(서진완, 2000).

300

| 표 12-2 | 기술활용능력, 디지털 리터러시, 정보 리터러시의 개념 |

분류	개념	출처
기술활용능력	업무를 수행함에 있어 도구, 장치 등을 포함하여 필요한 기술에는 어떤 것이 있는지를 이해하고, 업무를 수행하기 위해 적절한 기술을 선택하여 적용하는 능력	정철영 외(1998)
디지털 리터러시	정보를 이해하고, 타당성을 검증하며, 내용에 대해 비판적 평가를 내림으로써 검증된 정보만을 올바로 사용하는 능력	강정묵 외(2014)
정보 리터러시	정보를 찾아 필요한 정보인지의 여부를 평가하며, 필요한 정보일 경우 효과적으로 활용하며 더 나아가 다양한 형태로 정보를 주고받을 수 있는 능력	서진완(2000)

2) 자원관리와 정보활용 능력의 구성요소

자원관리와 정보활용능력의 구성요소는 학자마다 자원과 정보의 내용(종류) 또는 활용과정(단계)에 따라 다양하게 제시하고 있다.

자원관리능력의 하위요소는 활용에 초점을 두고 자원확인능력, 자원조직능력, 자원계획능력, 자원할당능력 등으로 구분하기도 하지만(정철영 외, 1998), 일반적으로 자원의 내용(종류)에 따라 시간관리능력, 예산관리능력(또는 재정관리능력), 물적 자원 관리능력, 인적 자원 관리능력과 같은 4개의 하위요소로 구성된다.

정보활용능력의 하위요소는 정보의 내용(종류)에 초점을 두고 문자정보, 숫자정보, 그림정보, (시)청각정보 등으로 구분되기도 하지만, 활용과정(단계)에 따라 크게 정보 수집 · 관리능력과 컴퓨터활용능력 두 가지로 구성된다.

표 12-3	자원관리와 정보활용 능력의 하위요소별 개념	
영역	하위요소	개념
자원관리 능력	시간관리 능력	제한된 시간을 효율적으로 활용하여 과제를 실행하는 능력
	예산관리 능력	과제를 실행하기 위해 필요한 재정을 우선순위에 따라 계획 · 확보 · 집행 · 평가하는 능력
	물적 자원 관리능력	과제를 실행하기 위해 필요한 물적 자원을 예상하고, 준비하여 작업 계획에 따라 운영 및 배분하는 능력
	인적 자원 관리능력	과제를 수행하기 위해 적합한 인력을 파악하고 확보하여 업무를 분장하는 능력
정보활용 능력	정보 수집 · 관리능력	업무수행에 필요한 정보를 적시에 활용할 수 있도록 검색하고, 수집하고, 분류하고, 배치하는 능력
	컴퓨터활용 능력	업무 상황에서 다양한 컴퓨터 응용 프로그램과 컴퓨터와 관련된 다양한 기술적인 장치를 활용하는 능력

출처: 이종범 외(2008).

한편, 정보활용능력의 영역을 정보의 내용과 활용과정을 모두 포함해서 '정보요구' '정보검색' '정보분석' '정보관리' '정보 기술 및 표현' '정보윤리' '정보자원' 등 일곱 가지로 구성하기도 한다.

표 12-4	정보활용능력의 영역별 요소	
영역	하위영역	내용요소
정보활용 능력	정보요구	문제요구 제기, 키워드 추출, 개념화, 정보요구 절차
	정보검색	정보접근 도구, 목록 검색, 웹 검색, 검색 기법
	정보분석	정보원 평가 기준, 선행지식과 새로운 지식 비교, 정보자원 및 비용 평가, 정보 해석
	정보관리	정보원 관리, 서지 이용법, 정보 가공, 정보처리과정 유지 및 기록
	정보 기술 및 표현	기본적인 컴퓨터 OS기술, 인터넷 및 네트워크 활용 기술, 응용 프로그램의 활용, 정보 커뮤니케이션을 통한 표현
	정보윤리	정보화 사회, 네티켓, 데이터 전공, 지적 재산권
	정보자원	정보원의 종류 및 특징, 정보원의 적용, 정보자원 비용 인지, 정보센터의 기능

출처: 이정연, 정동열(2005).

2. 자원관리와 정보활용 능력의 중요성

자원관리와 정보활용 능력은 개인적으로 대학생활을 영위하고, 학업을 보다 잘 수행하는 데 필요하다. 한편, 장래의 진로를 탐색하고 구체적으로 취업할 직장이나 진학할 대학원 등에 관한 정보를 얻고 활용하는 데에도 중요하다.

사회적으로는 지식정보화사회가 도래하여 다양한 자원과 정보의 생성과 활용이 급증하여 자원관리와 정보활용 능력의 중요성이 더욱 높아졌다. 국내외 주요 기업들은 신입사원 선발과정에서 대학 졸업생이 기업 입직 후 직업생활에서 요구되는 역량을 갖추고 있는지를 중점 사항으로 다루고 있으며, 다양한 방법으로 대학 졸업생의 직업기초역량과 직무수행역량에 관한 정보를 수집하려고 한다. 자원관리와 정보활용 능력은 기업에서 요구하는 인재상이 갖추어야 할 직업기초능력의 하위요소와 밀접한 관련이 있다.

또한 미래 사회에서는 4차 산업혁명의 영향을 받아 업무 환경과 업무 방식에 변화가 예상된다. 4차 산업혁명 시대는 사물인터넷(IoT), 서비스인터넷(IoS), 인공지능, 빅데이터 등이 결합되어 재료 운반에서 생산과 소비까지 모든 생산과정을 연결하고 자동화가 극대화되며 새로운 가치가 창출되는 사회로서 인간과 사물의 사고능력이 획기적으로 개선될 것으로 전망된다. 4차 산업혁명 시대에는 복합적 문제의 해결 기술 등의 다기능적 기술, 타인과의 협력 등의 사회적 기술, 창의성 등의 인지적 능력의 중요성이 커질 것이다(김봄이 외, 2017). 따라서 이러한 능력을 개발하고 발휘하기 위해서 자원관리와 정보활용 능력이 뒷받침되어야 한다.

3. 자원관리와 정보활용 능력의 측정

자원관리와 정보활용 능력은 상황적 여건과 해결해야 할 과업에 따라서 다양하게 발휘될 수 있어 자원관리와 정보활용 능력을 객관적으로 측정하는 것은 쉽지 않다. 그럼에도 직업기초능력의 수준을 가늠하기 위한 몇몇 연구(나승일 외,

2003; 박동열 외, 2003; 이종범 외, 2008; Australian Education Council, Mayer Committee, 1992; HRDC, 2007; SCANS, 2000)가 수행되었다. 직업기초능력의 영역인 자원관리와 정보활용 능력의 수준을 파악하기 위한 기준을 제시하면 다음과 같다.

1) 자원관리능력의 측정

자원관리능력은 시간, 예산(재정), 물적 자원, 인적 자원 등 각 자원의 사용 가능한 범위를 확인하고, 사용을 위한 계획을 수립할 수 있는 능력이 어느 정도의 수준인가를 측정함으로써 파악할 수 있다.

자원관리능력은 시간관리능력, 예산관리능력(재정관리능력), 물적 자원 관리능력, 인적 자원 관리능력의 네 가지 하위능력별로 간단한 업무를 수행하는 기본 수준의 자원관리능력이 요구되고, 복잡한 업무를 수행할수록 최고 높은 수준의 자원관리능력이 요구된다고 볼 수 있다.

자원관리능력 중 시간관리능력은 제한된 시간을 효율적으로 활용하여 과제를 실행하는 능력으로서 기본인 1수준은 주어진 업무에 필요한 시간 활용 계획을 상사의 조언으로 수립하고, 시간 계획에 따라 수행할 수 있도록 노력하는 수준이다. 반면에 높은 5수준은 조직 전체의 시간 활용 계획을 검토하고, 조직 내 다양한 업무의 진행과정을 감독하며, 시간 계획을 효율적으로 조절하는 수준이다.

표 12-5	자원관리능력: 시간관리능력의 수준별 성취 기준
구분	성취 기준
1수준	주어진 업무에 필요한 시간 활용 계획을 상사의 조언으로 수립하고, 시간 계획에 따라 수행할 수 있도록 노력한다.
2수준	주어진 업무에 필요한 시간을 파악하고 기본적인 시간 활용 계획을 세우며, 시간 계획에 따라 업무를 대체적으로 수행한다.
3수준	여러 업무의 수행시간을 확인하여 효율적인 시간 활용 계획을 세우고 시간 계획에 따라 업무를 수행하며 결과를 확인한다.
4수준	부서 내 업무의 시간 활용 계획을 수립 및 검토하고 업무의 진행과정과 결과를 확인하면서 계획을 효율적으로 조절한다.
5수준	조직 전체의 시간 활용 계획을 검토하고, 조직 내 다양한 업무의 진행과정을 감독하며 시간 계획을 효율적으로 조절한다.

출처: 이종범 외(2008).

예산관리능력(재정관리능력)은 기본 1수준은 상사의 도움으로 업무에 필요한 예산을 파악하고 지식에 따라 집행하는 수준이다. 반면에 높은 5수준은 조직의 중장기 재정운영 계획을 설정하고 예산 집행결과를 평가하여 향후 재정 계획에 반영하는 수준이다.

표 12-6 자원관리능력: 예산관리능력(재정관리능력)의 수준별 성취 기준

구분	성취 기준
1수준	상사의 도움으로 업무에 필요한 예산을 파악하고 지식에 따라 집행한다.
2수준	재정 계획을 확인하여 업무에 필요한 예산을 파악하고 상사의 감독하에 집행한다.
3수준	업무에 관련된 예산을 산출하여 적절한 재정 계획을 세우고 재정 계획 내에서 예산을 집행하고 보고한다.
4수준	부서 내의 업무수행에 필요한 예산을 검토하여 재정 계획을 수립하고 예산 집행결과를 평가한다.
5수준	조직의 중장기 재정운영 계획을 설정하고 예산 집행결과를 평가하여 향후 재정 계획에 반영한다.

출처: 이종범 외(2008).

물적 자원 관리능력은 기본 1수준은 상사의 지시에 따라서 물적 자원을 파악하고 할당한다. 즉, 특정 업무계획에 따라 각각 필요한 재료, 시설 등의 물적 자원을 획득 · 저장하고 전달하는 수준이다. 반면에 높은 5수준은 조직 내 여러 부서 간의 작업 계획을 검토 및 조율하여 물적 자원을 관리 감독하고, 그 할당 결과를 평가하여 여러 부서의 작업 계획을 상황에 맞게 조절하는 수준이다.

표 12-7 자원관리능력: 물적 자원 관리능력의 수준별 성취 기준

구분	성취 기준
1수준	상사의 지시에 따라서 물적 자원을 파악하고 할당한다.
2수준	상사의 감독하에 작업 계획에 따라 물적 자원을 관리 및 할당한다.
3수준	부서 업무에 소요되는 물적 자원을 파악하고 작업 계획에 따라 물적 자원을 관리 및 할당하여 그 결과를 분석한다.
4수준	부서 내 업무 특성과 작업 계획을 고려하여 물적 자원을 관리 감독하고 그 할당 결과를 평가하여 작업 계획을 수립한다.

| 5수준 | 조직 내 여러 부서 간의 작업 계획을 검토 및 조율하여 물적 자원을 관리 감독하고, 그 할당 결과를 평가하여 여러 부서의 작업 계획을 상황에 맞게 조절한다. |

출처: 이종범 외(2008).

인적 자원 관리능력은 기본 1수준은 제한된 업무에 필요한 인적 자원을 파악하여 상사의 지시에 따라 인원을 배치하는 수준이다. 즉, 단일 업무를 수행할 수 있는 인력풀로부터 개인을 업무에 배정하는 수준을 의미한다. 반면에 높은 5수준은 조직의 요구에 부합되는 인적 자원을 확보하고 조직의 특성을 고려하여 인원을 고용 및 관리하는 수준이다. 즉, 인력풀의 개인별 잠재능력과 요구를 고려하여 업무(과제)에 부합한 인력을 활용하는 수준을 의미한다.

표 12-8	자원관리능력: 인적 자원 관리능력의 수준별 성취 기준	
구분	**성취 기준**	
1수준	제한된 업무에 필요한 인적 자원을 파악하여 상사의 지시에 따라 인원을 배치한다.	
2수준	일상 업무에 필요한 인적 자원을 파악하여 상사의 감독하에 인원을 배치한다.	
3수준	일상 업무에 필요한 인적 자원의 수준과 양을 검토하여 기존의 사례를 바탕으로 인원을 배치한다.	
4수준	부서 내 업무에 필요한 인적 자원의 수준과 양을 결정하고 개인의 능력을 고려하여 인원을 배치 및 관리한다.	
5수준	조직의 요구에 부합되는 인적 자원을 확보하고 조직의 특성을 고려하여 인원을 고용 및 관리한다.	

출처: 이종범 외(2008).

대학생의 직업기초능력 진단평가 도구에 관한 진미석 등(2009)의 연구에 따르면 자원활용능력은 시간자원, 예산자원, 물적 자원, 인적 자원의 수집, 분석, 활용에 대한 행동(수행)요소를 다섯 가지씩 총 20문항으로 제시하였다.

표 12-9		자원활용능력의 하위영역별 수행요소		
유형	행동(수행)요소	수집	분석	활용
자원	시간자원	• 주어진 과업을 수행하기 위한 시간을 산정한다. • 과업의 순서와 중요성을 결정한다. • 과업 스케줄을 조정하고 데드라인을 설정한다. • 성과를 개선하기 위해 효과적으로 시간을 활용한다. • 스케줄을 조정하고 평가한다.		
	예산자원 (재정자원)	• 예산과 관련된 지출을 검토하고 세부적인 활동에 대한 비용을 산정한다. • 세부 예산 내에서 비용평가에 근거해서 우선순위를 조정한다. • 과업 프로젝트를 위한 손익계산서를 만들어 재정 계획을 세운다. • 조직의 효율성을 위해 재정 계획을 실행한다. • 재정 계획의 실행을 평가하고 개선한다.		
	물적 자원	• 복잡한 작업에 필요한 재료와 시설의 형식과 양을 결정한다. • 작업 계획에 따라 물적 자원을 확보한다. • 물적 자원의 비용과 지원을 확인해서 배분방법과 저장 계획을 세운다. • 프로젝트 간 물적 자원의 활용을 위해 배분한다. • 물적 자원의 배분과 활용의 효율성을 평가한다.		
	인적 자원	• 개인의 능력과 기술을 확인해서 업무에 배정한다. • 개인의 잠재능력에 근거해서 직업요구에 부합하는 고용 결정을 한다. • 부족한 부분을 확인하고 훈련과 개발 프로그램을 추천한다. • 잠재능력과 학습요구에 근거해서 개인을 훈련 프로그램에 배정한다. • 업무수행 성과에 기초해서 피드백을 제공한다.		

출처: 진미석, 이수영, 임언, 유한구, 성양경(2009).

2) 정보활용능력의 측정

정보활용능력은 업무수행에 필요한 정보를 적시에 활용할 수 있도록 검색, 수집, 분류, 배치하는 '정보 수집 및 관리 능력'과 업무 상황에서 다양한 컴퓨터 응용 프로그램과 컴퓨터와 관련된 다양한 기술적인 장치를 활용하는 '컴퓨터활용능력'으로 구성된다.

정보활용능력의 하위요소인 정보 수집 및 관리 능력은 매체의 활용 범위를 확인하고 사용하며 정보를 관리하는 수준으로 파악할 수 있으며, 컴퓨터활용능력은 컴퓨터를 조작할 수 있는 수준과 소프트웨어를 활용할 수 있는 수준으로 파악할 수 있다.

정보활용능력 중 정보 수집 및 관리 능력의 1수준은 업무와 관련된 정보를 한두 가지 매체에서 제한된 선택 기준으로 수집하여 수집된 정보를 팀 방침과 범주에 따라서 분류 및 배치하는 수준이다. 5수준은 업무와 관련된 정보를 다양한 매체를 통해 활용 목적에 맞게 신속하고 정확하게 수집 및 분석하고, 체계적으로 데이터베이스화하며, 지속적으로 업데이트하여 관련 업무에 호환하는 수준이다.

표 12-10　정보활용능력: 정보 수집 및 관리 능력의 수준별 성취 기준

구분	성취 기준
1수준	업무와 관련된 정보를 한두 가지 매체에서 제한된 선택 기준으로 수집하여 수집된 정보를 팀 방침과 범주에 따라서 분류 및 배치한다.
2수준	업무와 관련된 정보를 여러 가지 매체를 통해 다양한 선택 기준으로 수집 및 분석하고, 정보를 활용 목적에 맞게 분류 및 배치한다.
3수준	업무와 관련된 정보를 다양한 매체를 통해 활용 목적에 맞게 수집 및 분석하고, 체계적으로 데이터베이스화한다.
4수준	업무와 관련된 정보를 다양한 매체를 통해 활용 목적에 맞게 신속하게 수집 및 분석하고, 체계적으로 데이터베이스화하며, 지속적으로 업데이트한다.
5수준	업무와 관련된 정보를 다양한 매체를 통해 활용 목적에 맞게 신속하고 정확하게 수집 및 분석하고, 체계적으로 데이터베이스화하며, 지속적으로 업데이트하여 관련 업무에 호환한다.

출처: 이종범 외(2008).

정보활용능력 중 컴퓨터활용능력의 1수준은 기본적인 컴퓨터 작동법을 수행하고 업무에 필요한 기본적인 소프트웨어를 활용하는 수준이다. 5수준은 컴퓨터의 설치 및 장애복구 등 시스템 전반을 총괄 관리하고 업무에 활용하는 수준이다.

표 12-11	정보활용능력: 컴퓨터활용능력의 수준별 성취 기준
구분	**성취 기준**
1수준	기본적인 컴퓨터 작동법을 수행하고 업무에 필요한 기본적인 소프트웨어를 활용한다.
2수준	컴퓨터 운영체제 및 사무자동화 소프트웨어를 업무에 기본적으로 활용한다.
3수준	컴퓨터 운영체제 및 장치, 업무에 필요한 사무자동화 소프트웨어를 효과적으로 활용한다.
4수준	컴퓨터를 효율적으로 운영할 수 있는 기술 및 기법, 업무에 필요한 응용 소프트웨어의 기능을 이해하고 활용한다.
5수준	컴퓨터의 설치 및 장애복구 등 시스템 전반을 총괄 관리하고 업무에 도움이 될 수 있는 소프트웨어를 지속적으로 찾아서 업무에 적용한다.

출처: 이종범 외(2008).

한편, 아이젠버그와 버코비츠(Eisenberg & Berkowitz, 1992)는 정보처리모델에서 정보와 관련된 문제해결을 위한 여섯 가지 항목의 기술(skill)을 제시하였다. 과제확인, 정보탐색전략, 정보찾기, 정보사용, 종합, 평가의 여섯 가지 기술은 정보활용능력을 발휘하는 데 필요한 기술이라고 볼 수 있다.

표 12-12	아이젠버그와 버코비츠의 정보와 관련된 문제해결을 위한 여섯 가지 기술
항목	**내용**
과제확인	정보 관련 문제에 대한 과제를 확인하고, 이 과제를 해결하는 데 필요한 정보를 규명한다.
정보탐색전략	모든 정보자원을 살펴본 후 최선의 정보자원을 선택한다.
정보찾기	정보자원의 위치를 알아내고 그곳에서 정보를 발견한다.
정보사용	정보를 읽고, 보고, 듣고, 느낀 후에 관련된 정보를 추출한다.
종합	추출한 다양한 정보자원으로부터 정보를 조직해서 제시한다.
평가	효율성을 보는 절차와 효과성을 보는 산출물을 평가한다.

출처: 멀티미디어교육지원센터(1997): 김현수 외(2002)에서 재인용.

활동 1. 나의 자원관리능력 살펴보기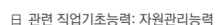

☐ 관련 직업기초능력: 자원관리능력

업무를 수행하는 데 필요한 시간자원, 예산자원, 물적ㆍ인적 자원을 확보하여
과제를 수행해 나가는 능력

☐ 목표

1. 내가 갖고 있거나 관리 및 활용하고 있는 자원에는 영역별로 어떤 것이 있
   는지를 확인한다.
2. 나의 자원을 주로 활용하는 현재의 과업(영역)과 향후 자원을 활용하여 성
   취해야 할 과업(영역)은 어떤 것이 있는지를 서로 이야기를 나눔으로써 자
   원관리능력의 중요성을 검토한다.

☐ 지시문

"여러분이 갖고 있거나 관리 및 활용할 수 있는 자원을 생각해 보도록 하겠습
니다. 시간자원, 예산(재정)자원, 물적 자원, 인적 자원의 네 가지 영역별로 내가
갖고 있는 자원의 내용을 생각해 봅시다. 그 다음 네 가지 영역별로 나의 자원을
구체적으로 적어 봅시다. 그리고 나의 자원을 주로 활용하는 현재의 과업(영역)
과 향후 자원을 활용하여 성취해야 할 과업(영역)은 어떤 것이 있는지를 적어 봅
시다."

☐ 진행과정

1. 활동지를 나누어 주고 각자 작성하도록 한다.

2. 작성한 내용을 바탕으로 자신의 자원과 현재 자원을 활용하는 주된 과업(영역)은 무엇인지를 한 사람씩 이야기하도록 한다.

3. 작성한 내용을 바탕으로 향후 자원을 주로 활용하게 될 과업(영역)은 무엇이 있을지 이야기를 나누도록 한다.

4. 앞으로 진로준비를 위해 관리해야 할 자원의 내용과 잘 활용하기 위한 방법은 무엇인지 이야기를 나누도록 한다.

🔲 마무리
1. 현재 나의 자원은 어떠한가?
2. 다른 구성원의 이야기를 들은 소감은 어떠한가?
3. 이 활동에서 새로이 알게 된 사실은 무엇인가? 느낀 점은 무엇인가?

🔲 준비물
활동지, 필기도구

나의 자원관리능력 살펴보기

1. 현재 여러분이 갖고 있거나 관리 및 활용할 수 있는 자원을 생각해 봅시다. 시간, 예산(재정), 물적 자원, 인적 자원 등 네 가지 영역별로 내가 갖고 있는 자원의 내용을 적어 봅시다.

시간자원	예산(재정)자원

나

물적 자원	인적 자원

2. 앞서 작성한 자원을 주로 활용하는 현재의 과업(영역)은 무엇입니까? 또한 향후에 자원들을 활용하여 성취해야 할 과업(영역)은 어떤 것이 있습니까? 자유롭게 적어 봅시다.

구분	자원을 주로 활용하는 과업(영역)
현재	예시: 과목 리포트 작성(시간자원), 기말고사(시간자원), 일상생활(예산자원), 여행(예산자원, 시간자원, 인적 자원) 등
미래	예시: 현장실습(시간자원, 인적 자원, 물적 자원), 구직준비(시간자원, 예산자원, 인적 자원, 물적 자원) 등

활동 2. 나의 자원관리능력 점검하기

日 관련 직업기초능력: 자원관리능력

업무를 수행하는 데 필요한 시간자원, 예산자원, 물적 · 인적 자원을 확보하여 과제를 수행해 나가는 능력

日 목표

1. 자원관리능력의 하위영역별 수행과제를 얼마나 잘 수행할 수 있는지를 자기보고식 문항을 통해 확인한다.
2. 내가 잘 관리 및 활용하고 있는 자원의 하위영역과 잘 관리 및 활용하지 못하고 있는 자원의 하위영역은 무엇인지 나눔으로써 향후 유의해야 할 자원관리능력의 하위영역을 확인한다.

日 지시문

"자원을 관리하고 활용하는 능력의 네 가지 하위영역별로 구체적인 수행과제가 제시되어 있습니다. 각 항목을 읽고 어느 정도 할 수 있는지를 생각해 봅시다. 그리고 5점 척도 중 어느 정도 할 수 있는지를 해당 칸에 맞게 표시를 해 봅시다. 그리고 네 가지 영역별로 점수를 합산해 봅시다. 작성한 결과, 내가 더 잘 관리 및 활용하고 있는 자원의 영역은 무엇이고, 잘 관리 및 활용하지 못하는 자원의 영역은 무엇인지를 생각해 봅시다. 또한 앞으로 관리 및 활용할 수 있도록 신경 써야 할 자원의 영역을 생각해 봅시다."

🗂 진행과정

1. 활동지를 나누어 주고 각자 작성하도록 한다.
2. 작성한 내용을 바탕으로 자신이 잘 관리하고 활용하는 자원의 영역은 무엇이고, 잘 관리를 못하고 활용하지 못하는 자원의 영역은 무엇인지와 그 이유에 대해 이야기를 나누도록 한다.
3. 앞으로 진로준비를 위해 관리 및 활용할 수 있도록 신경 써야 할 자원의 영역은 무엇인지를 이야기 나누도록 한다.

🗂 마무리

1. 나의 자원관리능력 중 잘하고 있는 하위영역과 부족한 하위영역은 무엇인가?
2. 다른 구성원의 이야기를 들은 소감은 어떠한가?
3. 이 활동에서 새로이 알게 된 사실은 무엇인가? 느낀 점은 무엇인가?

🗂 준비물

활동지, 필기도구

나의 자원관리능력 점검하기

1. 나 자신은 자원관리능력의 하위영역별 수행과제를 어느 정도 할 수 있는지 해당하는 칸에 표시를 해 봅시다.

행동 (수행) 요소	내용	전혀 할 수 없음	잘 할 수 없는 편임	그저 그러함	잘 할 수 있는 편임	매우 잘 할 수 있음
		1	2	3	4	5
시간 자원	주어진 과업을 수행하기 위한 시간을 산정한다.					
	과업의 순서와 중요성을 결정한다.					
	과업 스케줄을 조정하고 데드라인을 설정한다.					
	성과를 개선하기 위해 효과적으로 시간을 활용한다.					
	스케줄을 조정하고 평가한다.					
예산 자원 (재정 자원)	예산과 관련된 지출을 검토하고 세부적인 활동에 대한 비용을 산정한다.					
	세부 예산 내에서 비용평가에 근거해서 우선순위를 조정한다.					
	과업 프로젝트를 위한 손익계산서를 만들어 재정 계획을 세운다.					
	조직의 효율성을 위해 재정 계획을 실행한다.					
	재정 계획의 실행을 평가하고 개선한다.					

물적 자원	복잡한 작업에 필요한 재료와 시설의 형식과 양을 결정한다.				
	작업 계획에 따라 물적 자원을 확보한다.				
	물적 자원의 비용과 지원을 확인해서 배분 방법과 저장 계획을 세운다.				
	프로젝트 간 물적 자원의 활용을 위해 배분한다.				
	물적 자원의 배분과 활용의 효율성을 평가한다.				
인적 자원	개인의 능력과 기술을 확인해서 업무에 배정한다.				
	개인의 잠재능력에 근거해서 직업요구에 부합하는 고용 결정을 한다.				
	부족한 부분을 확인하고 훈련과 개발 프로그램을 추천한다.				
	잠재능력과 학습요구에 근거해서 개인을 훈련 프로그램에 배정한다.				
	업무수행 성과에 기초해서 피드백을 제공한다.				

2. 앞의 네 가지 자원의 하위영역별 점수를 합하여 적어 봅시다. 합산 점수가 높은 것은 잘 관리 및 활용하고 있는 영역이고, 낮은 점수는 잘 관리 및 활용하지 못하는 영역을 의미합니다. 그러나 향후 잘 관리 및 활용하기 위해 신경 써야 할 하위영역을 점검하는 것이 중요합니다.

구분	시간자원	예산자원 (재정자원)	물적 자원	인적 자원
합산 (최소 5점~ 최대 25점)				

활동 3. 나의 정보활용능력 점검하기

日 관련 직업기초능력: 정보활용능력
업무수행에 필요한 정보를 수집 및 관리하고, 이를 위해 컴퓨터를 활용할 수 있는 능력

日 목표
1. 정보활용능력의 하위영역별 내용을 얼마나 알고 있고, 잘 수행할 수 있는지를 자기보고식 문항을 통해 확인한다.
2. 효과적인 정보활용을 위하여 관련 있는 컴퓨터 소프트웨어 및 인터넷 업무를 얼마나 잘 수행할 수 있는지를 자기보고식 문항을 통해 확인한다. 이를 통해 향후 보완하여 개발해야 할 정보활용능력의 하위영역은 무엇인지를 확인한다.

日 지시문
"정보의 형태는 문자, 숫자, 그림 등 다양하며, 이를 업무수행에 활용하기 위한 수행과제는 몇 가지로 제시할 수 있습니다. 각 항목을 읽고 어느 정도 할 수 있는지를 생각해 봅시다. 그리고 5점 척도 중 어느 정도 할 수 있는지를 해당 칸에 표시해 봅시다.

또한 정보활용과 관련된 컴퓨터 소프트웨어에는 워드 프로세서, 한컴오피스, 엑셀, 파워포인트, 스프레드시트 등이 있으며, 인터넷 업무에는 인터넷, E-mail, 공문서, 주문서 등 다양합니다. 다음에 제시된 각 항목을 읽고 얼마나 알고 있고 활용할 수 있는지 해당하는 칸에 표시해 봅시다. 향후 개발해야 할 항목은 무엇

인지를 확인해 봅시다."

☐ 진행과정

1. 활동지를 나누어 주고 각자 작성하도록 한다.

2. 작성한 내용을 바탕으로 자신이 잘 알고 있으며 활용할 수 있는 정보활용의 영역은 무엇이고, 잘 모르거나 활용하지 못하고 있는 영역은 무엇인지에 대해 이야기를 나눈다.

3. 작성한 컴퓨터 소프트웨어 및 인터넷 업무의 각 항목에 대해 잘 알고 있으며 할 수 있는 항목은 무엇이고, 잘 모르거나 할 수 없는 항목은 무엇인지에 대해 생각해 봅시다.

4. 앞으로 진로준비를 위해 신경 써야 할 정보활용의 영역과 컴퓨터 소프트웨어 및 인터넷 업무는 무엇인지 이야기를 나누도록 한다.

☐ 마무리

1. 나의 정보활용능력 중 잘하고 있는 하위영역과 부족한 하위영역은 무엇인가?

2. 내가 알고 있으며 할 수 있는 컴퓨터 소프트웨어 및 인터넷 업무는 무엇이고, 부족한 항목은 무엇인가?

3. 이 활동에서 새로이 알게 된 사실은 무엇인가? 느낀 점은 무엇인가?

☐ 준비물

활동지, 필기도구

나의 정보활용능력 점검하기

1. 다음의 정보활용능력의 일곱 가지 하위영역별 내용을 얼마나 알고 있으며
활용 할 수 있는지 해당하는 칸에 표시해 봅시다.

하위영역	내용	전혀 할 수 없음 (전혀 모름)	잘 할 수 없는 편임 (잘 모름)	그저 그러함	잘 할 수 있는 편임 (잘 앎)	매우 잘 할 수 있음 (매우 잘 앎)
		1	2	3	4	5
정보요구	문제요구 제기, 키워드 추출, 개념화, 정보요구 절차					
정보검색	정보접근 도구, 목록 검색, 웹 검색, 검색 기법					
정보분석	정보원 평가 기준, 선행지식과 새로운 지식 비교, 정보자원 및 비용평가, 정보 해석					
정보관리	정보원 관리, 서지 이용법, 정보 가공, 정보처리과정 유지 및 기록					
정보 기술 및 표현	기본적인 OS기술, 인터넷 및 네트워크 활용 기술, 응용 프로그램의 활용, 정보 커뮤니케이션을 통한 표현					
정보윤리	정보화 사회, 네티켓, 데이터 전공, 지적 재산권					
정보자원	정보원의 종류 및 특징, 정보원의 적용, 정보자원 비용 인지, 정보센터의 기능					

2. 다음은 정보활용과 관련된 컴퓨터 소프트웨어 및 인터넷 업무를 제시한 것
   입니다. 각 항목을 읽고 얼마나 활용할 수 있는지 해당 칸에 표시해 봅시
   다. 향후 개발해야 할 항목들은 무엇인지 확인해 봅시다.

구분	설명	전혀 할 수 없음 (전혀 모름)	잘 할 수 없는 편임 (잘 모름)	그저 그러함	잘 할 수 있는 편임 (잘 앎)	매우 잘 할 수 있음 (매우 잘 앎)
		1	2	3	4	5
워드 프로세서	컴퓨터를 이용하여 문서 작성, 수정, 조작 및 인쇄를 할 수 있게 해 주는 프로그램. 마이크로소프트 사에서 개발					
한컴 오피스	컴퓨터를 이용하여 한글문서의 작성, 수정, 조작 및 인쇄를 할 수 있게 해 주는 프로그램. 한글과 컴퓨터 사에서 개발					
엑셀	다양한 도형과 차트 같은 설명 자료를 작성하는 기능이 있는 프로그램. 마이크로소프트 사에서 개발					
파워 포인트	각종 프레젠테이션에 시각적 보조 자료로 사용하는 문서 프로그램. 마이크로소프트 사에서 개발					
스프레드 시트	수치 계산, 통계, 도표와 같은 작업을 효율적으로 할 수 있는 프로그램. 애플 사에서 개발					
인터넷	TCP/IP 프로토콜을 사용하는 네트워크 또는 네트워크의 집합체(통신망)					
E-mail	전자 우편을 보내고 받기					
공문서	국가 또는 지방자치단체 등 행정기관이 대내외적으로 공무상 작성 또는 시행하는 문서					
주문서	물품 생산, 수송이나 서비스 제공을 수요자가 공급자에게 신청하고자 여러 가지 필요한 사항을 적은 서면					

제3부
진로준비 실제

SELF-DEVELOPMENT AND CAREER DESIGN

제13장

이미지 메이킹과 면접방법

학 습 개 요

　이 장에서는 이미지 메이킹과 면접방법에 대해서 살펴본다. 현대에는 대학과 기업, 나아가 정부부처는 물론이고 다양한 현장에서 면접의 필요성이 대두되고 있어 다양한 면접방법을 개발하는 것이 필요하다. 특히 면접관과 얼굴을 마주 보며 진행되는 면접에서는 표정관리가 매우 중요하다. 면접에서는 행동, 말씨, 웃음, 몸동작 등의 특징에서 다른 면접자와의 차별성을 요구한다. 따라서 첫인상을 좋게 하는 이미지 메이킹과 면접방법뿐만 아니라 자기관리의 필요성과 중요성을 인식하고, 이에 대한 훈련방법을 다루며 스스로를 점검해야 한다.

1. 이미지 메이킹

이미지 메이킹은 누군가가 나를 보았을 때 갖게 되는 첫인상이다. 첫인상을 결정짓는 시간은 처음 사람을 만나서 약 5초 정도로, 그 사람에 대한 평가와 판단을 내리는 데 '5초의 법칙'은 매우 중요하다. 그렇기 때문에 첫인상이 나쁘면 더 이상 만나려고 하지 않는다. 그만큼 첫인상은 학교, 직장, 나아가 사회생활에서 매우 중요한 부분을 차지한다.

1) 이미지와 이미지 메이킹의 정의

(1) 이미지

이미지(image)의 어원은 라틴어 'imago'에서 유래한 것으로 프랑스어로는 이마주, 즉 모방을 뜻한다. 이미지의 사전적인 의미는 어떤 사물이나 사람에 대해 마음에 떠오르는 직관적 인상(印象), 심상(心象), 표상(表象), 영상(映像) 등이며, 본래의 의미는 '인물의 영상' '초상'이나 보통 인간에 한정하지 않고 회화적이거나 조소적인 수단에 의하여 재현된 사물과 대상의 표상 내지는 사물과 대상의 형상 그 자체를 의미한다.

이제 당신이 알고 있는 한 사람을 떠올려 보자. 그 사람의 이름과 함께 선명하게 떠오르는 것이 있을 것이다. 그것은 얼굴, 표정, 말씨, 걸음걸이, 느낌, 성격 등이다. 이렇게 수많은 생각이 하나의 형체가 되어 나름의 사고 취향에 따라 생각의 덩어리, 특유한 감정, 고유의 느낌으로 만들어지는데, 이것을 이미지라 한다.

(2) 이미지 메이킹

이미지 메이킹(image making)은 개인이 추구하는 목표를 이루기 위해 자신의 이미지를 통합적으로 관리하는 행위이며, 자기 향상을 위한 개인의 노력이다(김경호, 2013). 따라서 이미지 메이킹은 상대방에게 호감을 줄 수 있도록 내적 이미지(마음가짐, 가치관, 지식 정도, 교양 등)와 외적 이미지(화장, 헤어스타일, 복장, 화술, 행동 등)를 통해 자신의 모습을 상대방에게 '멋있게' '개성 있게' 연출하는 좋은 인상을 만드는 방법이다. 자신의 단점을 보완하고 장점을 부각시키는 최상의 이미지를 만들어 가는 노력은 사회생활을 성공적으로 이끌어 경쟁력을 높일 수 있다. 이미지 요소를 세분화하면 〈표 13-1〉과 같다.

표 13-1	자기이미지 형성 요소	
자기 이미지		
내적 이미지	자아개념	자아존중감, 자아정체감, 비전 설정 등
	인지적 요소	교육 수준, 신념, 의지, 지식, 리더십 등
	정서적 요소	심성, 감성, 자신감, 욕구, 열등감, 책임감 등
	성격 및 성향	천성, 기질, 내향성, 외향성, 적극성 등
외적 이미지	신체적 요소	얼굴 이미지, 키, 체형, 피부색, 생김새 등
	표현적 요소	표정, 메이크업, 옷차림, 헤어, 액세서리 등
	행동적 요소	걸음걸이, 몸짓, 태도, 자세 등
	청각적 요소	목소리, 억양, 말의 속도, 말의 내용, 말투 등
사회적 이미지	사회적 환경	직업, 부서, 역할, 외부 사회, 문화, 경제력 등
	커뮤니케이션	유모, 대화 수준, 적응 수준 등
	매너, 에티켓	직장 예절, 공공질서, 에티켓, 배려 등
	대인관계 수준	인맥, 인간관계능력, 신뢰감, 호감도, 친밀성 등

출처: 송은영(2009).

2) 얼굴 이미지: 첫인상

첫인상(first impression)은 처음 만나는 사람에 대한 최초의 이미지이며, 동시에 타인에게 나타나는 자신의 정보를 전달하는 인간관계의 출발점이다. 미국의 사회심리학자인 앨버트 머레이비언(Albert Mehrabian)은 한 개인의 인상을 결정하는 데 시각(몸짓, 태도, 표정)이 55%, 청각(음조, 억양)이 38%, 말(대화의 내용)이 7% 작용한다고 하면서 첫 인상을 결정하는 비언어적 커뮤니케이션의 중요성을 강조하였다. 이런 첫인상의 효과에는 상대에게 주는 자신의 정보요인에 따라 초두효과, 맥락효과, 부정성효과, 후광효과가 있다(김영란 외, 2012). 따라서 기업의 면접관 중 86%는 첫인상이 좋다면 가산점을 주겠다고 한 반면에 76%는 첫인상이 나쁘다면 감점을 받을 수 있다고 하였다. 처음 한 번의 대면을 통해 당락을 결정짓는 면접의 특성상, 첫인상과 면접은 절대 뗄 수 없는 관계라고 할 수 있다(순천대학교, 2013). 이렇게 중요한 첫인상을 결정짓는 요소에는 표정(expression), 매너(manner), 상대방과의 커뮤니케이션(communication), 스피치(speech), 퍼스널 컬러(personal color), 패션(fashion), 헤어(hair) 및 메이크업(make-up) 등이 있다. 첫인상을 결정하고 회복하는 주요 효과는 〈표 13-2〉와 같다.

표 13-2 첫인상을 결정하는 주요 효과

초두효과 (primacy effect)	먼저 들어온 정보가 나중에 들어온 정보보다 전반적인 인상 형성에 더욱 강력한 영향을 미치며, 나중에 들어온 정보를 해석하는 기준이 된다.
후광효과 (halo effect)	어떤 사람이 가지고 있는 외모나 지명도, 학력과 같은 부분의 장점이나 매력 때문에 관찰하기 어려운 성격적인 특성도 좋게 평가하는 현상이다.
수면자효과 (sleep effect)	신뢰성이 낮은 출처의 정보가 시간이 지나면서 설득력이 높아지고, 반대로 신뢰성이 높은 출처의 정보가 시간의 경과에 따라 설득력과 신뢰성이 떨어지는 현상이다.
빈발효과 (frequency effect)	첫인상이 좋지 않게 형성되었더라도 반복해서 제시되는 행동이나 태도가 첫인상과는 달리 솔직하고 호감을 주면 점차 좋은 인상으로 바뀌는 현상이다.
충격효과 (shock effect)	평상시와는 전혀 다르게 충격적인 일이나 예상 밖의 행동을 해서 상대방에 대한 인상이 한 번에 바뀌는 현상이다.

출처: 정명희, 이원화(2018).

(1) 얼굴의 표정관리

표정은 개인의 생각이나 마음 및 심리 상태 등을 나타낸다. 또 그 사람이 살아온 생애의 흔적과 생활 정도 등을 엿볼 수 있으며, 대인관계에 있어서 자신의 생각과 감정 상태를 가장 훌륭하게 표현할 수 있는 곳이다(김경호, 2013). 표정은 첫인상을 결정짓는 중요 요소이며, 아주 짧은 시간 내에 결정된다. 뿐만 아니라 표정에는 전염성도 크다. 면접실에 들어가서 면접관의 굳은 표정에 동요되기보다는 자신만의 표정으로 상대방을 밝게 만드는 표정을 개발해야 한다.

표정 만들기 훈련

• 사람과 사물에 대해서 의도적으로 긍정적인 면을 찾고 미소를 생활화합니다.

• 성공적으로 제대로 잘 웃는 방법을 익힙니다.

• 부드럽고 안정적인 눈매 만들기 연습을 합니다.

• 활기찬 표정을 위해 얼굴 근육을 올려 줍니다(운동 순서: 눈썹→눈→미간→볼→입술 →턱).

• 자기 전에 오늘 하루를 반성하는 시간을 갖습니다.

• 화가 나거나 불만스러운 일이 생겼을 때에는 심호흡을 하거나, 칭찬이나 격려의 말 인 매직워드(magic word)를 사용하거나, '아, 에, 이, 오, 우'를 크게 반복합니다.

• 인간의 얼굴에는 80여 개의 근육이 있어서 7,000가지 이상의 표정을 만들 수 있습 니다. 거울을 들여다보면서 자신만의 독특하고 보기 좋은 표정을 찾아내어 반복 훈 련을 합니다.

출처: http://www.siakorea.or.kr

(2) 매너

사람은 동물과는 달리 혼자서 생활을 영위할 수 없기 때문에 사람 사이의 교 류와 접촉에는 반드시 지켜야 할 규칙이 있다. 이것을 동양에서는 예(禮)라고 하 고, 서양에서는 에티켓(étiquette) 또는 매너(manner)라고 한다. 이들 모두 기본 적인 개념은 상대방을 존중하고, 불편이나 폐를 끼치지 않으며, 편하게 하는 올 바른 예절이라 할 수 있다. 이런 예절의 기본은 인사이다. 인사는 인간관계의 문을 여는 중요한 첫걸음으로 관계를 부드럽게 하는 윤활유의 구실을 한다.

인사의 기본적인 자세

• 1단계: 인사해야 할 상대를 향해 선다.

  – 몸의 방향: 상대의 정면으로 향한다.

  – 시선: 부드럽고 온화하게 상대의 정면을 응시한다.

  – 손: 여성은 오른손을 위로 한 공수자세를 취하고, 남성은 지그시 주먹 쥔 손을 바지 옆 재봉선에 붙인다.

  – 발: 뒤꿈치를 가지런히 모은 상태에서 앞부리를 V자로 벌린다.

- 가슴, 등: 자연스럽고 곱게 편다.
- 어깨: 힘을 뺀다.
- **2단계: 상대를 부드러운 눈으로 바라보면서 인사말을 한다.**
- **3단계: 상체를 정중히 굽힌다.**
  - 머리, 등, 허리: 일직선을 유지하면서 상체를 굽힌다.
  - 각도: 상황에 따라 약 15도, 30도, 45도로 굽힌다.
  - 턱: 아래로 약간 당긴 듯하게 턱이 나오지 않도록 한다.
  - 시선: 자연스럽게 아래를 향하며 미소를 유지하도록 한다.
- **4단계: 상체를 숙이고 약 1초간 정지한다.**
- **5단계: 숙일 때보다 천천히 상체를 든다.**
- **6단계: 똑바로 선 후 웃는 표정으로 다시 상대방과 눈맞춤을 한다.**

출처: 정명희, 이원화(2018).

(3) 커뮤니케이션

커뮤니케이션(communication)은 정보(information), 의견(opinion), 감정(sentiments)을 주고받는 것으로 일반적으로는 의사소통이라 하고, '공통되는(common)' 혹은 '공유하다(share)'라는 뜻의 라틴어 'communis'에서 유래하였으며, 결코 혼자 하는 것이 아니라 누군가와 나눈다는 의미이다. 커뮤니케이션은 언어적 커뮤니케이션과 비언어적 커뮤니케이션(표정, 목소리, 말투, 몸짓 등)으로 나눌 수 있다. 가령 상반되는 메시지를 전달할 경우에는 일반적으로 비언어적 커뮤니케이션에 의한 메시지를 더욱 진실하게 여기는데, 이는 마음에 없는 말은 상대방을 배려하는 마음이나 훈련을 통해서 전달될 수 있지만, 인간의 본성에 가까운 비언어적 표현은 조작과 위조가 어렵기 때문이다. 따라서 상대방에게 진심을 다해 전달해야 할 메시지가 있다면 언어적 표현과 함께 비언어적 전달방법에도 신경을 써야 효과가 있다.

> **커뮤니케이션을 통한 원활한 대인관계 형성**
>
> 1. 상대방의 말에 귀 기울여 듣고 충분히 생각한다.
> 2. 상대방의 의문이나 질문에 대한 의도를 파악한다.
> 3. 말을 할 때에는 간단명료하면서도 적당한 속도로 말한다.
> 4. 자신감 있는 태도로 당당하게 말하여 상대방의 기억에 남을 수 있도록 한다.
> 5. 상황에 맞는 몸짓과 말로서 상대방과 공감대를 형성한다.

출처: 김영란 외(2012).

(4) 스피치

스피치는 다수의 청중 앞에서 자신의 주장이나 정보를 말로 전달하는 매스커뮤니케이션(mass communication)의 한 형식이다. 스피치는 한 사람의 화자가 다수의 청중을 상대로 하는 의사소통 행위로, 청중의 감정을 자극하고 설득함으로써 청중의 신념이나 행동을 새롭게 세우거나 강화하고 변화시키기 위한 공식적인 말하기를 의미한다(전인숙, 2004). 특히 호감을 주는 스피치에는 남자는 '미'음, 여자는 '솔' 음을 사용하는 것이 좋으며, 편안한 자세와 밝은 표정으로 쿠션언어('죄송합니다만' '어려우시겠지만' '실례하지만' 등)를 사용하면 더 부드러운 분

표 13-3 상대방에게 좋은 이미지를 주는 화법

나 메시지 화법	• 순화되고 상대방을 배려하는 느낌을 준다. • 상대방의 기분을 상하지 않게 하면서 마음을 전달한다. • 매너의 출발점이다. • 나의 시각에서 대화(산에 쓰레기를 버리면 산이 아파요 등)를 할 수 있다.
부정보다 긍정의 화법	• "건물 바깥에 흡연실이 마련되어 있습니다." • "하고 있는 일을 마무리하고 도와드리겠습니다." • "서류가 있어야 처리가 됩니다."
명령형보다 청유형 화법	• '~하여 주십시오'보다는 '~해 주시겠습니까?'라는 대화법이 효과적이다.
쿠션화법	• '죄송합니다만~' '실례합니다만~' 등의 대화법이 효과적이다.
두괄식 화법	• 결론부터 말해서 상대방의 궁금증을 풀어 준 후 부연설명을 하거나 이해하도록 한다.

출처: 정명희, 이원화(2018).

위기를 만들 수 있다. 이 밖에도 유머와 칭찬을 곁들이는 칭찬화법, 상대방의 반감은 없애고 존중하는 느낌을 주는 청유형(의뢰형), 상대방을 탓하지 않고 '나'를 주어로 하는 대화법이 더 효과적이다. 따라서 상대방에게 좋은 이미지를 주기 위해서는 '나-전달법(I-message)', 부정보다 긍정의 화법, 명령형보다 청유형 화법, 쿠션화법, 두괄식 화법이 효과적이라고 할 수 있다.

(5) 퍼스널 컬러

퍼스널 컬러(personal color)는 자신의 피부색, 눈동자 색, 머리카락 색과 얼굴형, 체격, 인상 등을 고려한 이미지 색채와 심리 상황, 건강 상태, 라이프스타일 등의 내면의 이미지를 통합한 개인의 고유한 색을 말한다. 퍼스널 컬러 시스템은 이를 과학적이고 체계적인 과정을 통해 어울리는 컬러와 어울리지 않는 컬러를 분석, 구분, 진단하여 자신이 가지고 있는 신체 색과 조화를 이루어 생기 있고 활기차 보이도록 하는 개개인의 컬러를 알아보는 것이다. 대부분의 경우에는 그 사람이 착용한 의복에서 신분, 지위, 지식, 성격, 가치관, 신뢰감, 능력, 친절도 등을 평가한다. 따라서 최상의 옷차림은 화려하거나 비싼 옷이 아니라 그 사람에게 잘 어울리고, 자신의 신분, 지위, 지식, 성격 등에도 적합하며, 상황, 장소, 분위기의 T.P.O(Time Place Object) 법칙에 맞는 옷을 착용하는 것이다.

2. 면접방법

면접은 입시 및 입사의 최종 관문이다. 서류전형이나 직무적성검사를 거쳐 선택된 지원자만 응시할 수 있는 것은 물론이고, 필기시험이 퇴조하면서 면접으로 입시나 입사의 당락이 좌우되고 있다. 최근에는 공채 대신 소수 · 수시 채용이 실시되면서 면접의 비중이 더욱 높아지는 추세이다. 면접이야말로 자질과 능력, 끼, 창의력, 업무 추진력, 업무수행능력, 직무적합성, 조직적응력, 커뮤니케이션 등 지원자의 총체적인 능력을 평가하여 기업에서 요구하는 인재상에 적합한 사람인지를 판별할 수 있는 가장 유력한 방법이다.

1) 면접의 중요성

면접의 중요성을 채용자의 입장과 지원자의 입장에서 살펴보면 다음과 같다.

(1) 채용자의 입장

첫째, 경쟁력 강화를 위한 인력구조 재조정과 생산성 향상을 위한 구조조정을 겪으면서 채용 규모를 축소하거나 대규모 공채를 회피하고 인재 선발 방식도 자사에 꼭 필요한 사람만을 그때그때 선발하는 쪽으로 변화하고 있다. 둘째, 세계화라는 시대 흐름 속에서 무한 경쟁을 치러야 하므로 수재형의 인물보다는 창의적이고 적극적이며 의욕이 넘치는 인물을 면접을 통해 직접 파악하고 있다. 셋째, 무한 경쟁 속에서 일어날 수 있는 여러 가지 변화에 대응할 수 있는 인재를 필요로 하며, 이를 위해 응용력 및 임기응변능력을 테스트할 수 있는 면접으로 인재를 선발하고 있다. 넷째, 자신의 주관이나 개성을 살리면서도 기업의 전통이나 분위기에 자신을 적용하며 변모할 수 있는 사람을 원하기 때문에 개인의 기본적인 됨됨이와 인성을 중시한다. 또한 입사 6개월 이내에 이직을 하거나 그만 두는 사원으로 인해 기업도 애로가 적지 않기 때문에 꼼꼼한 절차를 거쳐 인재를 선발하고픈 마음이 크게 작용하고 있다.

(2) 지원자의 입장

첫째, 면접은 '마지막 관문'이므로 지원자는 모든 서류과정을 통과하고 면접이라는 최종점에 왔다는 자부심을 가져야 하며, 면접을 자신의 모든 강점을 보여 줄 '최후의 기회'로 활용할 수 있어야 한다. 둘째, 우리나라의 최고 경영자들은 팀워크를 중요시하며 협동심, 사명감, 책임감이 투철한 인재를 높이 평가하고 있다. 이는 면접을 통해서만 비로소 평가 가능한 일이므로 지원자는 취업을 희망하는 기업의 면접방식과 인재상, 사내 분위기 등을 철저히 조사 및 분석하여 대책을 마련하는 태도를 가져야 한다. 서류전형에서 다른 사람과 비슷하게 평가되었다면 면접을 통해 자신의 진가를 발휘하여야 하므로 자신의 생각과 의지를 조리 있고 차분하면서 당당하게 표현하도록 차근차근 준비를 해야 한다(문승태 외, 2005).

2) 면접 대처 요령

취업의 최종 관문인 면접을 통과하기 위해서는 보다 체계적이고 철저한 준비를 해야 한다. 면접의 두려움을 극복하고 완벽하게 대처할 수 있는 방법으로는, 첫째, 이력서와 자기소개서 작성에 신경을 쓰고 그 내용을 숙지한다. 둘째, 지원 회사에 대한 정보를 최대한 파악하려고 노력한다. 셋째, 취업사이트 혹은 동호회에 접속하여 다양한 정보를 얻는다.

포트폴리오 작성 내용

- 1분 자기소개 준비(자기 성격의 장점과 단점)
- 대인관계 또는 팀워크를 개선했던 경험(대인관계능력)
- 기존에 없던 것을 새롭게 만들었던 경험(문제해결능력)
- 기존에 존재하던 것을 수정 · 보완 · 발전 · 개선했던 경험(정보능력)
- 기존의 생산성을 수치적으로 향상시킨 경험
- 뚜렷한 목표를 세우고 강하게 추진했던 경험을 성공과 실패로 각각 정리(지원관리능력)
- 새로운 환경에 적응했던 경험(자기개발능력)
- 타인을 설득하거나 사람들을 이끌었던 경험(의사소통능력)
- 자신의 직업(직무)을 선택하게 된 경험(조직이해능력)
- 지원한 직무와 연계되어 갖고 있는 경험(기술능력 및 직업윤리)

출처: 방영황(2019).

---

3) 면접심사의 평가요소 및 면접 유형

기업은 객관적이고 기본적인 인재의 중요한 특성을 선정하여 평가의 기준으로 삼고 있다. 기업의 특성에 따라 다소 차이는 있을 수 있지만, 심신이 건강하고, 인품이 원만하며, 학식과 경험이 풍부하고, 열의가 있는 사람이야말로 기업이 필요로 하는 일반적이고 공통적인 기준에 맞는 인재이다. 그러므로 지원자는 기업이 요구하는 인재의 조건을 잘 파악하여 그에 맞는 인재로 평가받을 수 있도록 내적·외적인 표현력을 길러야 하며, 다양한 면접 유형에 적합한 여러 가지 면접방법을 익혀야 한다.

표 13-4	다양한 면접 유형
단독면접 (1:1 면접)	• 지원자 1명과 면접관 1명이 대면하여 진행하는 면접방법이다. • 지원자에 대한 구체적인 정보를 많이 얻을 수 있으나 시간이 오래 걸리고 면접관의 주관이 작용할 수 있다. • 단독면접은 채용 규모가 작을 때와 업무 적임자를 선발할 때 활용한다.
개별면접 (지원자 1: 면접관 3~5)	• 다수의 면접관이 한 지원자를 대상으로 면접하므로 다각도의 질문이 나올 수 있어 지원자의 다양한 측면을 알아낼 수 있다. • 공통적인 질문으로는 지망 동기, 직업관, 성격, 가치관, 성격, 교우관계, 이성문제, 결혼, 취미, 특기 등이 있다. • 회사에서 가장 객관적으로 적임자를 선별할 수 있는 유형이다.
집단면접	• 다수의 면접관이 여러 명의 지원자를 한꺼번에 평가하므로 시간을 단축할 수 있다. • 지원자 간의 비교평가가 가능한 반면에 앉은 순서에 따라 불이익을 당할 수도 있다. • 질문에 짧고 굵은 답변하여 강점을 구체화시키고 단편적이면서도 강력한 실제 경험을 이야기하는 것이 좋다. 집단면접의 숙지사항 ① 면접관은 지원자를 비교 평가한다. 따라서 이미지 메이킹에 신경을 쓰라. ② 질문이 없을 시(다른 지원자 답변할 때 등) 불필요한 행동을 하지 마라. ③ 타인의 대답을 경청하고, 한눈을 파는 등 무관심한 행동은 삼간다. ④ '1분 이내의 자기소개'는 첫 질문의 99%를 차지한다. 따라서 지원자는 개성 있는 자기소개를 위해 직접 체험한 내용과 자신의 장점, 목표 등을 말하는 것이 좋다.
집단토론	• 지원자에게 특정한 주제를 주고 토론하는 과정을 평가하는 면접방법이다. • 토론 시간은 기업에 따라 다르나 보통 팀당 30~90분 내외이다. • 한 팀의 인원은 보통 5~8명으로 구성된다. 집단토론 면접의 숙지사항 ① 결론부터 이야기하라. ② 토론에는 정답이 없다. ③ 자신의 주장을 강조하지 마라. ④ 상대방의 의견에 반박하지 마라. ⑤ 메모하면서 토론하라.

	⑥ 상대방의 이야기에 경청하라. ⑦ 첫 번째 발언을 피하라. ⑧ 상대방이 이야기할 때 말을 끊거나 끼어들지 마라.
압박면접	• 면접관이 지원자를 긴장 상태에 놓고 지원자가 그 상황을 어떻게 대처하는지를 평가하는 면접방법이다. • 지원자의 말꼬리를 잡거나 비난하기도 하며, 고의로 약점을 들추어 낸 뒤 지원자의 자제력과 인내력, 판단력 등의 변화를 관찰한다. • 질문을 받고 바로 답변하기보다는 약 3~5초 간의 여유를 두고 생각을 정리한 뒤에 답변하도록 한다.
프레젠테이션 면접	• 지원자에게 특정 주제와 시간을 주고 면접관들 앞에서 프레젠테이션으로 설명하는 면접방법이다. • 이 면접방법은 개인의 커뮤니케이션 능력과 직군별 직무수행능력을 파악할 수 있다. • 전문성 있는 주제에 대한 문제해결능력과 독창성, 지식 수준 등을 심도 있게 평가한다.
블라인드 면접 (무자료 면접)	• 지원자의 개인정보를 모른 채 진행하는 면접방법이다. • 지원자의 출신학교, 전공, 학점은 물론 가정환경, 스펙 등을 참고하지 않고 수험표와 이름만으로 지원자를 평가한다. • 선입견 없이 객관적이고 공정한 평가가 가능하다.
임원면접	• 최근 대기업에서는 1차 면접에서 실무면접방식을 사용하고, 최종 면접에서는 임원 혹은 CEO가 참여하는 임원면접방식으로 진행되는 경우가 많다. 임원면접의 숙지사항 ① **집단 속에 묻히지 마라** 일부를 제외하고 대부분의 면접은 집단면접으로 행해진다. 따라서 입사지원자들은 서로 비교가 되므로 집단 속에 묻히거나 다른 사람에게 밀려나지 않도록 해야 한다. 다른 사람이 대답을 할 때에도 경청하고 있다는 사실이 드러나도록 고개를 살짝 끄덕이는 매너가 필요하다. ② **질문에 대한 답을 최소한 4단계까지 준비한다** 실무진 면접이나 임원면접의 최근 경향은 전공 지식이나 직무에 대한 상세한 내용을 묻는 것이다. 일명 꼬리질문으로, 하나의 질문에 대해 이어지는 또 다른 질문에 대한 답을 반드시 준비해야 한다. ③ **기업이나 직무에 관심을 표현하라** 마지막 단계인 CEO나 기업의 임원면접에서는 상대적으로 일반적인 질문이 많다. 지원 기업이나 직무에 대해서 명확하게 관심을 표현하고 자신이 적합한 인재임을 드러내야 한다. 작은 것이라도 직무와 관련된 성공 경험을 말한다면 좋은 점수를 얻을 수 있다.

영어면접	• 날이 갈수록 영어면접의 중요성이 커지고 있으며, 면접 중에 같이 진행을 하거나 따로 면접 절차를 두어 진행하기도 한다. • 난이도가 해를 거듭할수록 까다로워지고 있으며, 면접관이 외국인인 경우와 내국인인 경우 그리고 내 · 외국인 면접관이 동시에 진행하는 경우도 있다. • 영어면접 시에는 발음과 억양 처리에 신경을 쓰고 적절한 몸짓을 취하며 예상 질문에 철저히 준비해야 한다.

출처: 김영란 외(2012); 신상훈(2019).

4) NCS 기반 면접

NCS는 National Competency Standards의 약자로, 산업현장에서 직무를 수행하기 위해 요구되는 지식, 기술, 태도 등의 내용을 국가가 체계화한 것이다. NCS의 목표는 산업현장 직무 중심의 인적 자원을 개발해 핵심 인프라를 구축하고, 나아가 국가 경쟁력을 향상시키는 것이다. NCS 기반 면접은 크게 직업기초능력 평가와 해당 직무수행능력 평가로 나눌 수 있다(방영황, 2019). 직업기초능력을 기반으로 한 면접은 직업기초능력과 각 기관 및 기업이 보유하고 있는 인재상 및 핵심 가치를 바탕으로 경험 사례를 묻는 면접방법이다. 직무수행능력을 기반으로 한 면접은 NCS의 직무별 능력 단위와 실제 직무 수행과 관련하여 직무에 필요한 지식과 기술, 태도를 파악하는 면접방법이다. 따라서 NCS 기반 면접 유형은 직무능력이 필요한 과거의 경험을 질문하는 경험면접과 특정 상황을 통해 지원자의 행동을 예상하는 상황면접, 특정 주제에 관한 지원자의 응답을 통해 역량을 평가하는 발표면접, 토의과제나 의견 수렴 과제에서 지원자의 상호작용 능력을 평가하는 토론면접이 있다. 이는 블라인드 채용이라는 큰 틀에 NCS의 방식을 적용한 것이다. 따라서 NCS 블라인드 면접에 대비하기 위해서는 자기소개서 작성부터 면접까지 직업기초능력에 따라 준비하고 대비하는 것이 중요하다.

5) 면접 이미지 메이킹

(1) 헤어스타일

냄새가 나지 않고 비듬이 없도록 관리해야 한다. 머리색은 짙은 검은색보다는 자연갈색이나 밤색으로 염색하여 온화한 인상을 줄 필요가 있다. 남자는 가능하면 앞머리는 뒤로 넘겨 이마를 시원하게 드러내는 것이 좋고, 양쪽 귀도 드러내면 신뢰감과 더불어 융통성이 있는 사람으로 보인다. 성공한 CEO의 헤어스타일 중에는 2 : 8 가르마가 가장 많다. 여자는 깔끔한 단발이나 짧은 헤어스타일이 가장 이상적이며, 이런 헤어스타일로 전문 여성의 이미지를 줄 수 있다. 긴 머리라면 아래로 묶어 망을 이용하여 깔끔하게 정리하고, 액세서리는 화려한 것보다는 단정한 끈이나 핀을 사용한다.

헤어스타일

• **남성**
- 청결하게 보이도록 한다.
- 이마와 귀는 훤하게 드러내어 밝고 깔끔한 인상으로 연출한다.
- 헤어 제품을 사용하여 푸석푸석하다는 느낌을 주지 않도록 한다.
- 뒷머리는 옷깃에 닿지 않도록 자주 손질한다.

• **여성**
- 앞머리가 이마를 덮거나 눈을 가리지 않게 한다.
- 지나친 염색은 신뢰감을 떨어뜨린다.
- 긴 머리는 근무 시 자주 손이 가지 않도록 고정한다.
- 커트 머리나 단발머리도 옆머리가 흘러내리지 않게 한다.
- 액세서리는 근무복에 어울리는 것을 선택하고, 얼굴이나 머리보다 지나치게 눈에 띄지 않도록 한다.
- 커트 머리: 무스나 헤어 젤을 이용하여 귀 뒤로 깔끔하게 넘긴다. 뒷머리가 가라앉지 않도록 세팅으로 조금 띄워 준다.
- 단발머리: 이마를 가리지 않도록 하며, 옆머리를 귀 뒤로 넘긴다. 또한 뒷머리가 옷깃에 닿지 않도록 말아 준다.
- 쪽머리: 얼굴형에 따라 가르마를 나누어서 묶는다.

출처: 한국인재경영교육원(2012).

(2) 얼굴

메이크업은 얼굴의 장점을 부각시키고 단점을 보완하여 주는 것으로, 면접 메이크업의 콘셉트는 밝고 지적인 이미지를 주는 데 있다. 남자 지원자의 경우에는 면도에 신경을 써야 하며, 지저분한 피부나 잡티가 있다면 약간의 메이크업으로 가리도록 한다. 여자 지원자의 경우에는 약간의 메이크업을 하는 것이 예의바르게 보인다. 지나치게 화려하거나 번잡해 보이는 메이크업이나 액세서리는 피하는 것이 좋다. 눈은 충혈되지 않도록 잘 관리하고, 메이크업은 평상시보다 더 또렷하고 스마트한 눈매를 연출하기 위해 아이라이너와 마스카라를 사용하도록 한다.

메이크업

• **남성**
  - 아침에는 쉐이빙 크림을 이용해 면도를 하여 피부결을 매끄럽게 보정한다.
  - 유난히 수염이 빨리 자라는 경우, 오후에 중요한 미팅이 있다면 전기면도기로 한 번 더 손질한다.
  - 눈이 충혈된 경우에는 따뜻한 수건과 찬 수건으로 번갈아 가며 찜질한다.

• **여성**
  - 메이크업은 직장 여성에게 기본이다.
  - 미간이 좁아질 경우 답답한 인상을 주게 되므로 미간의 넓이는 코끝과 일직선 정도로 만들어 준다.
  - 눈썹을 너무 진하게 그리면 인상이 강해 보인다.
  - 립스틱은 붉은 기가 도는 색깔을 선택해 건강하고 깔끔한 느낌을 준다.
  - 입술 선은 선명하게 표현하되, 립 라이너의 색과 입술색이 구분이 되지 않도록 한다.

출처: 한국인재경영교육원(2012).

---

(3) 복장

여자 지원자는 투피스 치마정장을 기본으로 하되 바지도 크게 상관은 없으며, 짙은 회색이나 검은색, 베이지색, 갈색도 좋은 인상을 줄 수 있다. 면접용 치마는 A라인보다는 H라인이 더 단정해 보이며, H라인이 라인을 살려 주어 정장

착용 시 더 예쁘게 보인다. 치마 길이는 무릎 선이나 무릎 바로 위 정도가 적당하다. 블라우스는 원색을 피하고 재킷과 어울리는 것을 선택하며, 속옷이 비치지 않도록 하고, 청결한 느낌이 나도록 옷깃이나 소매를 청결히 하며, 단추나 단이 터지지 않았는지 확인한다. 면접관이 선호하는 남자 지원자의 복장 색상은 검은색과 푸른색, 회색 계열의 정장이다. 그러나 요즘은 검은색은 너무 어두워 보이고 권위적인 느낌이 나므로 신입사원에게는 잘 어울리지 않으며, 깔끔하게 보이기 위해서는 푸른색 계열을 입는 것이 좋다. 푸른색 비즈니스 슈트는 가장 기본이 되는 색상이다. 다소 차가울 수 있지만 차분하고 격식 있는 느낌을 줄 수 있고 깔끔하면서도 분명한 인상을 제공한다. 회색 계열은 차분하고 지적인 분위기를 연출한다.

셔츠 착용법

- 셔츠는 슈트의 상의 밖으로 1~1.5㎝ 더 보이도록 한다.
- 네크 밴드는 목둘레보다 약 0.5㎝ 정도 여유가 있어야 한다.
- 셔츠는 계절과 관계없이 긴 셔츠를 입는다.
- 신사에게 드레스 셔츠는 내의 역할이다. 따라서 런닝 셔츠는 입지 않는다.

(4) 구두와 벨트

구두는 옷처럼 하루씩 쉬게 하는 것이 오래 신을 수 있으므로 정장용으로는 검은색 2켤레, 갈색 1켤레 정도는 갖추는 것이 좋다. 일반적으로 구두를 선택할 때에는 앞코에서 발가락까지 1㎝ 정도 여유가 있고, 뒤쪽에도 약간의 여유가 있는 것이 좋다.

일반적으로 벨트의 폭이 넓을수록 활동적인 느낌을, 좁을수록 근사한 느낌을 준다. 벨트는 구두와의 조화를 기본으로 하기 때문에 검은색 구두에는 검은색 벨트를, 갈색 구두에는 갈색 벨트를, 캐주얼에는 그에 맞는 가벼운 벨트를 착용한다.

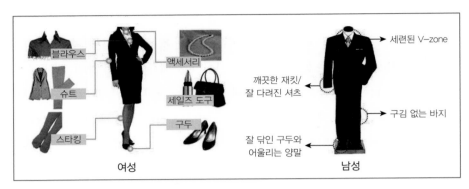

[그림 13-1] 품위 있는 복장

출처: 순천대학교(2013).

6) 호감형 면접자가 되는 이미지 메이킹

호감형 면접자란 단순히 외모가 예쁘거나 멋짐을 의미하는 것이 아니라 한 개인의 개성을 면접관에게 잘 전달하는 사람을 말한다. 이는 면접관이 면접자를 판단하는 부분인 성격, 말, 걸음걸이, 버릇, 퇴장하는 태도에 따라 달라지며, 면접순서에 따른 태도에도 신경을 써야 한다. 세부 내용은 다음과 같다.

면접관이 판단하는 것	
전반적인 인상과 성격 파악	• 눈 → 입 → 아래턱 순으로 살펴본 후 얼굴 전체에서 받는 느낌을 종합하여 판단한다. • 눈은 뚜렷하나 입에 인정미가 없는 사람 → 명랑하나 사생활에 짜임새가 없다. • 눈과 입, 턱의 균형이 잡혀 있는 사람 → 성격이 원만하다.
말에 의한 판단	• 말을 또박또박하면서 음성이 둥글고 부드러운 맛이 있다. → 침착하고 안정적이다. • 음성이 깨지거나 탁하다. → 기력이 약하다. • 빠르게 말한다. → 성급하고 생각의 폭이 좁다. • 말의 흐름이 일정하다. → 정직하다. • 목소리가 작고 명확하지 못하다. → 추진력이 없다. • 말투가 충동적이다. → 반항적이며 자기 멋대로이다. • 말을 더듬는다. → 초조하고 조그마한 일에도 쉽게 흔들린다.

〈계속〉

걸음걸이에 의한 판단	• 어수선하게 걷는다. → 안정감과 자신감이 없다. • 뒤꿈치가 땅에 닿지 않는다. → 침착성이 부족하고 발전성이 없다.
앉은 자세에 의한 판단	• 바른 자세로 점잖게 앉는다. → 마음이 넓고 안정적이다. • 앉은 자세가 묵직하다. → 마음이 소박하다. • 뒤에 기대지 않고 약간 앞으로 나와서 앉는다. → 적극적인 성격의 소유자이다. • 앞으로 구부리고 웅크려서 앉는다. → 확고한 신념이 없다. • 앉아서 시종 손을 흔든다. → 신경질적이고 불안정하다. • 다리를 꼬고 앉아 발을 움직인다. → 참을성이 부족하다.
버릇에 의한 판단	• 면접관을 대할 때 시선을 옆으로 외면한다. → 자신감과 신뢰성이 부족하다. • 눈을 자주 깜박거린다. → 성미가 급하다. • 눈을 감고 말한다. → 진실을 말하지 않는다. • 손으로 여러 가지 몸짓을 취한다. → 적극적으로 보일 수도 있으나 때에 따라 면접관을 가르치는 듯한 느낌을 준다.
퇴장하는 태도에 의한 판단	• 일찍 나가려고 서두른다. → 조급하고 소심하다. • 퇴장하면서 의자나 문을 걸어차거나 부딪힌다. → 불안정하다.
면접 순서에 따른 태도	
대기	• 30분 또는 한 시간 전에 도착하는 여유를 가진다. • 불특정 연장자를 만났을 때에는 가벼운 목례를 한다. • 밝은 미소와 바른 자세로 조용히 대기한다. • 비치되어 있는 홍보물이나 간행물을 본다. • 대기실을 잠시 떠나야 할 경우에는 진행요원에게 양해를 구한다. • 일찍 도착해서 회사의 분위기를 파악해 두면 대기 시 긴장이 줄어든다.
호명과 입실	• 문을 열고 가볍게 인사한다(첫 만남이 성패를 크게 좌우한다). • 팔을 자연스럽게 흔들고, 보폭을 조절하며, 신발을 끌거나 큰 소리를 내면서 걷지 않는다. • 의자의 옆에 가서 정식인사를 한다(인사방법을 충분히 체득한다). • 자기소개는 그 방의 분위기에 알맞은 톤으로 한다. • 앉으라고 할 때까지 그대로 서 있는다. • 의자에 앉을 때의 자세 　- 남자: 다리는 어깨 넓이만큼 벌리고 앉는다. 　- 여자: 무릎과 다리는 나란히 붙인다(다리가 긴 경우에는 약간 비스듬히). • 면접관을 응시하되 시선관리를 잘한다. • 책상 위의 서류를 자꾸 보려고 하지 않는다. • 면접 중에는 다른 사람이 들어왔을 때에는 일어서지 않는다.

〈계속〉

질의 및 응답	• 침착하게 한 번에 답변하여 자신감을 보인다. • 난처한 질문에도 유연하게 대처한다. • 유도심문에 당황하지 말고 원래 준비해 간 대로 답변한다. • 질문이 있냐고 물어보면 기회라고 생각하여 적절한 질문을 한다.
퇴실	• 면접관이 "이제 나가셔도 됩니다."라고 한 다음에 자리에서 일어난다. • 일어나 바로 나가지 말고, 공손히 인사를 한 뒤에 자기가 앉아 있던 의자가 삐뚤어지지 않았는지 확인하고, 약간이라도 삐뚤어졌다면 자리를 똑바로 해 놓고 나간다. • 문을 닫기 전에 다시 한번 가벼운 목례를 하고 문을 조용히 닫는다.

출처: 순천대학교(2013).

활동 1. 자기관찰로 나의 퍼스널 컬러 찾기

目 관련 직업기초능력: 대인관계능력

자신의 이미지 메이킹을 향상시키기 위해 자신만의 퍼스널 컬러를 찾고, 스스로를 관리하여 대인관계를 개발해 나가는 능력

目 목표

1. 자신만의 퍼스널 컬러를 찾는다.
2. 면접에 필요한 복장을 명확히 한다.

目 지시문

"자신만의 퍼스널 컬러에 대해서 생각해 봅시다. 자신이 찾는 직업과 취업하고자 하는 직종에 적합하고, 첫 인상을 증진시킬 수 있는 면접 복장, 가방, 신발, 머리 모양을 찾아 자신에게 어울릴 수 있도록 꾸며 봅시다."

目 진행과정

1. 피팅(fitting)을 작성할 수 있도록 활동지를 나누어 준다. 예시자료를 함께 나누어 주어 참고할 수 있도록 한다.
2. 각자 피팅한 활동지를 벽면이나 책상 위에 전시하여 집단원 모두가 함께 살펴보고, 긍정적인 격려가 담긴 그림이나 글을 남길 수 있도록 한다.
3. 해당 집단원을 평소에 지켜본 경험을 바탕으로 비언어적 커뮤니케이션을 향상시킬 수 있는 방법과 변화시켜야 할 내용이 있으면 글을 남기거나 이야기를 해 주도록 한다.

4. 집단원 전체의 검토가 끝나면 다시 한 사람씩 자신의 소감에 대해 이야기를 나누도록 한다.

日 마무리

1. 나만의 퍼스널 컬러는 무엇이며, 그것은 어떻게 이루어질 수 있는가?
2. 이 활동에서 새로이 알게 된 나만의 이미지 메이킹을 향상시킬 수 있는 방법은 무엇인가?
3. 활동 후 나의 비언어적 커뮤니케이션을 향상시킬 수 있는 방법은 무엇인가?

日 준비물

활동지, 필기도구

나만의 퍼스널 컬러를 찾아 면접 복장 피팅(fitting)하기

오렌지 컬러가 더 잘 어울리면 따뜻한 톤	핑크 컬러가 더 잘 어울리면 시원한 톤
• 햇볕에 장시간 있으면 쉽게 탄다. • 골드 주얼리가 잘 어울린다. • 아이보리나 베이지색 티셔츠가 잘 어울린다. • 머리카락 색이 브라운에 가깝다. • 브라운 · 오렌지 · 그린 컬러 매니큐어를 바르면 손이 예뻐 보인다. • 피부에 노란 기가 많다. • 평소 친구들한테 '사랑스럽다' 혹은 '섹시하다'는 평가를 많이 받는다.	• 햇볕에 장시간 있으면 빨갛게 익는다. • 실버 주얼리가 잘 어울린다. • 핑크 계열의 립스틱이 더 잘 어울린다. • 순백색 티셔츠가 잘 어울린다. • 머리카락 색이 블랙에 가깝다. • 레드 · 핑크 · 블루 컬러 매니큐어를 바르면 손이 예뻐 보인다. • 피부에 붉은 기가 많다. • 평소 친구들한테 '청순하다' 혹은 '시크하다'는 평가를 많이 받는다.
(봄 타입 석세스 컬러) 옐로, 애플 그린, 카엘, 브라이트 아쿠아, 코랄 핑크, 웜 그레이, 오렌지 레드, 브라이트 네이비	**(여름 타입 석세스 컬러)** 화이트, 파스텔 그린, 핑크, 퍼플 그레이, 로즈 레드, 미스트 블루, 로즈 브라운, 브라이트 네이비
(가을 타입 석세스 컬러) 모스 베이지, 모스 그린, 새먼, 올리브 그린, 시나몬, 다크 브라운, 레드 브라운, 딥틸	**(겨울 타입 석세스 컬러)** 스노우 화이트, 차콜 그레이, 아이스 블루, 파인 그린, 애시 로즈, 노열 블루, 와인 레드, 블랙
따뜻한 피팅	**시원한 피팅**

※ 왼쪽 항목에 해당하는 사항이 더 많다면 따뜻한 톤, 오른쪽 항목에 해당하는 사항이 더 많다면 시원한 톤을 사용한다.

활동 2. 프레젠테이션 면접

日 **관련 직업기초능력: 의사소통능력과 대인관계능력**

프리젠테이션을 비롯한 자신의 직업목표 성취를 위해 의사소통능력과 대인관계능력을 개발해 나가는 능력

日 **목표**

1. 프레젠테이션 면접 준비 사항을 확인하고 준비할 수 있다.
2. 프레젠테이션을 할 수 있다.

日 **지시문**

"프레젠테이션 면접은 개인의 커뮤니케이션능력과 직군별 직무수행능력을 파악할 수 있고, 전문성 있는 주제에 대한 문제해결능력과 독창성, 지식 수준 등을 심도 있게 평가할 수 있습니다. 아무리 좋은 아이디어를 갖고 있어도 타인을 설득하지 못하면 결국 개인과 회사에 많은 손해를 가져오기 때문에 최근 많은 기업에서 프레젠테이션 면접을 늘리는 추세에 있습니다. 프레젠테이션 면접을 위해 다양한 예상 질문을 정리하여 봅시다. 예상 질문을 중심으로 프레젠테이션을 준비하여 발표해 봅시다."

日 **진행과정**

1. 프레젠테이션 면접 예상 질문을 나누어 주고 각자 작성하도록 한다. 예시 자료를 함께 나누어 주어 참고할 수 있도록 한다.
2. 각자 프레젠테이션을 준비한 뒤 집단원 모두가 함께 프레젠테이션 자료를

보고 개선해야 할 점이 있는지를 확인하며, 개선 방향을 상호 협의하여 개선하도록 한다.

3. 프레젠테이션을 하도록 한다. 프레젠테이션 후 집단원 모두는 언어적 · 비언어적 커뮤니케이션능력을 향상시킬 수 있는 방법과 개선해야 할 방안에 대해 의논하도록 한다.

4. 다시 한번 개선할 사항을 중심으로 프레젠테이션을 한 후 집단원 전체의 검토가 끝나면 한 사람씩 자신의 소감에 대해 이야기를 나누도록 한다.

🗄 마무리

1. 앞으로 개선해야 할 나만의 프레젠테이션 기술로는 어떤 것이 있는가?

2. 이 활동에서 새로이 알게 된 나의 부족한 점은 무엇이며, 이것을 개선하는 방법은 무엇인가?

3. 활동 후 알게 된 나의 면접 능력을 향상시킬 수 있는 방법은 무엇인가?

🗄 준비물

활동지, 필기도구, 컴퓨터 등

Tip. 좀 더 알아봅시다

Q1. 프레젠테이션 면접 준비 사항

① 프레젠테이션 워밍업

프레젠테이션 면접에서 승리하기 위해서는 프레젠테이션 면접의 예상 질문을 파악하는 것이 중요하다. 따라서 면접 2~3개월 전부터 최근 1개월 간의 신문 톱기사, 경제면과 저녁 뉴스를 세심하게 보는 것이 필요하다. 느낀 점을 글로 옮겨 보고, 거울을 보며 연습을 하는 것, 친구들과 프레젠테이션 준비 스터디를 만들어서 미리 준비하는 것도 큰 도움이 된다.

② 구체적인 주제를 잡으라

프레젠테이션 내용이 짜임새 있게 구성되기 위해서는 광범위한 주제보다 입사를 지원한 회사의 경영진이 솔깃할 만한 구체적이고 마케팅에 적용할 수 있는 주제를 선택하는 것이 플러스 점수의 요인이 된다.

③ 간단명료한 표현

내용 못지않게 중요한 것이 발표 태도이다. 따라서 시선 처리, 손동작, 목소리 톤에 유의해야 한다. 면접관들은 수많은 지원자를 평가해야 하기 때문에 지쳐 있을 수 있으므로 지원자의 프레젠테이션을 집중해서 들을 수 있는 처음과 끝을 집중적으로 공략한다. 서론에서 지원자의 의견을 말하고, 본론에서 뒷받침할 수 있는 의견을 정리하여 말한 후 결론에서 다시 한번 의견을 정리하도록 한다. 또한 주장은 첫째, 둘째 등으로 나누어서 설명하는 것이 면접관들의 주목을 끌고, 스스로도 자신의 주장을 일목요연하게 정리할 수 있다. 시선은 정면 → 좌 → 우를 보면서 발표한다.

④ 시간 엄수

기업에 따라 다소 차이가 있지만 면접은 5~10분 정도로 제한되어 있다. 때문에 간단하고 명료하게 표현하되, 앞뒤 말을 논리정연하게 연결시키는 언어구사력이 필수적이다. 평상시에 시간을 체크하면서 발표량을 조절하는 연습을 하여 시간 감각을 길러야 한다.

⑤ 자신의 생각을 담으라

당장 현장에서 적용할 만한 마케팅 전략을 자신의 의견과 함께 제시하는 것이 더욱 높은 점수를 받을 수 있는 방법이다.

⑥ 도표와 그래프로 튀라

수십 명의 지원자 속에서 눈에 띄기 위해서는 적절한 도표와 그래프를 이용하는 것이 필요하다. 깨알 같은 글씨로 내용을 꾹꾹 눌러 담는 것보다 목차를 통해 프레젠테이션의 밑그림을 보여 주고, 자신의 의견을 도표로 정리하거나 그래프로 만드는 것도 시선을 사로잡고 설득력을 높이는 비결이다.

⑦ 타 지원자의 프레젠테이션 경청도 평가요소

면접 점수에는 지원자의 발표 태도 및 경청, 반응, 질문, 타인 배려 등 인성에 대한 평가가 포함되므로 발표력만큼이나 타인을 배려하고, 다른 사람의 의견에 경청하는 자세도 중요하다.

출처: 순천대학교(2011).

Q2. 성공적인 면접을 위해 알아야 할 열 가지 전략

① 대기실에서도 최선을 다한다

인사담당자가 면접방식에 대해 이야기할 때에는 열심히 경청하고, 의문 가는 사항이 있으면 질문을 통해 확인한다. 대기하는 동안 그 절차에 따라 준비한 내용을 머릿속에 그려 보면서 차분히 정리를 한다. 한편 인사담당자의 78%는 면접 대기 태도도 평가항목에 포함된다고 답변하였다. 인사담당자가 말하는 긍정적ㆍ부정적인 대기 태도는 다음과 같다.

면접 대기 중 가장 긍정적인 인상을 주는 지원자의 행동
• 회사 홍보물을 열람한다(39.7%).
• 담당자에게 회사나 면접에 대해 질문한다(20.6%).
• 조용히 자기 순서를 기다린다(19.1%).
• 책 또는 신문이나 메모를 본다(10.3%).

면접 대기 중 삼가야 할 행동
• 졸거나 잔다(32.4%).
• 음식물을 먹거나 껌을 씹는다(20.6%).
• 전화를 하거나 문자메시지를 보낸다(17.6%).

② 3초 동안에 첫인상이 결정

최초로 입실하고 나서 착석할 때까지의 시간이 모든 걸 판정한다는 말이 있을 정도로 첫인상은 매우 중요하다. 단정한 외모, 자신감 있는 행동, 밝고 명랑한 표정, 예의 등을 갖추도록 한다.

③ 충분한 자기소개 연습은 필수

면접에서 빼놓지 않고 나오는 단골 질문이 바로 '자기소개'이다. 자기소개는 보통 1분에서 3분 정도의 제한된 시간 안에 자유롭게 대답해야 하는 경우가 많기 때문에 어지간히 준비 없이는 대부분 당황하기 십상이다. 따라서 반드시 면접 전에 자기소개 연습을 확실히 해 두는 것이 중요하다.

④ 대답은 논리정연하면서도 설득력 있게

질문이 끝나면 잠깐 여유를 가지고 생각을 정리한 후 발표하고자 하는 의도가 명확하게 전달될 수 있도록 논리정연하고 설득력 있게 자신감을 갖고 대답한다. 이때 기업문화나 인재상과 연관된 답변을 하면 더 좋다. 재치 있는 유머를 섞는 것은 좋으나 오버하면 안 된다. 또한 모르는 질문을 받았을 때에는 애써 아는 체하거나 변명을 늘어놓는 것은 절대 금물이다.

⑤ 직무 관련 능력은 실제 사례를 들어 확실하게 표현

직무와 관련된 질문을 받았을 때에는 그 분야에서 어떠한 일을 했는지에 대해 실제 사례를 들어 설명하거나 해당 분야에서 자신이 특별히 성취해 낸 일을 덧붙여 설명하는 것이 좋다. 이때 적절한 용어를 사용해 상대가 알기 쉽게 말해야 한다.

⑥ 약점을 강점으로

'영어실력이 부족하다'는 등 자신의 부족한 점을 지적하는 질문이라도 위축되지 말고 구체적인 보완책을 설득력 있게 제시해 앞으로의 가능성을 보여 준다. 이미 서류전형에서 검토한 내용을 질문하는 것은 면접관의 의도가 다른 데 있기 때문이다.

⑦ 외국인과 면접 시 반드시 정중한 언어 사용

외국어라고 해서 경어가 없는 것은 아니다. 자연스러운 외국어를 구사하고 있다는 착각 속에서 '속어'를 사용하지 않도록 주의해야 한다. 정중한 언어를 사용하기 위해 준비를 철저히 해야 한다. 답변은 구체적인 것이 좋다.

⑧ 못된 버릇이 입사를 방해

불필요한 말이나 불분명한 어휘를 사용하지 말고, 손발을 까딱거리거나 떠는 행위, 불안하게 두리번거리는 행동을 하지 않는다.

⑨ 시선은 항상 정면을

다른 지원자가 대답할 때나 본인이 대답할 때에는 시선을 불안하게 왔다 갔다 하지 말고 면접관의 눈이나 입을 응시하도록 한다.

⑩ 뒷모습도 평가

모든 면접은 면접장을 나설 때까지 계속 된다는 사실을 유념해야 한다.

Q3. 면접의 실제

채용절차	활동(준비)

1단계
(서류전형)
	• 학력, 전공, 어학, 자기소개서 등 기본자격을 평가
	• 자기소개서 평가 기준
	  ① 지원동기/성장목표
	  ② 성장과정/성격(장단점)/생활신조
	  ③ 사회봉사/동아리 활동
	  ④ 연수 경험/자기개발 노력
	  ⑤ 전반사항(문장력, 구체성, 참신성, 진실성)

2단계
(직무역량평가)
	• Analysis-Presentation: 개인 베이스 직무역량 평가
	  - 전략적 사고, 변화 지향, 고객 지향, 성과 지향, 글로벌 마인드의 5개 요소
	• Group Discussion: 팀 베이스 직무역량 평가
	  - 팀워크, 리더십, 상황 인식, 의사소통의 4개 요소
	• Specialty Test: 조직 적합성(Organizational Fit)
	  - 합리적 동기와 목적으로 입사하여 정착 및 성장할 수 있는지를 평가
	  - 구조적 질의응답 → 회사 이해도, 지원동기/성장목표, 개인이력/창의성 등
	※ AP, GD: 훈련된 평가사(DDI-Certified Interviewer)가 평가

<table>
<tr><td rowspan="6">3단계
(가치적합성평가,
Value-Fit Test)</td><td colspan="2">평가취지   • 직장인으로서 기본적인 가치관을 가지고 있는가?
                   • 회사의 조직(운영방식)에 적합한 인물인가?</td></tr>
<tr><td>평가요소</td><td>개념정의</td></tr>
<tr><td>포괄적 질문</td><td>전반적인 직무적합성을 종합평가</td></tr>
<tr><td>직업관/가치관</td><td>직장인으로서 기본적인 자세와 태도 보유 여부</td></tr>
<tr><td>정직성/윤리성</td><td>인생관 및 생활방식이 정직하고 윤리적인가?</td></tr>
<tr><td>조직 적용성/협동심 등</td><td>조직에 대한 적용과 협동이 가능한가?</td></tr>
</table>

회사에 따라서 면접 유형 및 방법이 다르므로 최고의 면접 점수를 얻기 위해서는 지원 회사의 면접 유형에 따라서 준비하여야 한다.

Q4. 면접 유형

AP(Analysis & Presentation)
- 주요내용: 문제해결 + 발표
- 면접 포인트: 회사구조 이해, 분석력, 창의력, 전략 수립 능력
- 진행방식
  - 공통 자료 제공(A4 용지 약 3~4장) 및 내용 파악(약 1시간)
  - 자료 작성(OHP 또는 PPT)
  - 발표 20분
- 팁
  - 자신의 역할에 충실(예: 대리로서 상사의 의견 전달 정도를 부서별로 명확히 분류)
  - 제시된 자료의 분석(사실 중심의 분석)
  - 창의적 대안 제시(남이 할 만한 것은 하지 않음)

GD(Group Discussion)
- 주요내용: 문제해결 + 상호토론
- 면접 포인트: 문제이해, 토론 진행 및 소통 능력
- 진행방식(5~7명)
  - 상황 설정 제시(A4 용지 1장) 및 내용 파악(약 5분)
  - 토론(20~25분)
- 팁
  - 오프닝, 토론의 주도권(진행권) 확보, 독선적 진행 지양
  - 상대 의견 경청, 토론 참여자들의 의견 정리
  - 미진한 토론 진행에 대한 반전 및 대안 제시

Value fit(면접)
- 유형: Multi 대 Multi, Single 대 Multi
- 팁
  - 자신감 있는 행동(A to Z)
  - 그 순간 나의 고객은 면접관이다.
  - 편향된 입장 표명이 바람직한 것만은 아니다.
  - 최근 이슈에 대해서는 기본적 지식 확보(신간 도서 등)

Q5. 면접 평가표 샘플 1

성명		주민등록번호		평가자 성명	

평가요소	평가 주안점	평가방법					평점
		탁월	우수	보통	부족	문제	
용모/태도	밝은 표정인가(첫인상)?	10	8	6	4	2	
	외견상 건강 상태는?	10	8	6	4	2	
	품위 있는 자세인가?	5	4	3	2	1	
인성	신뢰감을 주고 있는가?	15	12	9	6	3	
	겸양을 갖추었는가?	10	8	6	4	2	
	감성이 풍부한가?	10	8	6	4	2	
표현력	흡인력이 있는가?	10	8	6	4	2	
	자신감이 있는가?	10	8	6	4	2	
	언어구사력, 표준어 사용 정도	10	8	6	4	2	
경력	직종에 적합한 경력이 있는가?	15	12	9	6	3	
	특출한 경력이 있는가?	10	8	6	4	2	
가능성	일에 대한 열정이 보이는가?	15	12	9	6	3	
	책임감을 가지고 있는가?	10	8	6	4	2	
	지식과 정보가 풍부한가?	10	8	6	4	2	
합계		150					
평가자 종합 의견							

Q6. 면접 평가표 샘플 2

인터뷰 평가표							
지원 분야		지원자		면접 일시		면접관	

연번	평가 구분	가중치	질문 및 평가에 대한 착안점	점수
1	태도/자세	10	• 복장의 청결함과 단정함, 바른 자세 • 말하는 태도, 표정관리 • 건강 상태(평소 즐겨 하는 운동 등)	
2	신뢰성	20	• 기본적인 평가 항목으로 이력서에 기재된 내용의 사실성 여부에 관한 질문(이력서 내용의 질문에 대한 답변으로 일치 여부 확인)	
3	적극성	10	• 자기개발에 대한 의욕 정도(어떤 일이든지 자발적으로 나선다 등) • 지속적인 자기개발 계획	
4	협동성	20	• 공동작업 수행능력에 대한 평가 • 단위 조직 간의 이해를 조정하고, 결정된 사람을 수용하려는 태도	
5	가치관	10	• 긍정적인 사고방식, 책임감과 성실함 • 인간관계에 있어서 중요한 덕목	
6	직업관	10	• 직장에 대한 올바른 가치관 및 직장인으로서의 가장 중요한 덕목 • 이직을 결심한 이유	
7	창의력	10	• 사고방식, 관점을 바꾸어 가면서 다양한 적용을 하고 있는지를 파악 • 기존의 내용보다는 독특한 아이디어나 제안이 있는지를 파악	
8	논리력	10	• 의견 제시를 할 때 논리정연하게 설명	
9	사고력	10	• 논리에 맞고 일관성 있는 언변 • 주관적 · 감정적 요소를 배제하고 타당한 논거를 바탕으로 의견 제시	
	총점	100	평가 점수 합계	

Q7. 면접 평가요소

구분	평가요소	평가 주안점
1) 관찰 평가요소	건강	좋은 혈색, 건강한 인상
	복장	청결, 단정, 밝고 젊은 분위기
	태도	침착하고 편안한 자세, 안정된 인상
2) 인격 평가요소	젊음과 패기	신선한 감각과 발랄한 이미지
	명랑성	내향적보다 외향적인 성격
	협조성	원만한 성격, 중용적 사고방식, 인화적 태도
	대화법	간단명료하고 확실한 의사표시
3) 내용 평가요소	국제화	• 해외여행(배낭여행)이나 어학연수의 경험 유무 • 응시 회사와 경쟁관계에 있는 세계적인 기업의 유무 • 국제화 시대 개인이 갖추어야 할 덕목 • 외국어능력
	인성 및 성격	• 부모나 선배 등과의 견해 차이가 있을 경우의 대처방법 • 시간과 인내력의 상관관계 • 가장 좋아하는 인간형과 싫어하는 인간형 • 자신의 단점과 극복하기 위한 노력 유무 • 곤란한 상황에서의 성격 발현
	가치관	• 가정과 직장의 관계, 가훈 • 본인의 인생에서 가장 중요한 것, 가장 존경하는 인물 • 자발적으로 한 개인적인 봉사활동 경험
	전문성/ 능력	• 전공을 선택한 이유와 전망 • 자신의 전공 분야 소개
	사고력	• 21세기에 나타날 가장 큰 사회의 변화 • 일의 과정과 결과 중 중요한 것
	적극성/ 리더십	• 동아리 활동 경험 유무 • 아르바이트 경험 유무 • 반대 의견의 수렴, 제어 능력 • 친구와 의견이 대립되었을 때의 태도
	적응 능력	• 상사의 지시가 마음에 들지 않는다면? • 중요한 개인적인 약속이 있을 때 업무 지시를 받는다면? • 지금까지 가장 힘들었던 일과 해결 사례 • 술자리에서 무례한 동료에 대한 대처방법 • 갑자기 지방으로 발령이 난다면?

프로정신	• 자신의 경력개발 계획은? • 한 가지 일에 몰두해 본 적이 있는가? • 타인과 다른 시각으로 접근하여 성공한 사례가 있는가? • 합격한다면 언제까지 회사를 다닐 생각인가? • 업무의 성취감과 높은 급여 중 어느 것을 택하겠는가?
창의력	• 본인이 인사담당자라면 인재 선발 시 어떤 방법으로 채용하겠는가? • 새로운 것에 대한 도전 또는 변화를 좋아하는가? • 만약 복권에 당첨이 되었다면?
진취적인 행동	• 갑자기 해외 오지로 발령이 났을 때 최소한의 짐만 허용된다면 어떤 것을 가져갈 것인가? • 근무시간 중에 처리할 수 없는 벅찬 업무를 지시받았을 경우 대처법 • 유행이 지난 물건 100개를 팔아 오라고 한다면?

출처: 순천대학교(2013).

Q8. 한눈에 보는 직업기초능력 항목별 자기소개서 문항

항목	키워드	자기소개서 문항
의사소통능력	• 경청능력 • 의견 조율	자신의 생각이나 의견을 상대방에게 성공적으로 설득했던 경험을 상황-행동-결과 중심으로 구체적으로 기술해 주시기 바랍니다.
수리능력	• 분석능력 • 사칙연산	정확한 분석력을 바탕으로 문제 상황을 효과적으로 해결했던 경험에 대해 구체적으로 기술해 주시기 바랍니다.
문제해결능력	• 논리적 사고 • 창의적 해결	예상치 못했던 문제로 인해 계획대로 일이 진행되지 않았을 때, 책임감을 가지고 끝까지 적극적으로 업무를 수행해서 성공적으로 마무리했던 경험이 있으면 기술해 주시기 바랍니다.
자기개발능력	• 변화 수용 • 미래 지향	자신이 자기개발을 꾸준히 하는 사람임을 입증할 수 있는 사례(경험)와 그 근거를 구체적으로 작성해 주시기 바랍니다.
자원관리능력	• 시간 확보 • 우선순위	제한된 자원(예: 시간, 비용, 인력)에도 불구하고 목표를 달성했던 경험을 상황-행동-결과 중심으로 구체적으로 기술해 주시기 바랍니다.

대인관계능력	• 역할과 책임 • 팀워크	소속 조직의 공동 과업을 달성하는 과정에서 발생된 어려움을 극복하기 위해 구성원과 적극적으로 협력했던 경험에 대해 기술해 주시기 바랍니다. 당시 어떠한 상황이었으며, 이를 해결하는 과정에서 발생한 어려움은 어떻게 극복했는지 구체적으로 기술해 주시기 바랍니다.
정보능력	• 정보 수집 • 폴더 정리	업무를 수행함에 있어 정보를 수집하고 관리하는 자신만의 방법을 설명하고 그 사례를 기술하여 주십시오.
기술능력	• 기술 이해 • 직무역량	귀하가 우리 공단에 기여할 수 있는 적합한 인재로서 보유한 능력은 무엇이며, 그 능력을 개발하기 위하여 어떤 노력을 하였습니까?
조직이해능력	• 경영 이해 • 업무 이해	본인이 알고 있는 ○○○회사에 관한 내용을 자세하게 기술해 주시기 바랍니다. 어떠한 경로를 통해 그러한 정보를 얻게 되었는지 혹은 추가적인 정보를 얻기 위해 취한 행동 노력은 무엇이었는지를 기술해 주십시오.
직업윤리	• 원칙 준수 • 책임감	본인이 현실과 타협하거나 편법을 사용하지 않고, 원칙대로 일을 처리해서 좋은 결과를 이끌어 냈던 구체적인 사례를 기술해 주시기 바랍니다.

출처: 방영황(2019).

제14장

이력서 및 자기소개서

학 습 개 요

    이력서와 자기소개서를 쓰는 과정은 지원자가 기업을 대상으로 자신을 소개하는 일방적인 모습으로 보이지만 그 과정과 내용을 자세히 들여다보면 기업에서 원하는 개인의 모습에 지원자가 응답하는 의사소통의 과정이라고 볼 수 있다.

    이 장에서는 기업이 원하는 개인의 모습은 무엇인지 알아보고, 그에 맞게 나를 표현해야 하는 과정에 대해 다룬다. 이러한 과정을 통해 나에 대해서 정확하게 알고 표현하여 자신이 원하는 기업과 의사소통할 수 있게 된다.

1. 입사지원 준비

구직자가 자신이 원하는 기업에 입사하기 위해서 통과해야 할 첫 관문은 서류심사이다. 기업에서 공통적으로 요구하는 서류로는 이력서, 자기소개서, 학력(졸업)증명서, 성적증명서, 경력증명서, 자격증 등이 있다. 고등학교와 대학을 졸업하는 사회초년생뿐 아니라 진로 전환을 시도하는 경력사원은 각자 자신이 가지고 있는 특성과 능력, 그리고 인성을 짧은 이력서와 자기소개서에 담아내야 한다. 입사지원서는 이력서와 자기소개서로 구성되며, 이력서는 일정한 양식에 따라 신상정보 등 구직자의 기본적인 정보를 기재한다. 자기소개서는 특정한 양식이 없는 경우가 많으며, 대체로 다양한 활동과 경험을 중심으로 지원 기업에 대한 이해와 자신의 능력을 기술한다.

입사지원서는 직업생활에서 필요한 아이디어와 목적에 맞는 정보를 전달할 수 있는 문서를 작성하는 능력을 나타낸다. 직업인은 자신에게 주어진 업무나 자신을 둘러싸고 일어나는 상황에서 필요한 문서가 무엇인지를 이해한 후 그 문서를 작성할 때 조직의 요구에 효과적으로 부응할 수 있다. 따라서 기업에서는 이력서와 자기소개서 등을 통해 지원자의 문서를 이해하는 능력과 상황과 목적에 맞는 문서작성능력을 평가하게 된다.

이력서와 자기소개서 작성 능력은 자신이 원하는 곳에서 일을 할 수 있는 기회를 얻는 데 중요한 요소가 된다. 그러나 이력서와 자기소개서를 작성하는 능력은 타고나는 것이 아니라 누구나 노력하고 연습하면 잘 쓸 수 있다. 다음에서 이력서와 자기소개서 작성에 필요한 구체적인 준비 내용과 작성방법을 살펴보고 연습할 수 있다.

2. 이력서 작성

1) 이력서의 의미

이력서는 많은 구직자를 일정한 기준으로 필터링해 주는 기능을 한다. 또한 이력서는 구직자의 과거에 대한 이야기이다. 그러므로 구직자가 과거를 회상할 때 일정한 주제가 있으면 도움이 된다.

대부분의 기업에서는 기업 웹사이트를 통해 구인광고와 함께 이력서[1] 양식을 제공하는데, 지원자가 이 양식에 따라 내용을 작성하여 제출하도록 하고 있다. 이력서는 기업에서 필요로 하는 인재를 선발하기 위해 구직자에 대한 많은 정보를 요구한다. 따라서 구직자는 기업이 요구하는 내용에 맞는 자신의 정보를 정확하게 기입해야 한다. 기업에서 제공하는 이력서 양식이 없는 경우에는 구직자가 자신의 개성을 담아 자유 형식의 이력서를 작성하거나 정부(고용노동부)가 권고하는 개방형 표준이력서를 내려받아 사용할 수 있다.

고용주가 이력서 한 장을 읽는 데 걸리는 시간은 평균 8초 정도라고 한다 (Bolles, 2013). 때문에 이 짧은 시간에 자신을 어필할 수 있도록 이력서를 작성해야 한다. 그러나 가장 훌륭한 이력서라는 일정한 형식이 있는 것은 아니다. 고용주가 누구냐에 따라 구직자의 이력서는 환영받기도 하고, 버려지기도 한다. 어떤 고용주가 어떤 형식의 이력서를 좋아하는지는 알기가 어렵다는 것이다.

다음에 제시된 이력서 작성방법 외에 더 자세한 안내가 필요하면 인터넷 검색을 하도록 한다. '이력서 쓰는 방법' 또는 '이력서 작성 요령'이라고 검색하면 된다. 그렇게 하면 무료 자료와 조언을 얻을 수 있다.

2) 이력서 작성방법

이력서에 들어가야 하는 공통적인 항목의 구체적인 작성방법은 다음과 같다.

---

1) 기업에서 제공되는 이력서는 '입사지원서'라고 부르지만 이 책에서는 '이력서'라고 함

(1) 인적사항

인적사항에는 성명, 주민등록번호, 생년월일, 현주소, 가족관계, 이메일 주소, 병역사항(남자)을 기재하고, 반명함판 사진을 부착하여야 한다. 기업 웹사이트로 이력서를 작성할 경우에도 사진이 필요하므로 파일로 보관해 두면 편리하다. 사진은 지원자에 대한 첫인상이 되므로 자신감을 보이면서 미소를 띠는 사진으로 준비하며, 정해진 규격 사이즈에 맞추는 것이 좋다.

(2) 학력사항

초등학교와 중학교는 생략하고 고등학교 졸업부터 기재한 뒤에 대학, 대학원(학위명) 순으로 입학 날짜와 졸업 날짜를 기재하는 것이 일반적이다. 또한 학력사항에는 수상 경력(성적우수상, 교내외 경진대회 수상 등) 및 장학금(성적 우수, 근로, 기타 등) 수혜 등을 기재한다.

(3) 자격사항

다양한 자격증 가운데 취업하고자 하는 분야의 직종에 해당되는 자격증을 먼저 기입한다. 이 외에 어학 관련 자격, 운전면허증 등을 포함하여 국가자격증과 국가공인자격증, 면허증, 민간자격증의 명칭과 취득일, 발행처 등을 취득 날짜 순으로 기재한다. 지원자가 많은 자격증을 소지했더라도 모든 자격증을 나열하는 것이 도움이 되지 않을 수도 있다. 지원하는 기업의 업무 분야와 관련된 자격증을 선별하여 제시해야 한다.

(4) 경력사항

경력자는 자신이 최근까지 해 온 일과 경력에 대한 직장명, 근무기간, 업무 내용, 직위 등을 기재한다. 신입지원인 경우에는 인턴십이나 지원하는 직무와 관련된 아르바이트를 중심으로 참여 기관, 업무 내용, 기간 등을 기재한다.

(5) 특기 및 상벌 사항

지원하는 기업의 직무와 관련된 구직자 자신의 능력이나 특기를 잘 보여 줄 수 있도록 교내외 행사나 대회에서 수상한 경력을 기록한다. 대학이나 대학원

생활 동안 여러 프로젝트에 참여할 수 있는 기회가 생길 수 있는데, 프로젝트의 내용이 지원하는 기업의 직종과 관련이 있다면 입사에 도움이 된다. 관련이 없더라도 지원자의 적극성, 활동성, 관계성 등의 능력 면에서 좋은 인상을 줄 수 있다. 프로젝트의 내용, 기간, 자신이 담당한 업무, 발주처 등을 기재하고, 자기소개서에는 프로젝트 참여 동기, 참여 후 느낀 점 등 좀 더 구체적으로 기술하는 것이 좋다.

개인적인 특기사항으로는 외국어능력, 해외연수, 취미활동 등을 정확하게 기재한다. 그리고 자원봉사 경험의 기간과 실시 기관, 문화적 체험 경험 등도 기재한다. 이러한 내용도 자기소개서에서 더 구체적으로 기술한다.

모든 사항을 기록하면 하단에 '위의 모든 기재사항은 사실과 다름없음을 확인합니다.'라고 쓰고, 작성 연월일과 지원자를 명기한 후에 서명이나 날인하여 이력서 쓰기를 마무리한다.

3) 이력서 작성 요령

이력서는 기업에서 양식을 제공하는 경우도 있지만 개인이 재량껏 양식을 만들어야 하는 경우도 있다. 어떤 경우든 이력서는 지원자를 기업에 알리는 첫인상과 같은 역할을 하기 때문에 정확하고 일목요연하게 기재하는 것이 필요하다. 좋은 인상을 주기 위해 이력서를 어떻게 작성해야 하는지 그 작성 요령을 살펴보자.

- 기업에서 제공하는 입사지원서를 작성하는 경우에는 지시문을 자세히 읽고, 지시문에 따라 모든 항목에 솔직하게 기재한다.
- 이력서의 첫째 목적은 자신을 알리는 첫 관문을 통과하여 면접까지 가는 것이고, 면접에서도 이력서를 기초로 질문을 하기 때문에 기재된 날짜와 경력 및 활동 내용은 솔직하고 정확해야 한다.
- 연도를 기재해야 하는 항목에서는 시간의 순서에 따라 일관성 있게 정렬하여 고용주가 이해하기 쉽도록 한다.

- 사진은 되도록이면 3개월 이내에 촬영한 것으로 정해진 규격에 맞춰서 제시하여야 한다. 이력서를 파일로 작성하여 이메일로 접수하더라도 사진을 부착한다.
- 자신이 작성한 이력서를 꼼꼼히 읽어 보고 빠진 부분이나 오탈자가 없는지를 확인해야 한다. 연도나 기간 작성에서의 실수는 꼼꼼함이나 성실함에서 감점요인이 될 수도 있다.
- 이력서 상단에 지원 분야, 휴대 전화 번호를 꼭 명기하도록 한다.
- 우편으로 보낼 경우에는 종이 품질에도 신경을 써야 한다. 고용주가 이력서 한 장을 읽는 데 걸리는 시간은 평균 8초 정도로 매우 짧다(Bolles, 2013). 이 짧은 시간에 자신을 어필하기 위해서 읽기 쉽고 형식도 잘 갖추어야 하며, 글자 크기도 적절해야 하고, 손으로 느끼는 감각도 중요한 요소가 된다.

3. 자기소개서 작성

1) 자기소개서의 필요성

기업에서는 이력서만으로 각 개인의 성장배경, 성격, 가치관, 지원동기 등을 파악하기 어렵기 때문에 자기소개서를 원하는 경우가 많다. 자기소개서는 지원하는 기업에 자신을 표현하는 글이다. 지원자가 기술한 성장과정을 통해 고용주는 지원자의 성격과 인생관을 파악할 수 있고, 문서작성능력과 논리전개력을 파악하여 이것을 이후에 있을 면접의 기초자료로 사용하기 때문에 자기소개서는 지원자와 기업 모두에게 중요한 역할을 한다(김혜숙, 박선환, 박숙희, 이주희, 정미경, 2013).

또한 기업은 자기소개서의 내용을 통해 지원동기와 장래성을 본다. 자기소개서는 지원 회사에 대한 충분한 정보와 사업 내용을 얼마나 이해하고 있으며, 자신이 그 기업에 얼마나 적합한 사람인지를 알리는 글이라고 할 수 있다. 따라서 지원자의 성장과정과 생활신조뿐 아니라 지원동기와 그 직무 수행과 관련된

준비 내용과 경력, 지원자의 장점과 단점 등을 솔직하고 간결하게 기술하여야
한다.

2) 자기소개서 작성방법

자기소개서는 구직자의 입장뿐 아니라 짧은 글을 통해 인원을 선발해야 하는
기업의 입장에서도 중요하다. 구직자는 자기소개서에 자신이 살아온 과거를 이
해하고, 현재의 자신에 대해 어떻게 생각하는지를 기술함으로써 기업에 자신을
알리고 지원자가 가진 미래 가치, 즉 기업이 자신을 선발해야 하는 이유를 설득
력 있게 작성해야 한다. 기업은 자기소개서를 통해 지원자의 성장배경, 장래성,
성격, 대인관계 및 업무와 관련된 경험에 대한 정보를 얻기를 원한다. 따라서 구
직자는 자기소개서를 통해 기업이 구직자 자신에 대해 보다 깊이 이해할 수 있
도록 도와야 한다.

구직자의 입장과 기업의 입장에서 모두 필요로 하는 정보를 제공하기 위해서
구직자는 자기소개서를 작성하기 전에 먼저 자신이 한 일과 개인적 경험, 타고
났거나 배워서 익힌 자신의 장점을 떠올려 보고, 그것을 구체화하여 메모한 후
자기소개서를 쓸 때 활용한다.

다음은 자기소개서에 공통적으로 포함되는 주제이다. 각 주제가 어떤 의미를
가지는지를 잘 살펴보고, 그에 맞게 자기소개서를 작성하는 연습이 필요하다.

(1) 성장과정

가정환경, 부모님의 교육철학, 가훈, 인생관 등을 구체적 일화를 통해 소개한
다. 자신의 뚜렷한 강점이나 의지를 부각시키면서 해당 기업과 직무에 관심을
가지게 된 계기 등을 연결하여 기술할 수 있다. 기업은 이 주제에서 구직자의 주
요 관심사, 삶의 기본 토대, 가족사항 등을 검토한다.

(2) 성격의 장점 및 단점

장점뿐 아니라 단점도 솔직하고 간단하게 기술하는 것이 좋다. 장점만을 나
열하기보다는 자신의 단점이 무엇인지를 알고, 단점을 극복하기 위해서 어떤 노

력을 하였으며, 얻은 성과가 무엇인지에 초점을 두고 설명하는 것이 더 적극적이라는 인상을 줄 수 있다. 기업은 이 주제에서 구직자의 해당 직무에 적합/부적합 성격 유무를 살피게 된다. 중요한 것은 이 부분에서의 선호는 기업의 문화와 관련이 있으므로 지원하고자 하는 기업의 이념이나 문화에 대한 사전 검토 후에 작성한다.

(3) 특기 및 경력 사항

이 주제에서는 지원 부분에 대한 관심, 핵심 능력을 갖추기 위한 노력, 관련 교육 등을 강조해야 한다. 학교생활 중 동아리 활동이나 봉사활동 등 지원 업무와 관련된 부분을 부각시켜 구체적으로 서술한다. 직무 관련 프로젝트에 참여한 경험이 있다면 프로젝트의 내용, 기간, 담당 업무에 대해서 쓰고, 프로젝트 수행의 보람 및 어려웠던 점, 배운 점, 기타 프로젝트와 관련해서 남기고 싶은 이야기를 기재한다. 해외연수 경험이 있다면 연수의 목적과 성과 정도, 연수 국가, 기간 및 교육기관, 문화적 체험 경험 등을 간단명료하게 기술한다. 기업은 특기사항을 통해 해당 직무에 대한 적합도를 판단하고, 취업준비 상태, 경험사항, 활동사항 등의 경력사항을 통해 지원자의 축적능력을 파악한다.

(4) 입사지원 동기 및 포부

거창하게 기술하지 말고 지원 직종 및 회사의 최근 동향을 토대로 회사에 대한 인상, 지원 업무와 기업에 관심을 가지게 된 계기 등을 작성한다. 지원 동기를 작성하기 위해서는 기업의 비전, 경영이념, 인재상, 주요 제품, 기술 수준, 경쟁사, 실적, 사업 내용, 규모 등 지원 회사에 대한 배경지식 및 관심과 그 회사의 어떤 부분에 기여할 수 있는지를 구체적으로 자신감 있게 기술한다. 이 주제에서 지원자가 자신의 경쟁력과 회사에서 요구하는 핵심 능력을 연결하여 이것을 구체적인 예를 들어 설명한다면 기업에서 지원자를 뽑아야 할 필요성을 강조할 수 있을 것이다. 회사에 대한 개요와 정보를 수집한 뒤에 자신이 지원하는 분야와 기업에서 요구하는 능력과 현재 자신의 조건을 비교하여 실현 가능성, 구체성, 측정 가능한 비전으로 자신의 포부를 제시한다. 기업은 이 주제를 가장 눈여겨보며, 이를 통해 지원자의 열의와 기업에 대한 신뢰를 확인할 수 있다.

3) 자기소개서 작성 요령

최근 기업의 질문 내용이 다양해지고 있다. 특히 온라인으로 입사지원서를 제출하면서 답변 내용의 글자 수를 제한하거나 주제를 주고 글쓰기를 하도록 하고 있다. 또한 구직자의 활동 경험을 구체적으로 서술하게 함으로써 구직자의 사고의 깊이나 인간관이 잘 드러나는 자기소개서를 요구하고 있다.

자기소개서를 작성하기 전에 지원자는 지원 기업에 대한 충분한 정보와 지원 기업의 주요 사업 내용을 이해하고, 자신이 지원할 직무의 특성과 내용에 대한 정보를 탐색해야 한다. 이를 통해 자신의 전공 분야와 지원 직무 간의 관련성을 알 수 있고, 구직자 자신의 장래를 함께할 수 있는 기업인지를 결정할 수 있다. 또한 입사지원 동기를 명확히 해야 자기소개서에 분명하고 간략하게 지원자의 입사하고자 하는 의지를 기술할 수 있다. 기업에 대해 파악해야 할 정보로는 기업의 비전, 경영이념, 인재상, 주요 제품, 기술 수준, 경쟁사 등이다.

자기소개서는 구직자의 입장 및 기업의 입장을 모두 고려하여 작성해야 한다. 과도한 감정 개입은 피하고 명료하게 표현해야 한다. 언제, 어디서, 무엇을, 어떻게 했는지에 대한 구체적인 사건의 스토리를 찾는 것이 좋다. 다음은 구직자 자신을 다른 사람과 차별적으로 보이게 하는 구체적인 자기소개서 작성 요령이다.

첫째, 자신만의 자기소개서 양식을 만든다. 기업에서 제시하는 자기소개서 양식이 아니라 자유 양식인 경우에는 필요한 주제를 넣되, 자신을 잘 표현할 수 있는 자신만의 이력서 양식으로 구성한다. 예를 들면, 자기소개서에 소제목을 넣는다든지, 자신을 인터뷰하는 형식으로 기술할 수 있다.

둘째, 솔직하고 명료하게 표현하며, 지원 기업에 맞추어 작성한 글이어야 한다. 솔직하다는 것은 글을 객관적으로 작성하는 것으로, 과장된 내용이나 허위 사실을 기재해서는 안 된다. 표현을 명료하게 한다는 것은 제한된 지면에 자신의 장점을 최대한 표현하는 것으로, 예시나 실제 경험을 사용해서 쓰는 것이 효과적이다.

셋째, 자신의 특기와 장점을 솔직하게 자랑한다. 성공한 경험만을 나열해서 쓰기보다는 실패한 경험을 통해 어떻게 어려움을 극복하고 대처했는지를 기술한다면 삶에 대해 능동적이고 진실된 모습을 보일 수 있다.

넷째, 부정문이나 의문문 형식의 문장 표현은 되도록이면 피하도록 한다. 또한 문서의 주요한 내용을 먼저 쓰도록 하는데, 이는 결론을 먼저 쓰는 것이 직업생활에서 문서작성의 핵심이기 때문이다.

다섯째, 채팅용어나 이모티콘은 사용하지 않는다. 사적인 글을 전달할 때에는 이모티콘으로 자신을 적절하게 표현할 수도 있지만 공식적인 문서에서는 오히려 감점요인이 될 수 있다.

여섯째, 가급적 모든 경력은 구체적으로 수치화하여 제시한다. 서술형으로 제시하면 막연한 느낌을 줄 수 있기 때문에 검증할 수 있는 수치를 쓰는 것이 명확하게 전달할 수 있다.

일곱째, 읽을 사람이 편하게 볼 수 있도록 편집한다. 적절한 행간과 자간, 그리고 글씨체를 선택한다. 대체로 명조체나 굴림체, 바탕체를 쓰고, 글자 크기는 11~12 포인트로 한다.

자기소개서 작성을 위한 간단 Tip

① 간단명료하되 구체적으로 기술하라.
② 과장 없이 솔직하게 작성하라.
③ 정성을 들여 깨끗하게 작성하라.
④ 특기와 장점은 솔직히 자랑하라.
⑤ 응시 직무와 관련하여 어떤 실무능력을 갖추었는지를 중점적으로 작성하라(자격증/연구 업적/아르바이트/상벌/동아리 활동 등).
⑥ 연락처 및 응시 부분을 명기하라(휴대 전화/이메일).
⑦ 사진은 3개월 이내에 촬영한 것으로 정해진 규격에 맞는 것으로 사용하라.
⑧ 시간을 두고 신중하게 작성하라.
⑨ 마무리는 빈틈없이 하라.

출처: 남지현(2008).

활동 1. 성공하는 이력서 준비하기

⊟ 관련 직업기초능력: 의사소통능력과 기술능력

자기가 뜻한 바를 글과 말을 통해 정확하게 쓰거나 말하는 능력과 업무상황에서 필요한 다양한 기술을 선택하고, 적용하며, 활용하는 능력

⊟ 목표

1. 자기 자신과 진로, 그리고 직업에 대해 생각해 봄으로써 직업의식을 고취한다.
2. 이력서와 자기소개서 쓰기에 필요한 자기와 직업에 대한 이해를 구체적인 문서로 작성할 수 있는 기초를 세운다.

⊟ 지시문

"다음은 우리가 이력서와 자기소개서를 쓸 때 자신과 직업에 대해 생각해 보아야 할 주제입니다. 여유를 가지고 생각해 본 후에 각 질문에 대한 자신의 생각을 적어 봅시다. 이 주제에 대해 한 번만 작성하고 끝내는 것이 아니라 여러 번 수정하고 보완하면서 자신의 생각을 정리해 간다면 자신만의 이력서와 자기소개서를 작성하는 데 좋은 자료가 될 것입니다."

⊟ 진행과정

1. 활동지를 나누어 주고 각자 작성하도록 한다.
2. 작성이 끝나면 집단원이 모여 자신이 작성한 내용을 발표하도록 한다. 발표하는 중간에 생각나는 대로 내용을 첨가하거나 수정할 수 있도록 한다.

3. 발표자의 내용에 대해 질문이나 피드백을 하게 함으로써 발표자가 자신의 생각을 구체화할 수 있도록 돕는다.
4. 모든 집단원의 발표가 끝나면 자신이 작성한 내용이나 발표과정에 대한 소감을 나누게 한다.

🗏 마무리

1. 이력서와 자기소개서를 쓰기 위해 더 준비해야 할 것은 무엇인가?
2. 이 활동에서 새로이 알게 된 사실은 무엇인가? 느낀 점은 무엇인가?

🗏 준비물

활동지, 필기도구

성공하는 이력서 준비하기

1. 내가 기업체의 인사담당자라면 입사지원에서 가장 중요하게 생각할 것 같은 부분을 적어 봅시다.

----

2. 나를 소개하기 위해 필요한 것에는 무엇이 있을지 적어 봅시다.

----

3. 지원 동기를 작성할 때 지원 회사에 대해 알아야 할 정보로는 무엇이 있는지를 생각하여 적어 봅시다.

----

4. 내가 지원하고 싶은 직업에서 요구하는 능력에는 무엇이 있는지 적어 봅시다.

----

5. 내가 가진 자질이 지원하고 싶은 직업에서 요구하는 능력에 어떻게 장점으로 작용할 수 있는지 적어 봅시다.

활동 2. 이력서 작성하기

日 **관련 직업기초능력: 의사소통능력과 기술능력**

자기가 뜻한 바를 글과 말을 통해 정확하게 쓰거나 말하는 능력과 업무상황에서 필요한 다양한 기술을 선택하고, 적용하며, 활용하는 능력

日 **목표**

1. 자신이 원하는 기업이나 직종에 취직하기 위해 필요한 것이 무엇이며, 자신은 얼마만큼 준비되었는지를 검토할 수 있다.
2. 기업이 필요로 하는 입사지원서 양식을 알고, 양식에 맞게 자기를 표현하는 문서작성능력을 기른다.
3. 구직을 위해 자신이 준비하고 노력한 과정을 꼼꼼히 확인하여 실수 없이 기재한다.

日 **지시문**

"우리는 이력서가 기업과 구직자에게 어떤 역할을 하는지를 알게 되었습니다. 다음은 기업에서 요구하는 이력서에 공통적으로 들어가는 내용을 담은 이력서입니다. 지금 구직을 위해 이력서를 작성한다고 생각하고, 현 시점을 기준으로 자신이 원하는 기업이나 직종에 자신을 홍보하는 이력서를 작성해 봅시다."

日 **진행과정**

1. 활동지를 나누어 주고 각자 작성하도록 한다.

2. 2명씩 짝을 이루어 상대방이 작성한 이력서를 검토하고 수정하도록 한다.

3. 다시 3~4명씩 짝을 이루어 발표자를 제외한 나머지 인원은 면접자가 되어 발표자의 이력서를 보고 피드백을 하도록 한다.

4. 모든 집단원의 발표가 끝나면 다 같이 모여 이번 진행과정에 대한 소감을 나누게 한다.

日 마무리

1. 이력서 쓰기에서 가장 중요한 부분은 무엇인가?

2. 이 활동에서 새로이 알게 된 사실은 무엇인가? 느낀 점은 무엇인가?

日 준비물

활동지, 필기도구

이력서

이 력 서

반명함판 사진	이름 (한자)		희망 직무 분야	
	연령		성별	
	주민등록 번호		e – mail	
	주소			
	자택전화		휴대전화	

가족사항

이름	관계	나이	직업	이름	관계	나이	직업

학력사항

졸업년월		학교명	전공	졸업(학위)	성적
년	월				/
					/
					/

자격 및 면허

취득년월일	자격/면허명	시행처	자격번호

병역사항

병역 구분			복무기간		
구분 사유		군별	군과		계급

경력사항

직장명	근무기간	직위	담당 업무

교내외 활동

단체명	활동기간	직위	활동 내용

프로젝트 참여

프로젝트명	참여기간	발주처	담당 역할

외국어능력

종류	점수(급)	취득일	발행처	회화능력
				상 · 중 · 하
				상 · 중 · 하

해외연수

국가	체류기간	체류 시 활동 내용

위의 모든 기재사항은 사실과 다름없음을 확인합니다.

년   월   일

지원자: (인)

활동 3. 나의 희망 직업 구체화하기

日 관련 직업기초능력: 의사소통능력과 기술능력

자기가 뜻한 바를 글과 말을 통해 정확하게 쓰거나 말하는 능력과 업무상황에서 필요한 다양한 기술을 선택하고, 적용하며, 활용하는 능력

日 목표

1. 기업의 입장과 구직자의 입장이 되어 자신이 희망하는 직종에서 요구하는 인재상이 무엇인지를 비교하여 본다.
2. 자신의 생각을 명확히 하고, 현실적인 안목을 기른다.

日 지시문

"여러분이 희망하는 직종에 대해 생각해 보겠습니다. 내가 원하는 직종을 준비할 때 지금까지 '나'를 중심으로 생각해 왔다면 기업의 입장에서 요구하는 인재상은 무엇일지 생각해 보고 준비하는 시간을 가지도록 합시다."

日 진행과정

1. 활동지를 나누어 주고 자신이 희망하는 직종을 먼저 적은 후, 각 질문에 대한 자신의 생각을 구체적으로 작성하도록 한다.
2. 3~4명이 한 조가 되어 한 사람씩 돌아가면서 자신이 희망하는 직종을 이야기하고, 나머지 집단원은 기업의 입장이 되어 피드백을 하도록 한다.
3. 발표가 끝나면 3~4명이 서로 피드백을 한 후, 집단원이 모두 모여 소감을 나누게 한다.

目 마무리

1. 희망 직업에 대한 나의 생각과 기업의 생각이 어떻게 다르다고 생각하는가?

2. 이 활동에서 새로이 알게 된 사실은 무엇인가? 느낀 점은 무엇인가?

目 준비물

활동지, 필기도구

나의 희망 직업 구체화하기

내가 기업의 인사담당자가 되어 직원을 채용한다고 가정하고, 채용 시 중요하게 여기는 점을 생각하여 구체적인 글로 적어 봅시다.

● **직종:**

구분	인사담당자 입장에서 중요하게 여기는 점	자신이 보유한 것
직무에서 요구되는 성격 또는 장점		
직무에서 기피되는 성격 또는 단점		
직무에서 우대하는 전공, 자격증, 훈련, 보유 기술, 경력		

출처: 한국고용정보원(http://www.keis.or.kr).

활동 4. 자기소개서 작성하기

日 **관련 직업기초능력: 의사소통능력과 기술능력**

자기가 뜻한 바를 글과 말을 통해 정확하게 쓰거나 말하는 능력과 업무상황에서 필요한 다양한 기술을 선택하고, 적용하며, 활용하는 능력

日 **목표**

1. 자기소개서에 필요한 주제를 확인하고, 자신을 잘 표현할 수 있는 자신만의 자기소개서를 작성할 수 있다.
2. 자기소개서를 작성하는 연습을 통해 자신이 희망하는 기업과 그 직종에 취업하고자 하는 목표 의식을 명확히 한다.
3. 자기소개서를 기초로 면접에서 다루어질 질문을 예상하고 준비할 수 있다.

日 **지시문**

"다음은 각 기업에서 주로 사용하는 자기소개서 양식입니다. 자기소개서는 희망하는 기업에 자신을 소개하는 글로, 기업과 자신이 직무에 관해 의사소통하는 문서라고 볼 수 있습니다. 자신이 지원하는 기업과 직무에서 나에게 어떤 답을 듣고 싶어 하는지를 생각해 보고, 주어진 주제에 따라 구체적이고 명료한 자신의 이야기를 적어 봅시다."

日 **진행과정**

1. 활동지를 나누어 주고 각자 작성하도록 한다.
2. 2명씩 짝지어 상대방의 자기소개서를 읽고, 상호 피드백을 주어 수정할 수

있도록 한다.

3. 다시 3~4명씩 짝지어 한 사람씩 집단원 앞에서 자기소개서를 발표하도록
   한다.

4. 집단원은 면접관이 되어 발표자의 자기소개서 내용을 듣고, 그 내용 속에
   서 면접질문을 찾아 질문하도록 한다.

5. 모든 과정이 끝나면 집단원과 활동에 대한 소감을 나누게 한다.

日 마무리

1. 자기소개서 작성을 위해 더 준비해야 할 것에는 무엇이 있는가?

2. 이 활동에서 새로이 알게 된 사실은 무엇인가? 느낀 점은 무엇인가?

日 준비물

활동지, 필기도구

자기소개서

성장과정	
성격의 장점 및 단점	
특기 및 경력 사항	
입사 지원 동기 및 포부	

제15장

진로설계와
커리어 포트폴리오

학 습 개 요

　지금까지 학습한 내용을 바탕으로 자신의 진로를 설계한다. 대학생의 진로교육목표와 진로개발과정을 이해하고, 대학생활의 진로설계에서 고려해야 할 내용을 살펴본다. 장기적인 인생 로드맵을 바탕으로 장단기 진로목표를 설정하고, 자신이 원하는 직업세계의 요건과 자신이 갖추고 있는 직업기초능력에 대한 점검을 토대로 자신에게 맞는 커리어 로드맵을 작성한다. 대학생활을 통해 누적해 온 진로와 관련된 경험과 경력, 활동 내용을 자신만의 독특한 방식으로 부각시켜 커리어 포트폴리오를 작성하여 함께 나눈다.

1. 진로설계와 진로목표

대학생 시기는 일반적으로 진로계획 및 준비 단계에 속하며, 자신에게 가장 적합한 직업을 선택하여 그 직업에 종사할 수 있는 역량을 개발하며 취업에 필요한 다각적인 계획과 준비를 하는 단계이다.

진로설계는 ① 목표 설정, ② 계획 수립, ③ 계획의 실행, ④ 계획의 점검과 평가, ⑤ 목표 재확인과 수정의 과정을 거친다. 대학생활에서의 진로계획은 1학년 때부터 고려하고 설정하는 것이 바람직하며, 학업을 비롯한 다양한 대학생활의 경험과 자기개발 및 진로준비 활동을 진행하면서 계속 수정 및 보완할 수 있다. 자신의 역량이 향상되거나 사회 환경이나 주변 여건의 변화에 맞추어 목표가 수정되는 것은 자연스러운 일이다.

진로개발 단계별 진로교육의 목표 체계 가운데 대학생과 성인에 해당되는 내용을 살펴보면 〈표 15-1〉과 같다.

표 15-1 진로개발 단계별 진로교육의 목표 체계

구분		대학생	성인
진로개발 단계		진로계획 및 준비	진로 유지
단계별 진로교육목표		자신이 의사결정한 직업 또는 진로의 획득 및 입직을 위한 준비행동을 전개한다.	직업을 획득한 이후의 진로를 유지 및 개선하거나 직업 적응 및 전환을 수행한다.
자신의 이해	자기이해 및 긍정적인 자아개념 형성	자기이해를 심화하고 자신을 긍정적으로 수용한다.	지속적으로 자신을 성찰하고, 긍정적으로 수용한다.
	다른 사람과의 긍정적인 상호작용	다양한 상황에서 다른 사람과 긍정적으로 상호작용한다.	긍정적인 인간관계를 통하여 사회적 관계망을 확대 및 발전시킨다.
직업 세계의 이해 및 탐색	일과 직업의 이해	사회적·경제적인 환경 변화가 개인과 삶과 직업에 끼치는 영향을 이해하고 예측한다.	사회 환경의 급격한 변화가 개인의 진로 개발에 끼치는 영향을 이해하고 대응한다.

〈계속〉

	긍정적인 직업가치와 태도 형성	긍정적인 조직문화의 형성하고 생산적 사회 구성원으로서 요구되는 태도와 습관을 기른다.	직업인으로서의 사회적 책무성을 가지고 직업생활을 영위한다.
	진로정보의 탐색, 해석, 평가, 활용	자신의 진로준비에 필요한 정보를 탐색하고 해석하며 평가하고 활용한다.	직업생활을 위해 필요한 진로정보를 생성하고 관리한다.
진로계획 및 관리	평생학습의 중요성 인식 및 참여	평생학습의 중요성을 이해하고 다양한 학습의 장에 적극적으로 참여한다.	평생학습에 적극 참여하고 학습결과를 진로개발에 활용한다.
	진로의사결정	진로목표를 구체화하고 이를 달성하기 위한 실천 전략을 계획한다.	직업 선택·유지·전환의 목표에 적합한 세부 계획과 대응 전략을 수립한다.
	진로계획 및 설계	진로계획의 실천과정 및 결과를 지속적으로 모니터링한다.	진로계획의 실천을 지속적으로 모니터링하여 자신의 진로를 활성화시킨다.
	효과적인 구직, 직업 유지 및 전환	구직 및 직업 유지 및 전환을 위해 요청되는 역량을 강화한다.	직업 선택·유지·전환에 요구되는 역량을 심화 및 발전시킨다.

출처: 최동선(2006).

대학생의 진로계획을 고려하여 진로개발과정에서 준비해야 할 내용으로 〈표 15-2〉를 참고할 수 있다.

표 15-2   대학생의 진로개발과정의 목표 및 내용 예시

학년별 목표	대학생 진로개발(준비 내용 예시)
학년 / 과정	진로목표 달성을 위하여 무엇을 준비해야 하는가?
1학년 (자신의 진로에 대한 중요성 인식)	• 진로개발 역량 진단 및 역량 향상 필요점 파악 • 진로개발 역량 개발을 위한 프로그램 선택 • 장기(졸업 후), 단기(학년/방학) 진로목표에 따른 실행 - 외국어, 자격증 준비를 통한 자신감 증진 - 여름·겨울 방학 동안 아르바이트 활동을 통한 '직업세계' 이해 - 동아리 활동을 통한 '인간관계' 향상

〈계속〉

2학년 (자신의 진로 가능성에 대한 탐색)	• 진로개발 역량 개발을 위한 프로그램 선택 　– 여름 · 겨울 방학을 활용한 '자기개발 프로그램' 참여 • 수정된 장단기 진로목표에 따른 실행 　– 군입대/전공, 부전공, 복수전공의 선택과 전환 　– 학교 내외 봉사활동 체험을 통해 '함께 일하는 역량' 개발
3학년 (자신의 진로목표 달성을 위한 준비)	• 진로개발 역량 개발을 위한 프로그램 선택 　– 여름 · 겨울 방학을 활용한 '인턴 프로그램' 참여 　– 군입대/전공, 부전공, 복수전공의 선택과 전환 　– 구체적인 구직 활동을 위한 준비
4학년 (자신의 진로목표 실행)	• 진로개발 역량 개발을 위한 프로그램 선택 　– '모의면접 및 인터뷰 체험 프로그램' 참여 • 수정된 장단기 진로목표에 따른 실행 　– 대학원 진학 및 효과적인 구직 활동의 실행 　– 주위의 인간관계망을 자신의 사회적 지지망으로 형성

출처: 이지연(2001).

뚜렷한 진로목표를 세운 후에는 다양한 요소를 고려하여 체계적인 계획을 세울 필요가 있다. 목표를 달성하기 위한 세부 시행계획을 세우고, 그 계획에 따라 한 단계씩 실천에 옮기도록 한다. 계획은 단기, 중기, 장기계획으로 작성하는데, 학년 단위로 단기계획을 수립할 경우에는 연간 계획, 학기별 계획, 방학계획, 월별 계획, 주별 계획, 일일 계획 등으로 나누어 짜는 것이 좋고, 실현 가능성을 고려하여 수립하되 구체적으로 작성하는 것이 계획을 실천하고 점검하는 데 도움이 된다. 일반적으로 목표 수립과 달성을 위해서는 SMART 원칙이 활용된다.

표 15-3 목표 달성을 위한 SMART 원칙의 적용 예

S(Specific): 구체적이고 정확한 목표	앞으로 운동을 열심히 하겠다. → 아침 8시에 학교 운동장을 2바퀴 달리겠다.
M(Measurable): 측정이 가능한 목표	영어 공부를 열심히 하겠다. → 하루에 영어 단어를 20개씩 외우겠다.
A(Achievable): 실천 가능한 목표	발표력을 기르겠다. → 면접 스터디 그룹에 참여해서 매주 1회 발표 연습을 하겠다.
R(Realistic): 현실적인 목표	토익에서 만점을 받는다. → 2개월간 토익 점수를 100점 향상시키겠다.

〈계속〉

T(Time-bounded): 시간이 정해진 목표	봉사활동을 열심히 하겠다. → 연말까지 60시간의 봉사활동을 하겠다.

출처: 박철균(2012).

2. 커리어 포트폴리오의 작성

커리어 포트폴리오(career portfolio)는 자신의 향후 계획과 자신이 경험한 일이나 기술에 관한 사항을 문서화하여 진로설계와 준비를 지원해 주는 일종의 도구이다. 커리어 포트폴리오는 성인만을 위한 것이 아니라 학령기 학생의 진로개발과정을 기록하고, 계획을 수립하며 실천하는 것을 촉진하는 교육 프로그램으로도 활용되고 있다.

커리어 포트폴리오는 '진로목표를 위해 진전을 보여 주는 성취물로서 학생이 장기적으로 관리한 수집물' 또는 '개인의 직업능력을 가장 잘 표현할 수 있는 문서 틀이나 운반이 용이한 작품을 모아 놓은 것'이라고 정의한다. 커리어 포트폴리오는 개인이 경험한 것이나 성취한 것을 단순히 나열하는 이력서나 자신에 대해 기술하거나 특정한 직업에 자신이 적합하다는 것을 설명하기 위해서 작성하는 자기소개서와 구분된다. 커리어 포트폴리오는 이력서나 자기소개서를 통해 만들어진 인터뷰 기회에서 개인의 능력을 효율적으로 시각화하여 보여 준다(정윤경, 이지연, 김나라, 2005).

커리어 포트폴리오는 다음과 같은 기능과 역할을 가진다. 첫째, 기업이 요구하는 업무능력(자원경영, 정보 획득 능력 및 이용 다양한 기술 활용, 대인관계 및 팀워크)은 일반 성적표나 학위증명서에서는 나타나지 않지만 커리어 포트폴리오에는 나타난다. 둘째, 진로인식과 진로계획 과정의 일환으로, 직장, 직업, 일자리, 교육, 훈련, 개인적 지식, 기술, 능력과 경험에 대한 실제적인 정보 수집과 자기구조화에 도움을 준다. 셋째, 포트폴리오의 구성 항목 선택과정에서 통찰과 분석을 통해 개인의 지식, 기술, 능력과 경험을 축적하고, 이를 바탕으로 기업의 요구와 연계성 및 관련성을 이해하며, 이를 기업에 효과적으로 전달할 수 있다. 넷째, 진로인식, 자기진단, 통찰 등이 모두 포함된 활동이 가능하다(임언, 이지연,

윤형한, 2004).

일반적으로 커리어 포트폴리오에는 〈표 15-4〉와 같은 내용이 포함된다(정윤경, 이지연, 김나라, 2005).

표 15-4	대학생용 커리어 포트폴리오의 내용 예시
개인신상 정보	이력서, 자서전 기록, 취미, 과외 활동 등
학습능력	학위나 졸업장, 성적표나 학습능력 향상에 대한 보고서, 좋은 성적을 받았던 과목의 목록, 학창 시절에 받은 상장, 장학금 수혜증서, 각종 자격증 등
업무능력	의사소통 능력, 좋은 평가를 받았던 작품이나 과제 등
대인관계능력	학교 또는 다양한 집단에서 지도력을 발휘했던 경험에 대한 확인서 등
자기관리능력	인생계획서, 인생목표 및 직업목표, 적성검사 테스트 기록, 시간관리능력에 대한 기록, 재정관리능력(가계부나 용돈관리 기록 경험 등)
업무성취능력	직접 제작한 작품, 자신이 제작했거나 제작에 참여한 것에 대한 사진 기록, 업무 성취를 통해 상을 받았던 기록 등
공동체 봉사 경험	자원봉사단체 참가 경험이나 수행했던 지위 또는 역할에 대한 기록, 봉사활동에 참여했던 시간에 대한 기록이나 사진 자료, 자원봉사활동과 관련하여 받은 상, 자원봉사활동과 관련하여 받은 감사편지 등

단순하고 소박한 경험들도 포트폴리오로 남겨 두면 경력으로 인식되거나 활용될 수 있다. 포트폴리오는 문자로만 작성하는 것보다 이미지나 그래픽 등을 활용하여 작성하면 보다 효과적인 자료가 될 수 있으며 자료를 꾸준히 업데이트해 두는 것이 중요하다. 최근의 활동 내용을 작성하는 과정에서 자신의 진로에 대한 꾸준한 관심과 노력을 보여 줄 수 있고, 더불어 등한시했던 자신의 관심과 노력을 스스로 다시 불러일으키는 계기가 된다.

미국의 경우 플로리다 주립대학교의 통합적 커리어 포트폴리오는 1970년 이후 졸업생들의 노동력 기술 향상을 목적으로 개발되었으며, SDS3340 강좌(진로개발 수업)와 연결함으로써 대학의 교과과정을 통하여 노동시장에서 요구하는 기술과의 연계를 시도하고 있다. 커리어 포트폴리오 프로그램은 저학년부터 4학년 마지막 학기까지 학생이 경험한 특별한 학습 활동을 전략적 직업계획의 수행으로 활성화시켜 기업 측에 평가자료로 제공한다.

플로리다 주립대학교의 커리어 포트폴리오는 다음과 같은 특징이 있다. ① 플로리다 주립대학교의 커리어센터에서 주관한다. ② 전자 포트폴리오 형태이다. ③ 학생이 대학 재학 중에 교실 내외에서 얻은 자신의 경험을 수시로 기록, 검토, 평가하도록 되어 있으며, 원하는 기업이나 학부모도 내용을 볼 수 있는 쌍방향 도구이다. ④ 학생의 개인별 커리어 포트폴리오에는 온라인 이력서, 추천서, 성적표, 학생의 활동 샘플까지 포함이 가능하다. ⑤ 자신의 기술, 경험, 성취를 업데이트하는 과정을 통해 기업에서 중시하는 기술이 무엇인지를 이해하고 습득할 수 있다(임언, 이지연, 윤형한, 2004).

〈커리어 포트폴리오 예시 자료〉

• 직업 분석 관련

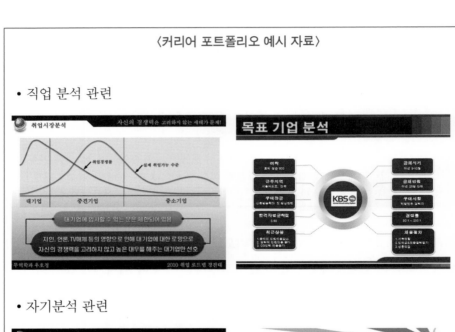

• 자기분석 관련

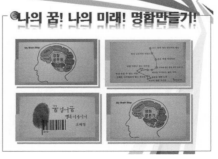

- 목표 및 계획 수립 관련

- 수행 활동 관련

출처: 순천대학교(2010).

활동 1. 목표 설정과 계획

🗄 **관련 직업기초능력: 자기개발능력**

예비 직업인으로서 자신의 능력, 적성, 특성 등을 이해하고, 목표 성취를 위해 스스로를 관리하며 개발해 나가는 능력

🗄 **목표**

1. 자신이 원하는 삶과 직업을 위한 단계별 목표를 설정할 수 있다.
2. 목표를 달성하기 위한 효과적인 계획과 방법을 검토할 수 있다.

🗄 **지시문**

"목표가 있으면 시간을 집중적으로 활용할 수 있습니다. 시간을 효율적으로 사용하기 위해서는 계획을 수립해야 하고, 계획의 수립은 목표에서 출발합니다. 목표를 가지는 것만으로도 삶은 크게 달라질 수 있습니다. 자신의 커리어 로드맵을 작성해 보고, 단계별로 나의 진로목표와 진로목표를 달성하기 위해 갖추어야 할 요건을 적어 봅시다. 자기가 세운 장기적 진로계획과 자신의 희망 직업, 전공계열(학과)은 어떤 관련이 있는지 분석해 보고, 장기적 진로계획에 따른 단기 세부적 진로계획을 구체적으로 세워 봅시다."

🗄 **진행과정**

1. 삶의 장기적인 로드맵을 작성한다. 졸업 후, 5년, 10년, 15년 후의 진로목표와 이를 달성하기 위한 요건을 활동지에 적는다.
2. 자기가 세운 장기적 진로계획과 희망 직업 및 전공(학과)이 어느 정도 일치

하는지 생각해 보고, 일치하지 않는다면 그 이유가 무엇인지 검토해 보도록 한다.

3. 목표 설정을 할 때 고려할 사항에 대해 설명한다.

4. 장기목표와 이에 따른 단기목표를 구체적으로 설정하고, 목표 설정 기준에 비추어 적절한지 확인한다. 이미 완수한 목표가 있으면 함께 이야기하도록 한다.

5. 목표를 달성할 수 있는 방법과 스스로에게 보상할 방법에 대해 논의하게 한다.

日 마무리

1. 나에게 목표에 대한 확신과 의미는 무엇인가?

2. 이 활동에서 새로이 알게 된 사실은 무엇인가? 느낀 점은 무엇인가?

日 준비물

활동지, 필기도구

커리어 로드맵 구상하기

1. 내 삶의 장기적인 커리어 로드맵을 작성해 봅시다.

> "15년 후에 나는 _____을 하고 있을 것이다."

2. 단계별로 나의 진로목표를 적어 보고, 진로목표를 달성하기 위해 갖추어야 할 요건들을 적어 봅시다.

구분	연도	진로목표
졸업 후	년	
5년 후	년	
10년 후	년	
15년 후	년	

갖추어야 할 요건	학력과 전공	
	자격	
	능력	
	극복해야 할 점	
	기타	

3. 장기적 진로계획과 희망 직업 및 전공계열(학과)의 관련성을 분석해 봅시다. 내가 세운 장기적 진로계획과 희망 직업 및 전공계열(학과)이 어느 정도 일치하는지 생각해 보고, 일치하지 않는다면 그 이유가 무엇인지를 검토해 봅시다.

나의 진로계획	
나의 희망 직업	
나의 전공 계열 (학과)	

_____
_____
_____
_____

4. 작성한 장기적 진로계획을 달성하기 위한 단계별 세부 진로계획을 세워 봅시다.

구분	단기 진로목표	구체적 계획
1년 후		
3년 후		
5년 후		

5. 나의 단계별 세부 진로계획을 공유하고, 다음의 기준에 따라 평가해 봅시다.

진로계획 수립의 원리 (SMART)		내용	평가
S	구체성 (Specific)	나는 정확히 무엇을 달성하고자 하는가?	
M	측정 가능성 (Measurable)	목표 달성 여부를 어떻게 판단할 것인가?	
A	달성 가능성 (Achievable)	내가 무엇을 어떻게 해낼 수 있는가?	

R	현실성 (Realistic)	내가 처한 환경 여건에서 가능한가?	
T	한시성 (Time-bounded)	언제까지 달성할 것인가?	

6. 평가결과를 반영하여 단계별 세부 진로계획을 수정해 봅시다.

구분	단기 진로목표	구체적 계획
1년 후		
3년 후		
5년 후		

출처: 한국직업능력개발원(2012a).

활동 2. 커리어 포트폴리오 작성

日 관련 직업기초능력: 자기개발능력

예비 직업인으로서 자신의 능력, 적성, 특성 등을 이해하고 목표 성취를 위해 스스로를 관리하며 개발해 나가는 능력

日 목표

1. 커리어 포트폴리오 작성을 위해 자신의 희망 직업에 대해 구체적으로 조사하고 자신이 갖추고 있는 역량을 점검한다.
2. 희망 직업의 진입에 요구되는 경력과 역량을 갖추어 가면서 자신을 효과적으로 알릴 수 있는 커리어 포트폴리오를 작성하고 이를 누적해 간다.

日 지시문

"자신이 희망하는 직업과 자신이 갖추고 있는 특성과 역량, 희망 직업에 진입하기 위한 목표 설정과 계획을 구체적으로 작성해 봅시다. 희망 직업에 관해서는 직업의 특성과 직업을 갖기 위한 준비, 직업의 전망 등에 대해 작성해 봅시다. 그리고 희망하는 직업에 진입하기 위해 자신이 갖추고 있는 역량과 특성을 점검하고 이를 효과적으로 제시해 봅시다. 희망 직업에 진입하기 위한 진로계획을 세우고 계획을 어떻게 이루어 갈 것인지 그리고 지금까지 어떤 과정을 거쳐 왔는지를 누적하여 작성해 봅시다. 이러한 내용을 다양한 방식으로 표현하여 자신의 '커리어 포트폴리오'를 만들어 봅시다."

日 진행과정

1. 커리어 포트폴리오를 미리 작성하여 누적할 수 있도록 한다. 예시자료를 나누어 주어 참고할 수 있도록 한다. 첫 시간에 소개한 커리어 포트폴리오 작성의 개요를 바탕으로 한 학기 동안 누적한 자료를 소개하는 시간을 가지도록 한다.
2. 각자의 커리어 포트폴리오를 벽면이나 책상 위에 전시하여 집단원 모두가 함께 살펴보고, 긍정적 내용의 그림이나 글을 남길 수 있도록 한다.
3. 집단원 전체의 검토가 끝나면 함께 소감을 나누도록 한다.

日 마무리

1. 자신이 작성한 커리어 포트폴리오는 희망 직업의 진입에 어느 정도 효과적일 것으로 생각되는가?
2. 이 활동에서 새로이 알게 된 사실은 무엇인가? 느낀 점은 무엇인가?

日 준비물

활동지, 필기도구

커리어 포트폴리오 만들기

1. 인적사항

1) 고유정보
• 이름, 성별, 생년월일, 국적, 사진, 학과, 전공(복수전공, 부전공), 학년 등을 기재
• 기타 거주지, 가족사항 등을 취사선택하여 기록

2) 연락정보
• 주소, 이메일, 전화번호, Facebook/Twitter ID 등을 기록

2. 자기소개

1) 관심 영역
• 학업, 직업, 취미활동, 봉사활동, 일상생활 등에서 특별히 관심을 가지고 있는 분야를 구체적으로 기재하고, 관련된 활동 내용을 함께 기록

2) 목표 및 계획
• 학문적 · 일상적 · 직업적 목표와 계획을 작성
• 목표와 계획은 단기(예: 1년 이내), 중기(예: 10년 이내), 장기(예: 10년 이후) 등으로 나누어 작성
• 가급적 구체적이고 분명한 계획을 수립하여 이후 계획과 목표가 달성되었는지를 스스로 확인할 수 있는 형태로 기술

3) 자기소개
• 가족사항, 신체 조건, 교육경력, 직업 관련 활동, 각종 과외 활동 등 이후 취업 활동과 관련하여 자기소개서 작성의 기초자료로 활용할 수 있도록 작성
• 현재까지 성장배경, 역경 극복 사례, 학습 경험 등을 포함하여 인상적인 자기소개가 될 수 있도록 자신만의 독특한 장점, 특성 및 인상적인 가정, 학교, 사회적 경험을 기술

3. 학력

• 과거 자신이 다녔던 중학교와 고등학교, 대학교의 학교명과 재학기간, 소재지를 기록
• 전학한 학교를 포함하여 현재 재학 중인 대학 외의 다른 학교의 재학경력도 기재

4. 성과

1) 성적
- 대학 입학 이후 학기별 성적표를 바탕으로 전공과 교양 등 영역별로 나누어 기재
- 자기의 성적 분포와 추이를 비교하여 기록
- 전체 성적분포를 검토해서 발견한 내용을 통해 향후 개선 및 노력할 방향을 점검
- 대학 입학 시 성적은 선택적으로 기재하고 현재 상황 점검과 향후 계획 수립에 활용

2) 성과 산출물
- 재학 중에 수행한 과제물, 프로젝트 산출물, 전시물, 연구물, 발표물 등의 목록을 작성하고 구체적인 내용을 기록하여 보관
- 녹화자료, 실습자료, 자작 자료 및 계획서, 파워포인트 자료, 자작 동영상, UCC, 수업 발표 자료, 팀별 프로젝트 산출 자료, 실험 자료, 작문 자료, 자작 작품, 전시 및 판매 참여 작품, 연구 참여 자료, 학술지 발표논문, 웹사이트 운영, 포토샵 자료 등 재학 중 참여한 다양한 활동을 통해 산출된 유무형의 자료를 여러 가지 방법을 활용하여 기록하고 보관

3) 수상이력
- 각종 교내외 대회에서 받은 상, 표창 등의 내용을 기재
- 수상년도, 수상 내용, 수여기관을 기재하고, 각 수상 경험의 계기와 과정 등을 구체적으로 기록
- 이에 대한 소감과 앞으로 발전 방향을 연계하여 기록

4) 자격증
- 현재 소지하고 있는 자격증의 명칭과 발행기관, 연도를 기재하고, 갱신을 해야 하는 경우에는 갱신이 필요한 일자를 기록
- 향후 진로와 관련하여 자격증의 용도와 가산점, 자격증이 요구되는 분야 등과 같이 관련 기관 및 진로 분야 등을 조사하여 함께 기록

5) 어학 수준
- 영어를 포함하여 가능한 제2외국어 수준을 기재
- 관련된 어학 분야의 시험에 응시한 경우에는 어학시험의 명칭과 시험 응시일자, 응시 점수와 유효기간을 기록
- 향후 진로와 관련하여 해당 어학 수준을 요구하는 기관과 가산점 여부, 활용 가능한 분야 등을 조사하여 함께 기록하고, 향후 응시 일정과 응시를 위한 장단기 계획을 작성

6) 성찰
- 각각의 성과에 대한 소감과 반성을 중심으로 성과를 얻기 위해 기울인 노력의 정도와 수행과정에 대한 모니터링 내용을 기술
- 결과에 대한 만족도와 향후 관련 계획을 성과별 또는 기간별로 작성

5. 경험

1) 자율활동
- 전공 관련 활동 및 비전공 관련 활동, 공동체 및 개인 활동을 모두 포함
- 국내외 여행, 공모전 참가, 교육 및 연수 참여, 각종 사회단체 참여 활동, 취미활동, 동아리 활동, 공연 참여 활동, 학보사 활동, 학과 활동, 트위터, UCC, 블로그 운영 등 다각도에서 수행한 구체적인 활동 내용을 기록
- 현재 수행 중인 활동과 이미 종결된 활동 모두를 포함
- 단기 활동과 중장기적으로 지속하고자 하는 활동을 점검하고 향후 계획 수립에 반영

2) 진로활동
- 진로 및 구직과 관련하여 수행한 교육과 연수 참여. 인턴 활동, 아르바이트 활동, 직업체험 활동, 박람회 참가, 진로 관련 심리검사 및 상담 경험 등의 목록을 작성
- 각각의 활동을 통해 얻게 된 성과와 소감을 작성하고 향후 직업계획에 반영
- 자신의 진로 방향을 고려하여 향후 진로 관련 활동 참여 계획 수립에 반영

3) 봉사활동
- 교내외의 각종 사회 및 교육 봉사활동 참여내용을 활동명, 참여기관, 활동기간, 봉사내용 등을 중심으로 기록
- 교육 봉사활동, 각종 사회단체의 봉사활동 참여, 일손 돕기 활동, 위문, 지역사회 개발, 환경보호, 각종 캠페인, 각종 자원봉사 활동, 각종 기부 활동, 각종 구호단체 참여 활동, 종교단체 봉사활동 등을 포함

4) 성찰
- 각각의 경험에 대한 소감과 성찰을 중심으로 경험과정에 대한 모니터링 내용을 기술
- 각각의 경험이 준 이점과 활용 방안, 만족도를 기술하고 향후 계획 구상에 활용

출처: 순천대학교 사범대학(2012).

Tip. 좀 더 알아봅시다

Q1. 커리어 로드맵 작성을 위한 희망 직업의 탐색

희망하는 직업과 직장에 대한 취업 정보를 구체적으로 알아볼 필요가 있다. 자신이 원하는 직업이나 직장에서 나온 최근 6개월간의 구인광고나 채용시험 공고를 찾아보고, 다음의 항목을 활용해서 자신에게 적합하다고 생각되는 직업/회사를 선택하여 그 직업/회사의 채용 조건에 따른 자신의 취업준비사항을 점검해 볼 수 있다.

직업의 개요와 특성에 대해 조사해 봅시다

1. 원하는 직업은 무엇입니까?
2. 회사명은 무엇입니까?
3. 회사의 위치는 어디에 있습니까?
4. 회사 주소와 홈페이지 주소는 무엇입니까?
5. 회사의 CEO는 누구입니까?
6. 회사가 추구하는 인재상은 어떤 것입니까?
7. 회사의 규모와 자산은 어떻습니까?
8. 구인광고나 채용시험 공고에 나타난 채용 인원은 어떻게 됩니까?
9. 직무 내용은 어떻습니까?
10. 작업환경은 어떻습니까?
11. 근무시간은 어떻게 됩니까?
12. 보수는 어떻습니까?

준비방법과 자신의 상황에 대해 점검해 봅시다

1. 채용의 구체적인 자격요건은 무엇입니까?
2. 나는 자격요건을 갖추고 있습니까? 더 갖추어야 할 자격요건은 무엇입니까?

3. 요구되는 적성과 흥미는 어떤 것이며, 그것이 자신에게 맞습니까(직업심리검사 결과 활용)?

4. 직무에 요구되는 기술은 어떤 것입니까?

5. 요구되는 대인관계는 어떤 것입니까?

6. 그 분야에 종사하는 사람은 어떤 사람입니까?

7. 학과 또는 전공과 어떻게 관련됩니까?

8. 자격요건을 갖추기 위해 걸리는 시간은 얼마나 됩니까?

9. 자격요건을 갖추기 위해 드는 비용은 어느 정도입니까?

10. 자격 취득 후 취업을 할 수 있는 가능성은 얼마나 됩니까?

11. 이 직업의 현재와 앞으로의 전망은 어떻습니까?

12. 더 자세히 알아보기 위해 만나볼 수 있는 사람이나 찾아볼 방법이 있습니까?

출처: 서일수, 김도균, 김지혜, 이정배(2013); 송원영, 김지영(2009).

Q2. 대학생활에서 커리어 포트폴리오에 담을 활동에는 구체적으로 어떤 것이 있나요?

순천대학교에서 운영하고 있는 '향림취업향상포인트제'는 저학년 때부터 체계적인 취업준비를 지원하기 위해 다양한 취업준비 활동에 대하여 일정 포인트를 부여하여 장학생, 해외연수생, 기숙사생 선발 시 반영함으로써 학생들의 취업준비 활동에 동기를 부여하고, 학생들의 취업률 향상을 돕기 위한 제도이다. 다음에 제시된 세부적인 항목은 커리어 포트폴리오의 작성뿐만 아니라 대학생활을 통한 자신의 경력개발에 활용해 볼 수 있다.

영역	구분	세부 항목	활동 영역
자아개발 활동	취업 정보 취득 활동	취업 정보 탐색	향림통시스템(전산망) 접속
	학업 성적	학업 성적	평점에 따라 포인트 차등 부여
취업 프로그램 활동	전공 및 특기(창업) 자격증 취득 활동	전공 자격증 취득	기사, 산업기사, 기능사, 기타(수료증 등)
		창업 관련 자격증	창업보육전문매니저, 경영지도사, 창업지도사
	취업 체험 활동	취업 체험 학습	청년층 직업지도 프로그램(Career Assistance Program plus: CAP+) 참가, 집단상담 프로그램 참가, 산업체 현장실습, 청소년직장체험(연수지원제), 중소기업체험, 각종 취업캠프(교내사업단 캠프 포함), 취업 지도교수 상담, 인재개발본부 취업상담, 학생상담센터 진로 및 심리 상담, 채용박람회(잡페스티벌) 참가, 취업 역량 강화 프로그램 참여, 평생교육원 교양교과목 수강, 국제교류교육원 어학교과목 수강, 이력서(자기소개서) 작성, 모의면접 경진대회, 교내 공모전, 취업교과목 이수, 대학생 창업강좌, 현장 견학, 교내외 창업 관련 프로그램 참여
창업 프로그램 활동	창업 활동	창업 활동	사업자등록, 고용 및 매출 발생, 지식재산권 특허, 기타(상표권, 디자인권 등)
해외 체험 활동	해외 체험 학습	교내외 각종 해외 관련 프로그램 참가	해외 IT/어학연수, 해외 교환학습, 해외 교육문화탐방, 해외 인턴십 프로그램, 해외 창업연수 참가, 산학맞춤형 해외 취업교육
		해외 학술 활동	해외 학술 활동 해외 워크숍, 학술회의, 포럼

참고문헌

강경옥, 장립(2013). 한국과 중국 대학생의 의사소통능력과 갈등관리 유형 간의 관계 비교 연구. 청소년학연구, 20(3), 103-127.

강정묵, 송효진, 김현성(2014). 스마트시대의 디지털 리터러시 측정을 위한 진단도구의 개발과 적용. 한국지역정보화학회지, 17(3), 143-173.

고용노동부(2017). 한국고용직업분류 2018 설명자료. 세종: 고용노동부.

강시중(1985). 수학교육론. 서울: 교육출판사.

고용노동부, 한국고용정보원(2012). 2012 한국직업사전. 서울: 한국고용정보원.

고용노동부, 한국고용정보원(2013a). 2013 한국직업전망. 서울: 한국고용정보원.

고용노동부, 한국고용정보원(2013b). 청년층 구직 역량 강화를 위한 전문대학 취업 지원 가이드. 서울: 한국고용정보원 사이버진로교육센터. http://cyber-edu.keis.or.kr

고용노동부, 한국고용정보원(2014a). 2014 우리들의 직업 만들기. 서울: 한국고용정보원.

고용노동부, 한국고용정보원(2014b). 2014 직종별 직업사전. 서울: 한국고용정보원.

고용노동부, 한국고용정보원(2016). 미래로 여행하는 청춘을 위한 안내서: 진로정보활용 가이드. 서울: 한국고용정보원.

고용노동부, 한국고용정보원(2018). 미래가 온다. 새로운 직업이 뜬다. 서울: 한국고용정보원.

권석만(2004). 젊은이를 위한 인간관계의 심리학. 서울: 학지사.

권석만(2008). 긍정 심리학: 행복의 과학적 탐구. 서울: 학지사.

국가인권위원회(2017). 직장 내 괴롭힘 실태조사. 서울: 국가인권위원회.

김경호(2013). 이미지메이킹의 이론과 실제. 서울: 높은오름.

김동규, 김중진, 김한준, 최영순, 최재현(2017). 4차 산업혁명 미래 일자리 전망. 서울: 한국고용정보원.

김봄이, 박선규, 이종수(2017). 4차 산업혁명 시대의 스마트비즈니스 분야 핵심역량 분석 및 인재육성 방안 연구. 세종: 한국직업능력개발원.

김서인(2010). 인사팀장이 알려 주는 채용의 오해와 진실. 서울: 굿잡투데이.

김성은, 이명희(2006). 대학생의 정보활용능력 교수학습모형 개발에 관한 기초연구. 한국비블리아학회지, 17(2). 177-200.

김성준(2019). 조직문화 통찰. 서울: 클라우드나인.

김세우(2007). 비전: 인생을 성공으로 이끄는 셀프 리더십. 서울: 한솔아카데미.

김영란, 김지양, 박길순, 송유정, 오선숙, 주명희, 홍성순(2012). 프로패셔널 이미지 메이킹. 서울: 경춘사.

김영래(2006). 글로벌 경영. 경기: 법문사.

김영애(2008). 의사소통 방법론. 서울: 김영애가족치료연구소.

김용규 편(2013). 인생 성공을 위한 대인관계법: 성공을 원한다면 대인관계에 승부를 걸어라. 서울: 다문.

김은영(2005). 한류의 SWOT 분석과 한국영화의 아시아 시장 확대 방안 연구. 영화연구, 27, 89-110.

김종운, 박성실(2011). 인간관계 심리학. 서울: 학지사.

김중배, 요시모토 이자와, Shishmakov, V. T., Abramov, V. L., 유혜전(2006). 글로벌 시대의 국제경영학. 서울: 형설출판사.

김현수, 나현미, 김지숙(2002). 정보통신부 직원 정보활용능력 평가지표 개발. 세종: 한국직업능력개발원.

김혜숙, 박선환, 박숙희, 이주희, 정미경(2013). 인간관계론. 경기: 양서원.

나승일, 장석민, 서우석, 김진모, 이성(2003). 기초직업능력 영역 설정 및 표준 개발. 울산: 한국산업인력공단.

남지현(2008). 성공 취업 전략특강. 서울: 한걸음더.

류지성(2014). 마음으로 리드하라. 서울: 삼성경제연구소.

문승태, 박행모, 장선철(2005). 사회 변화와 직업세계. 서울: 태영출판사.

문용린(2004). 지력혁명. 서울: 비즈니스북스.

미래창조과학부, 미래준비위원회, KISTEP, KAIST(2017). 10년 후 대한민국 미래 일자리의 길을 찾다. 서울: 도서출판 지식공감.

박경미, 김주훈, 김재춘(1998). 수학과 수준별 교육과정 적용 방안과 교수-학습 자료 개발 연구. 서울: 한국교육과정평가원.

박노환(2002). 경청으로 시작하라. 서울: 삶과 꿈.

박덕수, 박영수(2007). SWOT 분석을 활용한 상업 교육의 발전 방향 모색. 한국상업교육학회, 15, 31-50.

박동열, 정승혜, 김진구, 허영준, 배을규(2003). 수원여자대학의 직업기초능력 관련 교양교과목 개발 및 활용 방안. 경기: 수원여자대학.

박동열, 정향진, 임경범, 김기용, 민상기, 문세연(2011). 성공적인 직업생활(Ⅰ): 성공적인 직장생활. 서울: 한국직업능력개발원.

박민생, 변상우, 김학돈(2006). 조직론의 이해. 서울: 형설출판사.

박상곤(2012). CEO를 감동시키는 위기를 극복하는 경영의 비밀: 리더가 지녀야 할 조직 소통과 신뢰, 팀워크. 서울: 미래와경영.

박세희(1993). 수학의 세계. 서울: 서울대학교출판부.

박우순(2006). 조직생활의 이해. 부산: 금정.

박원우(2006). 팀웍의 개념, 측정 및 증진방법. 서울: 서울대학교출판부.

박윤희(2010). 진로교사의 가치 및 윤리적 이슈. 진로진학상담교사 역량개발. 서울: 교육과학기술부.

박은혁, 이응택(2013). 대학생의 사회적 문제해결능력과 자아탄력성이 취업스트레스에 미치는 영향. 한국청소년연구, 24(4), 5-30.

박정란(2006). 여성 새터민의 직업가치와 진로의사결정과정 연구. 이화여자대학교 대학원 박사학위논문.

박종찬, 김동호, 이연희, 김영실, 김지범, 이영훈(2007). 오산대학 재학생의 직업기초 역량 향상을 위한 방안. 대한전기학회 학술대회 논문집, 59-69.

박진영(2008). 직장에 다니는 성인 대학생들의 역할갈등 경험 탐색. 한국교육학연구, 14(2), 85-106.

박철균(2012). 오! 돼지: 청소년 진로설정 워크북. 서울: 옥스비.

방영황(2019). 2019 에듀윌 NCS 자소서 & 면접 블라인드 채용대비. 서울: 에듀윌.

배은경(2011). 셀프 리더십의 긍정적 힘. 서울: 가림출판사.

서백(2011). 시민교양 리더십 강의: 휴먼셀프리더십. 서울: 책나무.

서진완(2000). 정보리터리시(information literacy)의 개념을 이용한 지역주민의 정보화 수준 측정. 한국행정학보, 34(1), 309-325.

서일수, 김도균, 김지혜, 이정배(2013). 진로개발과 직업세계. 서울: 한빛아카데미.

설기문(2006). 인간관계와 정신건강. 서울: 학지사.

손규석(2010). 군대생활에서 성공하는 리더십: 군 간부를 위한 성공 지침서. 경기: 이담북스.

손상미(2013). 대학생의 갈등관리 유형과 위험성 음주 및 음주문제와의 관계. 경북대학교 대학원 석사학위논문.

송원영, 김지영(2009). 커리어 포트폴리오를 통한 대학생의 진로 설계. 서울: 학지사.

송은영(2009). 얼굴 이미지 메이킹 프로그램이 자아존중감, 긍정적 사고, 얼굴 이미지 효능감에 미치는 효과 분석. 명지대학교 대학원 박사학위논문.

순천대학교 사범대학(2012). 순천대학교 사범대학 대학생활 포트폴리오. 전남: 순천대학교.

순천대학교(2010). 2010 진로 · 취업 로드맵 경진대회. 전남: 순천대학교.

순천대학교(2011). 2011 JOB Guide. 전남: 순천대학교.

순천대학교(2013). 2013 취업종합가이드. 전남: 순천대학교.

신상훈(2009). 기업은 이런 인재를 원한다. 경기: 21세기북스.

신완선(2004). 파이팅 파브: 지금보다 강한 나를 만드는 셀프 리더십. 서울: 흐름출판.

신철균(2013. 7. 17.) Insight of GS Caltex. 설득의 기술 – 포지션 이면의 인터레스트를 찾아라. http://www.insightofgscaltex.com/?p=53945

양광모(2009). 행복한 관계를 맺는 인간관계 불변의 법칙: 4가지 대인관계기술로 배우는 갈등 없는 인간관계. 서울: 청년정신.

어윤경, 정철영, 박동열, 변정현(2010). 고등학생용 진로지도 프로그램(CDP-H). 서울: 한국고용정보원.

유용재(2008). 사례연구 및 SWOT 분석을 통한 저가 항공사의 발전 방안. 한국항공경영학회지, 6(3), 91-110.

유종현 편(2004). 세계화와 글로벌 에티켓. 경기: 한울아카데미.

이무근, 이찬(2012). 대학생의 진로 멘토링. 경기: 교육과학사.

이수상(2007). 우리나라 대학생의 정보 리터러시 수준에 대한 실태조사. 한국문헌정보학회지, 41(1), 85-103.

이상희, 노성덕, 이지은(2004). 또래상담. 서울: 학지사.

이성엽(2012). 코끼리여 사슬을 끊어라: 상실과 불안을 치료하는 셀프 리더십. 서울: 황금부엉이.

이정연, 정동열(2005). 대학생의 정보활용능력 평가모형 개발에 관한 연구. 정보관리학회지, 22(4), 39-59.

이영현, 김미숙, 정윤경, 김민수, 신유형(2008). 한국인의 직업의식 및 직업윤리 실태: 기업구성원의 직업의식과 직업윤리. 서울: 한국직업능력개발원.

이재창(2005). 생활지도와 상담. 서울: 문음사.

이재창, 임용자(1998). 인간관계론. 서울: 문음사.

이종범, 정철영, 김진모, 김재겸, 주인중, 임경범(2008). 직업기초능력 수준별 성취 기준 개발. 교육부, 한국직업능력개발원.

이지연(2001). 고등교육단계에서의 효율적인 진로지도 방안 연구: 4년제 일반대학을 중심으로. 서울: 한국직업능력개발원.

이철근, 박노환(2001). 네트워크 마케팅을 통한 최강의 팀웍과 최고의 리더십. 서울: 생활지혜사.

이한검, 이수광(2000). 인간관계. 서울: 형설출판사.

이현실, 최상기(2005). 우리나라 대학생들의 정보활용능력 인식도에 관한 연구. 한국비블리아학회지, 16(1), 91-112.

임동기(2007). 4차원 셀프 리더십: 이순신, 링컨, 다윗, 예수에게서 배우는 인생의 성공 원칙. 서울: 해피&북스.

임무경(2013). 끌리는 사람은 분명 따로 있다-인간관계 불변의 법칙: 소통과 대인관계력을 높이는 기술. 서울: 미래와 경영.

임붕영(2006). 변화와 비전을 창조하는 셀프 리더십론. 서울: 백산출판사.

임언, 박천수, 최지희(2010). 한국인의 직업의식 및 직업윤리. 서울: 한국직업능력개발원.

임언, 이지연, 윤형한(2004). 이공계 대학생의 전공 및 진로탐색 프로그램 개발(II). 서울: 한국직업능력개발원.

임언, 최동선, 박민정(2008). 미래 사회의 직업세계에서 요구되는 핵심역량. 세종: 한국직업
능력개발원.

임은미, 김은주(2011). 한국과 중국 대학생의 대인관계능력 차이. 다문화교육, 2(2), 43-68.

임창희, 홍용기, 채수경(2001). 비즈니스 커뮤니케이션. 서울: 한올출판사.

장주희(2018). 직업윤리와 한국사회의 공정성. 한국의 직업, 한국인의 직업의식: 직업지표 및
직업의식 세미나 자료집. 서울: 한국직업능력개발원.

전인숙(2004). 자기 조정 학습을 통한 스피치 능력 신장 방안 연구. 서울교육대학교 대학
원 석사학위논문.

정광복(2005). 경영의 의사결정에 도움을 주는 그래프. 서울: 갑진출판사.

정명희, 이원화(2018). 이미지메이킹과 글로벌 매너. 서울: 새로미.

정방자, 최경희(2000). 대인관계와 정신역동. 대구: 이문출판사.

정연아(1999). 나만의 이미지가 성공을 부른다. 서울: 느낌이 있는 나무.

정윤경, 박천수, 윤수린(2014). 한국인의 직업의식 및 직업윤리. 서울: 한국직업능력개발원.

정윤경, 이지연, 김나라(2005). 대학생용 커리어 포트폴리오. 서울: 한국직업능력개발원.

정철영(1998). 직업기초능력과 국민공통 기본 교육과정의 연계 실태 분석. 직업교육연구,
18(1), 21-37.

정철영(2011). 직업세계와 직업정보 탐색: 진로진학상담교사 자격 연수교재. 서울: 교육과학기
술부.

정철영, 송병국, 조명실, 허양준(2005). 대학생을 위한 직업지도 프로그램(CDP-C). 서울: 한
국고용정보원.

정철영, 이종성, 송병국, 서우석, 나승일(1998). 직업기초능력에 관한 국민공통 기본 교
육과정 분석. 한국직업능력개발원 연구보고서.

조경덕, 장성화(2012). 대인관계와 커뮤니케이션. 서울: 동문사.

조봉환, 김봉환, 임경희, 이종범(2014). 초 · 중 · 고 연계 맞춤형 진로지도 프로그램 개발 연구.
대전: 대전광역시교육청.

조봉환, 박미진, 강윤주, 양종국, 정민선, 임경희(2012a). 기초직업능력 향상 프로그램이
대학생의 정서지능과 진로결정에 미치는 효과. 진로교육연구, 25(3), 229-261.

조봉환, 박미진, 강윤주, 양종국, 정민선, 임경희(2012b). 대학생의 기초직업능력 제고 프로
그램. 경기: 한국재활복지대학.

조연교(2014). 대학생의 성격강점과 활용이 진로태도성숙도, 진로준비행동, 대학생활만
족도에 미치는 영향. 가톨릭대학교 대학원 석사학위논문.

주상지(2002). 팀워크: 21세기 사역 패러다임. 서울: 서로사랑.

주인중, 박동열, 진미석(2010). 직업기초능력 영역 및 성취기준 연구. 서울: 한국직업능력개
발원.

진미석, 이수영, 임언, 유한구, 성양경(2009). 대학생 직업기초능력 진단평가 체제 구축:

의사소통, 자원·정보·기술의 처리 및 활용, 통합적 사고력 평가문항 개발. 교육
　　과학기술부, 한국직업능력개발원.

진미석, 이수영, 임언, 유한구, 채창균, 정혜령, 이현경, 박은미, 김소연(2010). 2009년도
　　대학생 직업기초능력 진단평가 체제 구축. 한국교육개발원, 교육과학기술부.

최동선(2006). 생애단계별 진로교육의 목표와 내용(pp. 17-50). 임언, 김인국 편. 진로지
　　도와 노동시장 이행. 서울: 한국직업능력개발원.

최영희(2012). 여성 리더 힐러리의 뷰티스타일링을 통한 이미지 메이킹에 관한 연구. 호
　　서대학교 대학원 석사학위논문.

최유현(2013). 팀워크 리더십. 대전: 궁미디어.

타구치 히사토(2009). 나도 나를 모르는데 취업을 하겠다고(이진원 역). 서울: 브레인스토어.

통계청(2017). 한국표준직업분류. 대전: 통계청.

한국고용정보원(2008a). 취업 직업 길라잡이. 서울: 한국고용정보원.

한국고용정보원(2008b). 직업선호도 검사 개정 연구보고서(1차년도). 서울: 한국고용정보원.

한국고용정보원(2018). 4차 산업혁명시대 내 직업 찾기. 세종: 고용노동부.

한국산업인력공단(2006). 자원관리능력: 기초직업능력프로그램. 서울: 한국산업인력공단.

한국산업인력공단(2007a). 기초직업능력 프로그램: 교수자용 매뉴얼. 울산: 한국산업인력공단.

한국산업인력공단(2007b). 기초직업능력 프로그램: 학습자용 워크북. 울산: 한국산업인력공단.

한국산업인력공단(2012). (직업기초능력 프로그램) 대인관계능력. 울산: 한국산업인력공단.

한국인재경영교육원(2012). CS 강사 양성과정 교재. 대전: 한국인재경영교육원.

한국직업능력개발원(2012a). 창의적 진로개발. 서울: 한국직업능력개발원.

한국직업능력개발원(2012b). 커리어넷 직업가치관검사 활용안내서. 서울: 한국직업능력개
　　발원.

한국진로교육학회(2011). 선진 패러다임을 위한 진로교육의 이론과 실제. 경기: 교육과학사.

한상근(2010). 직업관과 태도. 진로진학상담교사 역량개발. 서울: 교육과학기술부.

한상근(2018). 한국인의 직업의식 변화. 한국의 직업, 한국인의 직업의식: 직업지표 및 직업의
　　식 세미나 자료집. 서울: 한국직업능력개발원.

한혜선(2012). 이미지 메이킹과 역할 창조에 관한 연구: 배우 중심으로. 중앙대학교 대학
　　원 석사학위논문.

홍경자(2007a). 대인관계의 심리학. 서울: 이너북스.

홍경자(2007b). 의사소통의 심리학. 서울: 이너북스.

홍성범(2010). 항해: 셀프 리더십 전문가 홍성범의 인생 경영 에세이. 경기: 북노마드.

홍영기(2009). 리더십의 톱날을 갈아라. 서울: 교회성장연구소.

황매향, 김연진, 이승구, 전방연(2011). 진로탐색과 생애설계(2판). 서울: 학지사.

Argyris, C. (2009). 효과적 커뮤니케이션(심영우 역). 경기: 21세기북스.

Armstrong, T. (1994). *Multiple intelligences in the classroom*. Alexandria, VA:
　　Association for Supervision and Curriculum Development.

Australian Education Council, Mayer Committee. (1992). *Key competencies: Report of the committee to advise the Australian education council and ministers of vocational education, employment and training on employment-related key competencies for post-compulsory education and training.* Australian Education Council and Ministers of Vocational Education, Employment, and Training.

Barker, L. L., & Watson, K. W. (2006). 마음을 사로잡는 경청의 힘(윤정숙 역). 서울: 이아소.

Bell, E. T. (2002). 수학을 만든 사람들(안재구 역). 서울: 미래사.

Birdwhistell, R. L. (1952). *Introduction to Kinesics: An annotation system for analysis of body motion and gesture.* Washington, DC: U.S. Department of State, Foreign Service Institute.

Bolles, R. N. (2013). 파라슈트: 취업의 비밀(조병주 역). 서울: 한국경제신문.

Boyer, C. B., & Merzbach, U. C. (2000). 수학의 역사(양영오, 조윤동 공역). 서울: 경문사.

Buckingham, M., & Clifton, D. O. (2005). 위대한 나의 발견 강점 혁명(박정숙 역). 서울: 청림출판.

Byrnes, J. F. (1986). Connecting organizational politics and conflict resolution. *Personnel Administrator, 31*(6), 47-51.

Chang, R. Y. (1997). 팀웍 만들기와 성과 향상(이상욱 외 공역). 서울: 21세기북스.

Clifton, D. O., & Nelson, P. (2007). 강점에 올인하라(홍석표 역). 경기: 솔로몬북.

Covey, S. R. (1991). *Principle-Centered Leadership.* London: Simon & Schuster.

Daft, R. L. (2007). 조직 이론과 설계(김광점 외 공역). 서울: 한경사.

Egan, G. (1975). *The skilled helper: A systematic approach to effective helping.* Pacific Grove, CA: Brooks/Cole.

Ellenson, A. (1982). *Human relations.* New Jersey: Prentice-Hall.

Engelhardt, L. O. (2011). 대인 관계 테라피(석은영 역). 서울: 성바오로.

Erikson, E. H. (1963). *Childhood and society* (2nd ed.). New York: Norton.

Fournier, G. (2014). *Career path diversification: individual and collective issue.* [Abstract]. Proceedings of International Conference 2014 in Guidance and Career Development, Quebec, Canada.

Gangel, K. O. (2003). 최강의 팀웍을 만드는 전략노트(김창동 역). 서울: 디모데.

Gardner, H. (2007). 다중지능의 이론과 실제(문용린, 유경재 공역). 서울: 웅진지식하우스.

Gardner, R. M. (2011). 생활심리학(김유진 편역). 서울: Cengage Learning.

Giblin, L. (2000). 상대방을 사로잡는 대인 관계술(김상미 역). 서울: 아름다운 사회.

Gordon, T. (1975). *Parent effectiveness training.* New York: New American Library.

Human Resource Development Canada. (2007). Essential skills: Readers guide to essential skills profiles. Human Resource Development Canada.

Jones, G., & Jones, R. (2000). 팀웍 세우기(서진영 역). 서울: 성서유니온선교회.

Kiesler, D. J. (1996). *Contemporary interpersonal theory and research: Personality, psychopathology, and psychotherapy.* New York: John Wiley & Sons.

Klerman, G. L., Weissman, M. M., Rounsaville, B. J., & Chevron, E. S. (2002). 대인관계 치료(이영호 외 공역). 서울: 학지사.

Krznaric, R. (2013). 인생학교: 일(정지현 역). 경기: 쌤앤파커스.

Lapid-Bogda, G. (2005). 최강팀 만들기: 팀워크 에니어그램(윤운성, 최세민 공역). 서울: 흐름출판.

Levi, D. (2010). 팀워크 심리학(정명진 역). 서울: 부글북스.

Maslow, A. H. (1968). *Toward a psychology of being.* New Jersey: D. Van Nostrand.

Miller, B. C. (2011). 원만한 팀 vs 독한 팀(조자현 역). 서울: 랜덤하우스코리아.

Miller, D. (2009). 하룻밤에 끝내는 기적의 팀워크: 최고의 팀을 만들기 위해 알아야 할 모든 것(최희숙 역). 경기: 21세기북스.

Peterson, C., & Seligman, M. E. P. (2004). *Character strengths and virtues: A handbook and classification.* New York: Oxford University Press/Washington, DC: American Psychological Association.

Pickering, P. (2002). 최고의 직장생활을 하는 법(손원재 역). 경기: 주변인의 길.

Polya, G. (1986). 어떻게 문제를 풀 것인가(우정호 역). 서울: 천재교육.

Robbins, S. P. (1974). *Managing organizational conflict.* Englewood Cliffs: Prentice- Hall.

Satir, V., Banmen, J., Gerber, J., & Gomori, M. (1991). *The Satir model: Family therapy and beyond.* Palo Alto: Science and Behavior Books.

Schein, E. H. (2010). *Organizational culture and leadership.* Somerset: John Wiley & Sons.

SCANS. (2000). Workplace essential skills: Resources related to the SCANS competencies and foundation skills. U. S. Department of labor employment and training administration & U. S. Department of education national center for education statistics.

Seligman, M. E. P. (2006). 긍정심리학: 진정한 행복 만들기(김인자 역). 경기: 물푸레.

Seligman, M. E. P., & Csikszentmihalyi, M. (2000). Positive psychology: An introduction. *American Psychologist, 55*(1), 5-14.

Spector, P. E. (2010). 산업 및 조직 심리학(박동건 역). 서울: 학지사.

Thomas, K. W. (1976). Conflict and conflict management. In M. Dunnette (Ed.), *Handbook of industrial and organizational psychology* (pp. 889-935). Chicago: Rand McNally.

Thompson, L. L. (2010). 협상과 설득, 그 밀고 당기기의 심리학(조자현 역). 서울: 예인.

Zajonc, R. B. (1965). Social facilitation. *Science, 149*, 269-274.

대한상공회의소(2012. 12. 12.). 대기업 인재채용 트렌드 조사. 보도자료.
한국고용정보원(2012. 10. 30.). 10년 후 미래 유망 직업. 보도자료.
교육과학기술부(2011. 1. 10.). 2011년 학교 진로교육 현황조사 결과. 보도자료.
교육과학기술부(2012. 4. 25.). 10년 동안 커리어넷 직업가치관검사 참여학생 약 25만
　　명 분석. 보도자료.

교육부(http://www.moe.go.kr)
국가직무능력표준(http://www.ncs.go.kr)
수학사랑(http://www.mathlove.kr)
워크넷 한국직업정보시스템(http://www.work.go.kr)
워크넷(http://www.work.go.kr)
커리어넷(http://www.career.go.kr)
통계교육원 e러닝센터 서비스(http://elearn.kostat.go.kr)
한국고용정보원(http://www.keis.or.kr)
한국직업정보시스템(http://www.work.go.kr/jobMaindo)
http://ajatrend.tistory.com/472
http://blog.naver.com/kmh8400/50004973295
http://bntnews.hankyung.com/apps/news?popup=0&nid=03&c1=03&c2=03&c3=00&n
　　key=201310101853273&mode=sub_view
http://cafe.daum.net/foreverkhedi
http://cafe.naver.com/greenartjobmaster/1488
https://m.post.naver.com/viewer/postView.nhn?volumeNo=15942660&member
　　No=41767899
http://blog.naver.com/PostView.nhn?blogId=naim98&logNo=221542240807
http://www.siakorea.or.kr/jboard/list.php?code=data3&page=1&key=&keyfield=
http://www.sucspeech.co.kr/bbs/board.php?bo_table=pds&wr_id=85

찾아보기

내용

저자 소개

임경희(Lim Kyunghee)
순천대학교 교직과 교수

정민선(Jung Minsun)
아주대학교 교육대학원 겸임교수

김수리(Kim Suri)
국민대학교 교육대학원 겸임교수

정윤경(Jeong Yoonkyung)
한국직업능력개발원 진로교육센터
진로상담 컨설팅 선임연구원

김진희(Kim Jinhee)
안양대학교 교육대학원 교수

조붕환(Cho Bunghwan)
공주교육대학교 교육학과 교수

문승태(Moon Seungtae)
순천대학교 농업교육과 교수

최인화(Choi Inhwa)
한신대학교 교육대학원 겸임교수

박미진(Park Meejin)
서울필심리상담연구소 소장

한수미(Han Sumi)
서울사이버대학교 상담심리학과 교수

이인혁(Lee Inheok)
University of Georgia, Program of
Workforce Education 교수

홍지영(Hong Jiyoung)
전주대학교 상담심리학과 교수

이종범(Lee Jongbum)
청주교육대학교 실과교육과 교수

직업기초능력 향상을 위한

자기개발과 진로설계(2판)
Self-Development and Career Design (2nd ed.)

2015년 2월 25일 1판 1쇄 발행
2019년 3월 21일 1판 4쇄 발행
2020년 2월 25일 2판 1쇄 발행
2022년 4월 20일 2판 3쇄 발행

지은이 • 임경희 · 김수리 · 김진희 · 문승태 · 박미진 · 이인혁 · 이종범
지은이   정민선 · 정윤경 · 조봉환 · 최인화 · 한수미 · 홍지영
펴낸이 • 김 진 환
펴낸곳 • (주) **학 지시**

04031 서울특별시 마포구 양화로 15길 20 마인드월드빌딩 5층

대표전화 • 02) 330-5114   팩스 • 02) 324-2345

등록번호 • 제313-2006-000265호

홈페이지 • http://www.hakjisa.co.kr
페이스북 • https://www.facebook.com/hakjisabook

ISBN 978-89-997-2041-3   93370

정가   20,000원

이 도서의 국립중앙도서관 출판시도서목록(CIP)은 서지정보유통지원시스템
홈페이지(http://seoji.nl.go.kr)와 국가자료공동목록시스템(http://www.nl.go.kr/kolisnet)
에서 이용하실 수 있습니다.
(CIP제어번호: CIP2020005602)

출판 · 교육 · 미디어기업 **학 지시**

간호보건의학출판 **학지사메디컬** www.hakjisamd.co.kr
심리검사연구소 **인싸이트** www.inpsyt.co.kr
학술논문서비스 **뉴논문** www.newnonmun.com
원격교육연수원 **카운피아** www.counpia.com